지혜를 얻는 사회

지불되지 않는 사회

인류학자, 노동,

그리고

뜨거운 질문들

인물과
사상사

김관욱 지음

나의 무감각을 축복하는 사회

어려서부터 나는 감각이 과잉되었다. 예민한 감성을 지닌 꼬마에게 세상은 호기심 천지였다. 그런데 조금씩 나이가 들어가며 그 감각은 걸림돌이 되었다. 세상의 끌과 망치에 단련되면서 감각을 숨기는 법을 배웠다. 그래서 말끔한 조약돌이 되었다. 그렇지만, 여전히 세상은 시끌벅적 내 육감을 자극하며 아우성친다. 그러다 어느 순간 깨달았다. 나의 감각이 과잉이 아니라는 것을, 그것은 축복이라는 것을 말이다. 세상은 아무도 그것을 가르쳐 주지 않았다. 진저리칠 만큼 여전하다.

이곳에 쓰인 글들은 오로지 그 감각에 의존해서 쓴 한국 노동 일면에 대한 르포르타주다. 아직 무감각에 익숙하거나 조약돌로 세상을 바라보길 원한다면 이 책은 불편할 수 있다. 감각을 온전히 열어두고 목격하기에는 한국 사회가 그리 곱지만은 않다.

나 자신에게 묻는다. 이 책은 도대체 왜 필요한 것일까. 그 대답은 이 책의 질문이 무엇이냐에 대한 답에서부터 시작된다. 그것은 시각을 끄고 떠올린 물음에서 출발한다. "노동의 청각적 이미지는 무엇일까?" 눈을 감고 한국 사회의 노동을 떠올릴 때 마음속에 부유하는 아우성은 무엇일까. 이것에 답하고, 그것의 의미를 해석하는 게 이번 책의 목적이고, 책이 출간되어야 할 최소한의 양심이라 생각한다.

한편, 나는 평소 나의 전공인 인류학이 사회과학으로 시작해 철학으로 끝나야 한다고 생각했다. 면밀한 현장연구를 바탕으로 삶이 보여주는 사실들이 피상적이지 않게, 두텁게 이해하려 애썼다. 나아가 그러한 이해가 이끌어 주는 현대인의 삶의 이미지를 오랜 시간 떠올리려 노력해 왔다. 그 이미지는 그동안 내가 보고 듣고 겪은 한국이라는 공간에서 떠오르는 이미지다. 그 이미지는 일종의 경고판이다. 그 압축된 상징적 이미지는 말로 명료하게 설명하기 어렵다. 어떠한 느낌이다. 이번 글쓰기는 그 느낌을 몇 개의 단어로 집약된 제목을 포착하는 것에서 출발했다.

나에게 그 답은 '지불되지 않는 사회'로 떠올랐다. 다수의 사람에게 노력의 대가가 제대로 지불되지 않는 사회 말이다. 그리고, 희망 고문의 이미지가 머리에서 떠나질 않는다. 그 잔상이, 수십만 년 생존하며 진화된 나의 몸이 분석한 지금의 생태계가 아닐까.

많은 말이 필요 없다. 결국 사람의 행동을 이끄는 것은 명료하게 설명하지 못하는 즉각적이고 지속적인 '이미지'다. 노동이라는 단어를 들었을 때 어떤 이미지가 떠오를까. 10년 전만 해도 '헬조선', '흙수저'라는 이미지가 머릿속에 떠올랐다. 지금은 '능력주의', '공정'이라는 이미지가 떠오른다. 떠오르는 단어 또한 이미지다. 단어는 어떠한 느낌을 동반한다. 유쾌하거나 불쾌하거나. 그 느낌이 동반된 단어는 머릿속에서의 이미지다.

이러한 단어를 온전히 설명하긴 어렵다. 내가 시도한 것은 지난 2년 동안 매달 한국 사회의 노동을 생각하며 25개의 떠오른 이미지를 짧은 글로 포착하려 했다. 그리고, 그 이미지에 대한 나름의 이유를 덧붙였다. 그렇게 1장부터 5장까지의 글-'1장 지불되지 않는 노동' '2장 가치를 상실해가는 노동' '3장 상처가 되어가는 노동' '4장 아물지 못한 노동' '5장 상처가 치유되기 위한 조건들'-이 완성됐다.• 나아가 2023년 여름과 겨울, 감사하게도 그동안 쌓아온 이미지들을 하나의 완성된 그림으로 정리할 수 있는 두 번의 기회가 주어졌고, 이때 6장과 7장의 글-'6장 디지털 자본주의 시대 노동, 그 끝의 정동' '7

• 1장에서 5장에 이르기까지 소개된 내용은 『경향신문』 '정동칼럼'에 매달 실린 필자의 글 중 2022년 7월 25일부터 2024년 7월 1일까지 실린 내용을 근간으로 한다. 당시 소개되었던 칼럼을 단순히 재출간한 것이 아니다. 칼럼의 분량 제한과 여러 사정으로 제대로 다루지 못했던 내용들-출처와 인용문 등을 포함해-을 충분히 보완하고, 통일된 주제하에 재구성하고 다시 집필하여 '진짜' 하고 싶었던 이야기들을 담아보았다.

장 공정한 노동 끝 우울: 공정의 정동 병리학'-을 완성할 수 있었다.** 이렇게 완성된 글들은 모두 '나'라는 개인을 통과한 현대 한국 사회의 단면일 수 있다고 본다. 그것을 독자들이 함께 자신이 느낀 이미지들과 비교하며 그 근본적인 원인에 대해 숙고해 볼 수 있는 계기를 제공하고 싶다.

끝으로 변명일 수도 있는 설명을 덧붙이고 싶다. 여기에 적힌 모든 이야기는 '설명'이 아닌 냉혹한 노동 현실에 대한 뜨거운 '질문'에 가깝다. 인류학자라 하면 마치 현실을 꿰뚫는 정답을 알고 있다고 기대하거나 심오한 답변을 해주길 기대한다. 이러한 기대는 적어도 나에게는 해당하지 않는다. 첫째는 능력 부족이고, 둘째는 그러한 능력을 최종 목표로 하지 않기 때문이다. 의사가 아닌 인류학자로 살기로 결심한 이후 스스로 던진 가장 중요한 것은 바로 '뜨거운 질문'이다. 차갑기만 한 사회에 질문조차 던지지 않는 현실에서 끝없이 의문을 제기하며 대중에게 묻고 언제고 소통하고 싶다. 이것이 부족한 실력에도 조그마한 연구실에서 계속해서 글을 쓰고 활자로 묶어내려는 나의 진심이다. 그 마음이 미약하나마 온전히 전달되기를 바랄 뿐이다.

●● 6장 및 7장의 글은 각각 『황해문화』(2023년 가을 120호)(새얼문화재단) 및 『문화과학』(2024년 봄 117호)(문화과학사)에 실려 공개된 글들이다. 이 자리를 빌려 소중한 지면을 할애해 준 편집자분들에게 깊이 감사드린다.

차례

1)

지불되지
않는
노동

한국의 노동을 떠올릴 때 가장 먼저 밀려오는 느낌은 '숨가쁨'이다. 벅차고, 쉴 틈 없고, 그러다 다치고, 다친 것을 무시하고 또 일을 하고. 뉴스를 통해 주변을 통해 그렇게 일을 하다 쓰러진 사건들을 남의 일처럼 흘려듣고 지나가는 일상들. 너무 고된 일도 계속 일거리를 받기 위해 참고 일해야 하는 사람들의 땀과 신음. 그렇게 고통에 무감각해지고, 인내심이 암묵적 계약 조건이라 믿고 버티는 사람들. 그렇게 20대 젊은 남성이 심장마비로 쓰러지는 현실이 한국 사회의 노동이 갖는 이미지이다.

그러한 애쓰는 노동의 대가는 적은 임금에 이미 포함되어 있다고 여겨지는 것 같다. 시간당 단돈 몇백 원도 무가치한 노동이라 무시하는 일도 있다. 일을 하며 몸과 마음이 아파도, 진단서를 받아와도 게으른 근성 탓이라고, '꾀병'이라고 의심받기도 한다. 그러니, 웬만큼 아파서는 쉴 권리를 인정받지 못한다. 어떻게 해서든 출근해서 자리에 앉아 있어야 한다. 어떨 땐 임금이란, 실적의 총량에 대한 보상이 아니라 견

며낸 고통의 총량에 대한 위로금이 아닐까 느껴지기도 한다.

요즘 노동력은 마치 무한정 쓸 수 있는 공유재처럼 소모되는 것 같다. 아무리 사용해도, 함부로 다루어도 누군가는 그러한 일자리라도 감사하다며 희생을 감내하러 나타난다고 말이다. 그리고 그 어떤 사유로도, 심지어 죽고 싶은 마음도, 바쁘다는 핑계로 무시되는 현실이기도 하다. 이건 낯선 이방인의 눈에 비친 한국 노동의 우화 같은 실화다. 그런 현실의 가장 앞줄에 선 사람들의 말에 사회는 얼마나 귀를 기울이고 있을까. 나의 노동에 대한 올바른 평가와 그에 따른 제대로 된 '지불'이 존재할까. 혹은 모두의 무감각 혹은 무관심 속에 방치되거나 수치와 혐오로 무장한 법의 냉혹함 앞에 내던져지는 것은 아닐는지.

1장에서 다루는 다섯 가지 주제들은 '지불되지 않는 노동'에 대한 내 머릿속 이미지들이다. 과연 노동의 현장에서 우리는 동료애, 공감, 희생, 절제에 대해 어떠한 보상을 받고 있을까. 짧은 글들에서 여러분은 어떤 느낌을 공유하고, 어떤 이미지를 연상하게 될지 궁금하다. 그것이 무엇이든 그렇게 공유되고 연상되는 이미지가 이 시대 노동에 대한 민낯일지 모른다.

지불되지 않는 동료애

노동을 생각할 때 가장 먼저 떠오르는 이미지는 한 권의 책이다. 남색의 바탕에 색연필로 그려낸 한 택배기사의 얼굴이 표지에 담긴 책 말이다. 특히 택배 물량이 폭증하는 추석 연휴 때가 되면 더욱 그 이미지가 뚜렷해진다. 그것은 2022년 8월에 출간된 『마지막 일터, 쿠팡을 해지합니다』라는 제목의 책이다.[1] 제목에서 알 수 있듯, 책장을 열면 "쓰러진 채" 발견된 쿠팡 노동자들이 소개된다. 계약직, 일용직, 외주업체, 무기직으로 소개된 이들은 모두가 잠들어 있는 사이 편리하게 배송될 택배를 위해 일하다가 쓰러져 버린 생명들이다.

책은 2020년 10월 12일 새벽 6시 자택 욕실에서 쓰러진 채 사망한 고 장덕준 씨에 대한 어머니의 이야기로 시작된다. 여느 때와 같이 야간근무(저녁 7시~새벽 4시)를 하고 새벽 6시에 귀가한 아들은 곧장 욕실로 향했다. 그리곤 가슴을 움켜쥐고 욕조에 쓰러진 채 발견됐다.

27세의 건강했던 그녀의 아들은 쿠팡 칠곡물류센터에서 1년 반을 근무했다. 평소 운동을 좋아해 몸이 단단했던 그는 근무 1년 만에 몸무게가 15킬로그램이나 빠지고 허리 사이

즈가 34치수에서 28치수로 줄었다. 동료들은 그가 "일을 도맡아 했다. 성실했다. 다른 사람 일도 다 도와주었다"라며 칭찬했다.[2] 그런 그도 그해 추석 연휴가 끝난 지 일주일이 지나고 쓰러져 버렸다. 부검으로 밝혀진 사망 원인은 급성 심근경색이었다. 쓰러진 그의 몸은 무리한 근육 사용으로 인해서 횡문근융해증까지 발생한 것은 아닌지 의심될 정도로 극단적인 과로 상태였다. 어머니는 그때서야 코로나로 물량이 늘어났는데도 인원 보충이 되지 않아 두 명이 할 일을 홀로 감당하고 있다던 아들의 말이 떠올랐다.

결국, 그의 죽음은 2021년 2월 9일 근로복지공단에 의해 '업무상 재해'로 판정받았다. 물론, 처음부터 회사가 진심 어린 사과를 하고, 산업재해로 인정한 것은 아니었다. 쿠팡 측은 애초에 주 52시간을 초과 근무하지 않았으니 과로사가 아니라 주장했다. 하지만, 야간노동은 주간노동의 30퍼센트를 가산하여 업무시간을 산출해야 하는 걸 간과했다. 당연히 그는 주당 52시간을 초과 근무했다. 또한 언제나 그렇듯 회사는 이 모든 업무가 결국 강요가 아닌 그의 자발적인 선택임을 강조했다. 하지만, 이것은 사기를 당한 피해자에게 왜 바보같이 사기를 당했냐고 추궁하는 것과 무엇이 다를까. 그리고, 잊지 말아야 할 사실은 회사 역시 '선택'을 했다는 점이다. 노동자가 쓰러질 만큼 일하게 만든 선택 말이다. 이게 우리가 문제시할 선택이지 않을까.

당사자는 자신의 노동을 평소 어떻게 느꼈을까. 그렇게 성실했던 그도 어머니께 평소 자신이 '도구'로 전락했다고 말했다. 일당 9만 원을 입금하면 무조건 명령에 따라 움직여야 할 도구 말이다. 작업장에서 그는 "버튼을 누르면 움직이는, 피치를 올리면 더 빨리 일하는 게 당연한 기계"였다.[3] 이 또한 기업의 선택일 테다. 하지만, 누군가에게는 그처럼 고된 업무라 할지라도 그것이 생계를 위한 '밥줄'일 수 있다. 절망스러운 건 그곳 말고 더 안전하고 편안한 좋은 직장을 기대하기 어려운 현실일 것이다. 그의 선택지에는 애초에 모욕적 상황을 회피할 대안이 희소했을지 모른다.

내가 그의 사연을 읽은 후 여태껏 기억에 오래 남는 이유는 다음의 사연 때문이었다. 그가 고된 일을 그만두지 못했던 또 다른 이유 말이다. 그는 휴식을 권유하는 가족의 만류에 이렇게 답했다. "(내가) 안 나가면 다른 사람이 고생한다."[4] 그의 대답에는 오랫동안 동고동락한 동료들에 대한 걱정이 묻어났다. 물론, 장기 알바생이 한 명 빠진다고 물류센터가 정지되지는 않을 것이다. 하지만, 일용직이 대다수인 곳-97.5퍼센트가 일용직인 물류센터도 있었다-에서 소위 '고인물'로 불리던 장기 알바생은 로켓처럼 빠른 물류 배송을 위해 꼭 필요한 존재였다. 일당백은 물론이고 서로 눈빛만 보아도 손발이 척척 맞았던 경력직 알바생들은 진정 최고의 일꾼이었을 것이다.

그런 그가 빠지면 그 긴 밤 동안 그의 빈 자리를 채우기 위해 동료들이 얼마나 더 고생할지 누구보다도 잘 알고 있었을 것이다. 이들이 지친 몸을 이끌고 야간근무를 강행한 것은 일당 9만 원 때문만이 아니었다. "일용직이라고 뽑아 놓은 사람들끼리 동료라 칭하며, 서로의 빈자리를 메우기 위해서"였다.[5] 특히, 야간노동은 국제암연구소가 '2급 발암물질'로 규정할 만큼 고된 작업이다. 장덕준 씨와 그의 동료들은 매일 밤 함께 도우며 그 힘겨운 밤을 버텼던 것이다.

그런데, 이 고된 업무의 양과 속도를 맞추기 위해 장기 일용직이 보여준 동료애는 제대로 평가받고 지불되었을까? 노동자의 시간당 물품처리 개수Unit Per Hour를 측정하여 업무 속도가 낮은 노동자를 공개적으로 호명해 수치심을 주는 첨단 기술을 활용하고 있었지만, 정작 그 노동자의 어려움을 채워주는 동료애는 전혀 측정되지 않았다. 혹시 그와 같은 동료애마저 감안해서 최소한의 일용직을 고용한 것은 아닐까? 감정마저 상품으로 만드는 시대를 넘어 이제는 동료애까지 무임금으로 착취하는 시대가 도래한 것은 아닌지 의구심이 든다.

장덕준 씨는 쓰러지기 전 가슴 통증을 호소했다고 한다. 하지만 회사는 그 통증이 회복되는 시간까지 계산하지 않았다. 그것은 일용직을 '선택'한 당사자의 몫이었다. 앞서 소개한 책에서 전주희 연구원(서교인문사회연구실)은 회사가 총알 배송을 위해 최적의 동선을 설계할 때 "노동자들이 하루의 피로를 씻어내고 다시 회복된 신체로 다음 날 일할 수 있는 상태"가 될 수 있는 작업량은 계산하지 않았다고 지적한다.[6] 그것은 고용이 불안정한 노동자들끼리 알아서 감수해야 할 손해라고 여겼기 때문이다. 전주희는 이를 다음과 같이 명확하게 지적한다.

"애초에 우리 사회가 불안정한 노동자들을 적극적으로 만들어낸 그 토양 위에, 그 **양질의 값싼 노동력의 활용을 전제로 한 결과**이다. 즉, 물류 혁신을 추동한 알고리즘과 기술개발은 현재의 불안정한 노동을 적극적으로 활용하는 것을 전제로, 동시에 그러한 **노동의 가치를 적극적으로 지워냄**으로써 이뤄진 것이다."[7] (굵은 글자는 필자 강조)

이렇게 통증에 대한 인내까지도 노동자의 일당에 포함된 것은 아니었을까. 그리고 부족한 인력의 틈새는 서로의 동료애로 메우는 것까지 계산에 넣었을지 모른다. 전통적으로 임금이 지불되지 않는 노동이 있었다. 이를 통상 부불노동否拂勞動, unpaid labor이라 부르는데, 가장 대표적 예로 여성의 가사노동, 돌봄 노동, 재생산노동을 꼽는다. 즉, 남성 노동자의 원활한 노동을 위해서는 그를 뒷받침하는 여성의 '숨은 노동'이 필수적이지만, 그러한 여성의 노력은 지불되기는커녕 그 가치를 제대로 평가받지도 못한 채 마치 당연히 그래야만 하는 "규율로서의 무금임 상태"로 여겨져 왔다.[8] 이러한 지불되지 않는 노동의 특징은 사랑, 돌봄, 연대, 즉 애정, 헌신, 배려가 동반되는 영역이며, 오랜 기간 여성성을 연상시키는 것들이었다.[9]

더블린대학의 평등학 교수 캐슬린 린치는 이와 같은 노동이 지불받아야 할 가치를 인정받지 못하는 이유로 그것이 '타인 중심성'을 지녔기 때문이라 지적한다.[10] 즉, 타인을 배려하고, 스스로 헌신하며 동료에 대한 애정을 지켜가는 것은 지불받아야 할 가치로서 인정받지 못한다는 것이다. 과연 이게 이 시대 노동의 정답일까. 타인에 대한 배려는 소위 돈이 되질 않는다! 오직 그 배려가 나의 이익과 직결되었을 때만 미소와 배려를 사용하라! 그렇지만 아이러니하게도 기업은 고 장덕준 씨처럼 이런 타인 중심적인 성향을 지니고 있으면서 성실한 사람을 고용하길 원하지 않던가. 그들도 동료애 등 이런 보이지 않는 배려가 노동생산성과 직결됨을 알고 있기 때문일 테다. 그리고 그 능력이 아주 오랜 기간 공짜로 사용되어왔다는 사실도 말이다.

◆

시간당 400원짜리 공유재*

다시금 '노동'이라는 단어를 중얼거리다 보면, 그 소리에 떠오르는 머릿속 또 다른 이미지는 바로 '물음표'였다. 태초에 고용하는 사람과 고용되는 사람은 어떻게 구분되었을까 하는 근본적 의문 말이다. 나아가 자본주의는 왜 역사에 등장했고, 지금의 모습을 가지게 되었는가. 결국 자본주의의 기원에 대한 궁금증이다.

영국 경제인류학자 제이슨 히켈은 이러한 의문에 대해 조금은 거칠게 설명한다. "자본주의는 태생이 식민주의적"이라고 말이다. 그 원리도 아주 단순하다고 지적한다. 그저 자연과 노동으로부터 주는 것보다 더 많이 가져가는 것이다.[11] 가치를 뽑아내고 그 대가를 온전히 지불하지 않으니 '식민주의적'인 셈이다. 히켈은 그 대표적 예로 15세기 영국에서 행해진 '인클로저'를 든다. 농촌 공동체가 공동 관리하며 함께 사용했던 숲, 목초지, 강 등에 귀족들이 울타리를 치

● 해당 제목은 당연히 시간당 급여가 400원이라는 것을 뜻하는 것이 아니다. 이것은 본문에 나와 있듯 법으로 정해진 시간당 급여가 아닌 그것에 덧붙여지지 않는 400원, 딱 그만큼의 급여가 공유재로 취급된다는 표현이다.

고 사유화해버린 사건 말이다. 자연을 공짜로 차지하고, 토지, 숲, 사냥감, 사료, 물, 물고기 등 평민의 생계 기반을 빼앗아 저렴한 노동력으로 전락시켜 버린 일이다.[12]

애덤 스미스는 자본주의가 성장하기 위해서는 보통 초기 자본 축적이 앞서야_previous accumulation_(선행 축적) 한다고 주장했다. 하지만, 히켈은 그러한 주장을 "순진하다"고 평가한다. 그는 자본주의의 기원설화에 대해 카를 마르크스의 논의를 따른다. 마르크스는 자본의 성장이 순수한 저축에 의한 것이 아니라 인클로저처럼 약탈과도 같은 야만적 축적 행위_primitive accumulation_('시초 축적')에 의한 것이라 지적했다. 그와 같은 약탈은 자본 축적과 더불어 평민에게는 '굶주림'을 불러오고, 그들이 빈곤에서 벗어나기 위해 값싼 임금노동의 굴레에 빠져들게 만들었다고 보았다.[13]

마르크스의 『자본』 강의로 유명한 고병권 작가 역시 스미스와 같은 자본주의의 창세기를 "유치하다"고 평가하며 그 기원은 "수치스러운" 것이었음을 강조한다. 자본의 기원은 기본적으로 탈취에 의한 축적이며, '폭력'이 중요한 역할을 수행했다고 지적한다.[14] 그 폭력의 바탕에는 법과 공권력의 행사가 있었다. 이른바 '의회 인클로저_Parliamentary Enclosures_'라고 불리는 일련의 입법에 의해 합법적인 약탈과 비노동에 대한 범죄자 처벌이 이어졌다. 히켈은 또한 자본가가 남성에게서는 값싼 노동력을 약탈하고, 남성보다 더 '자연'에 가깝다고 여겨진 여성에게서는 가사 및 돌봄 노동 등 무임금으로 재생산 노동력-앞서 언급한 부불노동-을 빼앗았다고 지적한다.[15]

정리하면, 자본가들은 애초에 공짜였던 공유재를 빼앗아 자신의 사유재로 삼고, 평민들의 사유재였던 노동력을 마치 공유재인 양 제값을 치르지 않고 마음껏 사용한 셈이다. 태초에 공유재만 존재했을 때 나의 노동력은 분명 나의 사유재였을 것이다. 내가 힘들면 그만두면 되었을 테니 말이다. 그런데, 공유재가 한 번 자본가의 사유재로 변하면 나의 노동력은 어느새 그들만의 공유재인 양 약간의 임금만을 지불한 채 물 쓰듯 사용할 수 있게 된다. 여기서 임금은 절대로 충분하지 않아야 한다. 충분할 경우 노동자가 자신의 노동력을 적당히만 사용하고 남는 시간은 자신의 사유재로 활용할 것이기 때문이다. 권력자에게 이건 소위 '자원 낭비'일 테다.

자본주의의 기원은 5백 년 전의 이야기일지 모른다. 오늘날 자수성가한 노력형 자본가가 왜 없겠는가. 성실함과 배려심으로 분명 지금의 성공을 일궈낸 자본가도 분명히 존재할 것이다. 그런데 자본주의의 본래적 특성을 설명하기 위해 초창기 시절의 모습을 들여다보는 것은 현실을 이해하는 데 도움이 될 수 있다. 특히, 히켈의 다음과 같은 지적은 기원설화가 케케묵은 옛날이야기처럼 들리지 않게 만든다. 그것은 바로 '인위적 희소성'에 대한 지적이다.

"요점은 자본주의를 특징짓는 엄청난 생산력의 발생이 **인위적 희소성의 상태를 만들어내고 유지하는 데** 달려 있다는 것이다. **희소성과 굶주림의 위협은 자본가의 성장 동력**으로 작용했다. 희소성은 실제로는 자원이 부족하지 않았다는 점에서 인위적이다."[16](굵은 글자는 필자 강조)

    넘쳐나는 생산력에 노동자에겐 부족하거나 희소한 것이 없어야 했지만, 노동자들은 인위적으로 강요된 굶주림으로 인해 끝없는 노동에 시달려야만 했다. 히켈은 스코틀랜드의 저명한 상인이었던 패트릭 콜크훈의 말을 인용하며 "빈곤은 개인이 잉여 노동을 예비해놓지 않은 사회, 다시 말해 삶의 다양한 직업에서 늘 근면하게 일함으로써 얻는 것 외에 재산상의 잉여나 생계수단을 갖지 못한 상태와 조건"이며, 이것은 산업화의 필수적 전제조건이라 지적한다. 즉, 자본주의가 성장하기 위해서 사람들을 "가난하게 만들 필요가 있다"라고 믿었다는 것이다.[17] 그렇게 자본가는 제공된 노동력의 가치만큼 임금을 지불해서는 절대로 안 되고, 노동력은 항상 제값보다 싼 상품이어야만 했으며, 그로 인해 노동자는 반드시 가난을 벗어나지 않도록 해야 했다.

    듣기만 해도 끔찍하지 않은가. 만일 이런 상황이 지속된다면, 노동자에게는 어떤 일이 벌어질까. 노동자로서는 당연히 성실한 노동만이 살길일 것이며, 그것은 하나의 규범이

되었을 것이다. 그리고 점차 자본가의 공유재가 된 노동자들끼리는 조금이라도 자신의 사유재를 축적하기 위해 경쟁하고, 그 결과에 대한 어떤 도덕적 문제의식도 지니지 못하게 될지 모른다. 더 비참한 것은 아마도 태초에 공유재가 존재했다는 사실을 완전히 잊게 된다는 점이 아닐까. 가난과 끝없는 노동의 굴레가 마치 숙명인 듯 말이다.

이렇게 길게 자본주의 기원설화를 언급한 것은 과거에 빗대어 현재를 이해하려는 것이 아니다. 오히려 그 반대다. 현재의 모습을 통해 자본주의의 원형을 이해하고 유추할 수 있기 때문이다. 지금 우리 눈앞에는 동료애는커녕 마땅히 받아야 하는 임금도 받지 못한 채 지속되는 노동력이 산재해 있다. 그 돌려받지 못한 임금에 대한 정당한 요구는 부당한 요구로 치부된다. 애초에 충분한 임금이란 허용되지 않았던 것처럼 말이다. 내가 자본주의 기원설화를 상상하게 된 사례는 바로 다음의 일 때문이었다.

2022년 10월 서울지역 13개 대학교 청소노동자들의 임금 협상이 진행 중이었다. 대학교 안에서의 노동조합 활동은 단순히 고용주와 노동자만의 문제가 아니라 다양한 학내 구성원들의 일상이 얽힌 문제였기 때문에 절대로 간단치가 않았다. 2021년 초 신라대 청소노동자 집단해고에 따른 파업 농성 때 발생했던 여러 구성원과의 갈등만 떠올려 보아도 벌써 마음이 무거워지는 사태였다. 13개 대학교 청소노동자들은 2022년 최저임금 인상액에 비춰 시급 440원을 인상해 생활임금을 보장해 줄 것을 요구했지만, 대학들이 거부했다. 이에 서울지방노동위원회가 조정안으로 400원 인상을 제시했는데 당시에 13개 대학 중 12곳만 수락했고, 한 곳은 여전히 답보 상태였다. 그리고 그것은 해를 넘겨 4월이 되어서야 처우개선과 퇴직 인원 충원에 대한 약속 없이 겨우 일단락되었다. 무려 389일 동안 다툰 결과였다.[18)]

앞서 히켈은 자본주의 기본 원칙은 자연과 노동이 주는 것보다 더 많이 가져가는 것이라 했다. 대학들은 재정 악화를 이유로 지난 수년 동안 청소노동자 인원을 감축하고 직접고용에서 간접고용으로 전환해 왔다. 그런데, 생각해보면 이것이 정말 재정 악화 때문만일까? 그 악화가 노동자의 임금이 많아서였을까? 왜 그들의 임금은 가장 먼저 삭감 혹은 억제의 대상으로 선정되었을까? 혹시 청소노동자의 일이, 과거 4명이 넘는 인원이 하던 대강의동 청소를 이제 2명이 담당함에도 시간당 400원을 추가로 지불하기에는 너무 단순한 비숙련 노동이라 생각해서일까? 그것도 아니라면 여성에게 청소 노동이란 언제나 마음껏 써도 되는 공유재라 생각해서일까?

여성주의 정치활동가인 실비아 페데리치는 지불되지 않았던 여성의 재생산노동이 자본주의 혁명에 있어 가장 중요한 출발점-'영점'-이라 강조한다. 그녀는 서비스산업의 발달에 따라 여성의 재생산 노동력이 집 '밖'으로 나왔지만 여전히 평가절하되고 있으며, 결과적으로 그들의 지위는 또다시 집 '안'으로 회귀했다고 보았다. 이것은 결국 임금노동자로서의 여성의 낮은 지위와도 연관된다고 지적한다. 여기에 신자유주의적 작업장의 공통된 특징인 불안정한 노동조건의 압력, 그리고 언제나 부족한 일손으로 인한 과중한 노동강도 또한 빼놓지 않고 비판한다.[19] 청소노동자는 언제나 고용이 불안정한 하청업체 소속이다. 인력은 점차 충원되지 않고 그만큼 업무량은 증가하고 있다. 그리고, 시급 400원 인상을 요청하기에는 너무 보잘것없는 노동력으로 취급받는다. 상황이 이러하다면, 앞선 페데리치의 지적처럼 13개 대학 청소노동자의 일상은 무시되어야 할 것이 아니라 작금의 자본주의가 가진 병폐를 해결해 나갈 출발점으로 주목해야 할 것이다.

나는 '지불'을 거부당한 대학교 청소노동자들의 시급 400원 인상이 마치 자본주의 기원설화에 나올 법한 약탈 당한 공유재처럼 느껴진다. 이는 학교 안에서 강요가 아닌 자의에 의해 여분의 노동을 아낌없이 베풀었던 청소노동자를 마주한 기억 때문인지 모르겠다. 또 그에 감사하며 환대와 답례를 전하던 학생과 교직원을 목격했기 때문이기도 하다. 그 모두가 공감과 선의로 이루어진 공유재에 대한 경험이었다. 그건 사회구성원으로서 함께 지키고 가꿔 나가려 했던 배려심 충만한 맑은 우물과도 같았다. 지금도 여러 노동현장에서 시급 400원만큼의 합당한 사유재(임금)가 허락되지 않고 있음을 목격하며 나와 모든 구성원에게 남아있을지 모르는 공감의 공유재는 과연 얼마일지 헤아려 본다.

오늘은 과로해야 하니 내일 죽으렴

기억하는가. 2022년 여름은 휴가철이 무색하게 폭우로 수없이 많은 이들이 슬픔에 잠기게 되었다. 피해현장의 생생한 모습들이 제보 영상을 통해 확인될 때마다 안타까움을 자아냈다. 그런데 영상 속 나의 눈길을 끈 것은 폭우를 뚫고 출퇴근을 감행하는 직장인들이었다. 정말로 헤엄치듯 출근을 하는 직장인의 모습을 보며 과연 한국인에게 성실한 직장인이란 무엇일까 생각했다. 저들을 비와 땀에 젖게 만들며 직장으로 이끄는 그 보이지 않는 끈은 무엇일까. 더욱이 그 노력에 대해 제대로 지불받지 못한다면 말이다. 불확실한 미래에 대한 걱정? 가족에 대한 책임감? 직장인으로서의 당연한 의무? 아니면 모두가 그렇게 살고 있기 때문에? 혹은 암묵적 강요 때문에? 그 무엇에 의한 것이든 가장 이해 불가능한 지점은 앞서 소개했던 쿠팡 직원 장덕준 씨의 사례처럼 바로 그 노력이 죽음으로 끝날 때이다. 즉, 과로사와 과로 자살 등 과로 죽음의 현실 말이다.

과로사의 영어 번역어가 일본어 발음 그대로인 Karoshi

를 사용한다는 것을 아는 사람은 많지 않을 것이다. 일본에서는 1973년 오일쇼크 이후 구조조정 등이 이루어지며 중년 남성의 심장마비, 뇌졸중, 자살 등에 의한 죽음이 이어지기 시작하면서 과로사라는 용어가 등장하기 시작했다고 한다. 한국의 현재는 어떨까. 최근 2017년부터 2021년까지 5년 동안 국내 과로사 사망자가 2,503명으로 보고됐다.[20] 1년에 500명꼴인 셈이다. 이마저도 산재보험에 가입되지 못한 1인 자영업자, 택배기사 등은 빠진 수치였다.

매년 반복되는 폭우 속에 생계를 위협받은 누군가가 며칠 동안의 손실을 만회하기 위해 그 며칠치의 과로를 기존의 과로에 덧붙여 일하고 있지는 않은지 걱정이 앞선다. 2020년 12월 임종성 더불어민주당 의원이 '과로사 등 예방에 관한 법률안'을 대표 발의하였고 2023년 12월이 되어서야 국회에서 입법공청회가 열렸다. 물론 법률이 제정된다고 과로의 압박이 줄어들지는 의문이다. 오랜 과로사 문제로 다양한 분석이 시행된 일본의 경우 "회사를 중심으로 삶을 조직하라"는 문화적 에토스가 주요 원인으로 꼽힌다.[21] 회사를 위한 자기희생을 전시하는 것이 마치 경쟁적 게임이 된 일본의 현실비판이 한국에서는 얼마나 다를까. 자발적 과로가 자신에 관한 긍정적 인상을 주기 위한 방편이 된 직장풍토가 옆나라만의 일일까.

최근 한국의 과로 죽음을 다룬 김영선 박사의 『존버 씨의 죽음』(2022)이 출간됐다. 책 제목부터 고 장덕준 씨의 안타까운 죽음이 떠오르게 한다. 도대체 '존버'라는 공공연한 은어가 통용되는 나라가 얼마나 있을까. 김영선은 한국에서 '과로-성과체계'라는 새로운 개념을 소개하며 과로 죽음에 대한 구조적 문제를 지적한다. 그는 수차례 반복된 한국의 과로 자살 사례들에 실적 압박, 괴롭힘이 공통적으로 연관되어 있음을 강조한다.

실적 압박과 괴롭힘? 한국인에게는 너무 익숙해져서 대수롭지 않게 들릴지도 모르겠다. 더 많은 실적을 요구하고, 그것이 달성되지 않을 때 나무라는 게 어디 하루 이틀 있었던 일인가 싶을지도 모른다. 돈을 번다는 게 원래 그러한 것 아니냐는 볼멘소리를 하는 이도 있을 테다. 그렇지만 그 당연함이 누군가를 죽음의 문턱으로 내몰고 있다. 자살에 대한 감정은 복합적 감정의 산물이다. 불안감, 쥐어짜임, 타들어 감, 짓눌림, 무력감, 고립감 등과 같은 일상적 감정들이 뒤엉킨 결과다.[22]

김영선은 과거 직장에서 오로지 근면 성실한 노동자를 원했다면, 오늘날은 성과를 경쟁적으로 '뽑아낼' 노동자를 요구한다고 지적한다. 성실함은 기본이고, 남보다 뛰어난 실적을 보여줘야 한다. 이런 시스템 안에서는 동료애가 아닌 철저한 동료 간 경쟁이 노동의 원칙으로 자리 잡는다고 본 것이다. 그는 한국 사회에 만연한 과로의 풍토가 자발적으로 이루어진 것이 아닌 MBO Management By Objective(목표관리)와 같은 성과 중심 평가체제의 도입에 의한 결과라고 지적한다.[23] 가장 대표적 예가 금융권의 증권 맨 사이에서 시작된 '영업 실적 손익분기점 BEP break-even point' 급여 방식이다. 회사가 정한 목표 실적을 달성해야만 급여의 삭감이 없는 조치다. 미달성 시 임금을 70퍼센트까지 삭감하는 곳도 있다고 한다. 개인별 실적과 팀별 실적은 앱을 통해 순위가 발표되는 등 실적이 곧 인격인 직장이다. 더욱 놀라운 건 그 실적 기준이 매년 상승한다는 사실이다.[24] 장마철 정장 차림으로 헤엄치듯 출근을 서두르던 직장인들은 설령 자연재해로 지각을 하더라도 어떻게 해서든 그날의 목표치를 달성해야만 했던 것은 아니었을까.

생각해보면, 과다한 노동에 의한 피로가 모두 부정적인 것은 아닐 것이다. 땀 흘린 노력에 대한 보람으로 느껴질 수도 있다. 불가능한 것처럼 보였던 업무를 끝내 마무리하고 퇴근하는 길은 뿌듯함을 동반할 테니 말이다. 철학자 한병철은 이러한 피로를 '근본적인 피로'라고 부르며, 아무것도 할 수 없는 탈진 상태와 구별 짓는다. 뿌듯함을 선사하는 피로는 근본적으로 능력의 상실이 아니라 새로운 "영감을 준다."[25] 한병철은 이와 반대로 현대인의 피로는 이러한 근본적인 피로에서 멀어진 '분열적인 피로'가 되어버렸다고 지적한다. 즉, 성과사회에서 스스로를 극단적 피로와 탈진 상태로 내몰면서도 오히려 일시적 성과에 도취되는 자기 긍정성의 과잉을 묘사한 것이다. 자아실현이 아닌 자아분열로 이끄는 피로! 한병철은 이것이 결국 '영혼의 경색'으로 이끈다고 무섭게 경고한다.[26]

이러한 지적이 너무 지나친 해석이라 생각할지도 모르겠다. 불행히도 내가 만났던 수없이 많은 노동자는 왕따를 감내하고서라도 실적에 몰두해야 하는 사람들이었다. 규모의 차이만 있을 뿐 성과에 따라 월급이 결정되지 않는 노동자를 주변에서 찾기란 쉽지 않다. 오히려 그 성과급에 몰두하거나, 그것의 필요성을 설파하고 요구하는 이들을 찾기가 훨씬 쉽다. 사실 나에게 한국 사회가 얼마나 자기분열적 피로에 매몰되어 있는지 깨닫게 해준 시가 있다. 그것은 한국인 사장에게 고용된 네팔 이주노동자 러메스 사연Ramesh Sayan의 「고용」이라는 시다.[27]

> "나는 어느 회사의 직원입니다
>
> 우리 사장님은 이 도시에서 수많은 굶주림과 결핍의 신입니다
>
> ......
>
> 하루는 삶에 너무도 지쳐서 내가 말했어요
>
> 사장님, 당신은 내 굶주림과 결핍을 해결해주셨어요
>
> 당신에게 감사드려요 이제는 나를 죽게 해주세요
>
> 사장님이 말씀하셨어요

알았어 오늘은 일이 너무 많으니 그 일들을 모두 끝내도록 해라

그리고 **내일 죽으렴!"**(굵은 글자는 필자 강조)

이 시를 보며 어떤 느낌이 들지 궁금하다. 매일 바쁘다 핑계 대는 사장에게 '죽음'을 요청한 시인의 상상력 앞에 우리는 어떤 현실을 목격할 수 있을까. 죽음에 이르는 과로보다는 달성하지 못한 실적이 더 걱정스러운 우스꽝스러운 모습이 소수의 이야기일까. 실적 종용의 구조가 문화로, 개인의 능력으로 치환되어 이제는 굳어버린 것은 아닐까 걱정이 앞선다. 제도로 구조를 바꾼다고 몸에 체현된 과로의 습성이 일순간 씻겨갈 것인가. 더 큰 걱정은 성과체계를 고착시키기 위해 익명의 그들도 불철주야 과로를 감행할 것이라는 사실이다. 정말 누구를 위한 과로인가. 자본주의가 출현할 때부터 예견된 것이었을까.

일은 곧 바빠야 한다는 건 이제 정언명령처럼 규범화된 듯하다. 바쁘지 않고, 피로가 없는 일이란 아직 목표를 달성하지 못한 것과도 같다. 김영선은 직장인들이 성과체계 자체에 대해 문제를 제기하기보다 일상적 피로를 회피하는 자신들만의 지혜(?)를 찾아 나선다고 말한다. 네일 아트, 복싱, 미치도록 단 커피 마시기, 진짜 매운 것 먹기, 영어공부, 반신욕, 사우나 가서 지칠 때까지 땀 빼기, 정말 아주아주 조용한 곳에서 그냥 쉬기, 힘을 빼고 가만히 아무것도 안 하기![28]

앞서 소개한 네팔인 러메스 사연 역시 한국의 노동 현실에 대한 시적 탐험을 통해 나름의 피로를 해소하고 있던 것인지도 모르겠다. 자신이 정말 무슨 말을 내뱉고 있는지도 모르는 사장님을 그리면서 말이다.

그렇다면, 피로와 나아가 죽고 싶을 만큼 고통스러운 현실에 대한 진정한 지혜란 무엇일까. 이와 관련해서 한 인류학자의 연구를 소개하려 한다. 인류 역사에서 고된 노동을 가장 잘 인내할 것으로 상상된 인종은 아마도 아프리카 노예였을 것이다. 의료인류학자 줄리 리빙스톤Julie Livingston은 보츠와나에서 오랜 기간 아프리카 암 환자를 연구했다. 그곳에서 그녀는 18~19세기에 서구인들이 아프리카인들의 통증에 대해 세 가지 뚜렷한 선입견을 지니고 있었다는 사실을 발견했다.[29]

서구의 지식인들은 첫째, 그들이 통증 자체를 잘 느끼지 못하며, 둘째, 백인보다 통증에 대한 인내심이 강하고, 셋째, 타인의 고통에 무감각하다고 보았다. 그런데, 리빙스톤이 겪은 보츠와나 사람들은 달랐다. 그들은 실제로 통증에 강했다. 그렇지만 그것은 타고난 '본능'이 아니라 '문화적 지혜'였다. 흑인이라고 통증을 못 느낄 리 없다. 단지, 그들은 사회의 구성원이 되기 위한 성인식 입문의례, 출산의례 등과 같은 통과의례를 통해 통증을 인내하는 법을 배웠다. 그리고 그 과정에서 타인의 통증을 함께 공유하는 법을 배운 것이었다.

리빙스톤은 아프리카인들이 이러한 경험을 통해 누군가 치명적인 질병과 불의의 사고로 인한 극심한 통증을 인내하고 있을 때, 그 곁에서 함께 고통을 공유하는 법을 실천한다고 설명한다. 즉, 과거 서구인들은 통증에 잘 견디는 아프리카인들만 보았을 뿐, 그들의 곁에 함께 통증을 짊어질 구성원들이 있다는 사실을 보지 못했다.

이와 같은 서구인들의 선입견은 지금 이곳 한국에서 똑같이 반복되고 있는 것은 아닐까. 노동자가 어떠한 고통을 인내하며 실적을 맞추고 있는지 모른 채 높은 성과에만 주목하고 있는 건 아닐는지. 앞서 소개했던 쿠팡이라는 거대한 물류회사가 첨단기술에 의해 편리한 주문 및 신속한 배송을 서비스하는 것도 실상 '지불되지 않은 동료애'에 빚을 지고 있었다. 20대 남성이 가슴을 부여잡게 했던 그 통증은 절대 공짜일 수 없고, 설사 성과에 맞춰 돈이 지급되었다 해도 당연시될 통증이란 없는 것이다.

◆

얼마나 아파야 쉴 수 있습니까

얼마나 아프면 유급휴가, 병가를 받을 수 있을까. 모든 직장인의 끊이지 않는 고민일 것이다. 유급휴가란 말 그대로 월급은 그대로 받으면서 질병 치료를 위한 휴식을 인정받는 것이다. 그동안 하청업체 소속 콜센터 여성 상담사들을 연구하며 확인한 것은 병가를 허락받는 것 자체가 힘든 현실이었다. 어렵사리 아픈 몸을 인정받아도 거의 예외 없이 무급휴가였다. 업무상 과로에 의한 질병인 경우에도 그것은 임금의 지불 대상도, 고려의 대상도 되기 어려웠다. 하물며 유급휴가라니, 그건 꿈에 가까운 일이다.

정말로 노동자는 바쁜 업무 앞에서는 아파선 안 되는 존재일까. 아프고 싶으면 퇴근 후에, 혹은 앞선 러메스 사연의 시처럼 죽은 뒤에야 아파야 하는 것일까. 노동자의 아픔에 대한 정당한 인정은 결국 질병의 크기가 아닌 회사의 업무량에 따라 임의로 결정되는 풍경이다. 결국 최종 고려 대상은 실적에 대한 강박적인 충성일까. 그도 아니면 애초에 노동자는 조금이라도 빈틈을 허락하면 쉴 궁리만 하는 나태한 존재로 상상하는 것일까. 누구도 이에 대해 답하지 않는다. 어쩌면 답할 필요가 없기 때문일 테다. 기껏해야 아픈 노동자와 직속 상사와의 짧은 말다툼, 혹은 일방적인 꾸짖음으로 일단락되지 않던가.

이와 관련해서 인류학자의 눈에 띄는 공개적 논쟁이 발생했다. 2024년 4월 19일 영국 총리 리쉬 수낙은 '시크노트 문화sicknote culture'를 문제시하며 개혁을 선언해 논란이 일었다.[30] 여기서 시크노트란 의사가 발행하는 일종의 병가 진단서를 의미한다. 수낙 총리는 영국에서 **'일상적인'** 어려움과 걱정거리가 지나치게 의료화over-medicalising되고 있고, 병가 진단서가 일반의사에 의해 **'남발'**되고 있다고 지적했다.[31] (굵은 글자는 필자 강조) 즉, 정신적 질환으로 보기 어려운 평범한 증상을 질병으로 쉽게 인정해줘서 기업의 생산성이 저하되고, 동시에 정부의 보건의료 지출이 증가한다고 비판한 것이다. 그 대안으로 병가 진단서를 일반의사가 아닌, 보다 특정한 자격을 지닌 전문가에 의해 제한적으로 발급될 수 있도록 개혁을 시도하고 있다.

수낙 총리는 '일상적인', '남발'이라는 표현으로 '문화'라는 개념을 사용한다. 문화를 연구하는 인류학자로서 그의 공개적 발언은 노동자의 아픔에 대한 공식적 답변처럼 들렸다. 그의 핵심 논리를 그대로 옮겨보면 다음과 같다. "우리는 시크노트 자체를 변화시킬 필요가 없으며, 단지 시크노트 **문화**

를 변화시켜야 한다. 이를 통해 디폴트는 당신이 어떤 일을 할 수 있냐이지 할 수 없냐가 아니다."[32] (굵은 글자는 필자 강조) 세련된 언어로 우회적으로 표현을 했지만, 핵심은 이렇다. 일을 해야 하는 노동자가, 그러려고 고용된 것이고 그것이 디폴트인데도 불구하고 오히려 해야 할 일은 우선시하지 않고 자신의 몸이 아프다고 쉬려고만 한다는 비판이다.

이러한 발언의 근거로 총리는 다음과 같은 현실을 지적한다. 영국에서 팬데믹 이후 장기간 병가자들이 증가하고 있으며, 특히 208만 명의 시민들이 대부분 정신적 어려움을 호소하는 등 "경제적으로 비활동적" 상태라고 지적한다. 그는 조심스럽게 아픔을 절대로 경시해서는 안 되지만, 지나친 병가 진단서 남용에 대해서는 좀 더 솔직해져야 한다고 꼬집는다. 즉, 조금만 몸이 안 좋아도 쉬려고 하는 사람보다 아프지만 참고 일하려 하는 사람을 더욱 선호하는 '문화'로 선회하자는 선언인 셈이다.

이와 같은 총리의 발언은 영국 안에서 여러 논란을 불러일으켰다. 우선, 이미 많은 노동자가 아픈데도 불구하고 출근해서 상사의 눈치를 보며 참고 일을 하고 있는 상황을 꼬집는다. 최근 한국 사회에서도 논란이 되고 있는 '프리젠티즘presentism'이라 불리는 현상이다. 아파도 출근해야 하는 것이 디폴트인 현실의 부당함을 지적한 용어다. 그런데, 영국 일부에서는 총리 입장에서 해당 용어를 반대로 활용하기도 한다. 즉, 아프다는 핑계로 일을 제대로 하지 않고 자리만 차지하고 있는 노동자를 비판하는 데 쓰인다. 만일 문화라는 말을 사용하려면 같은 현상을 두고 한국과 영국의 해석의 차이를 설명할 때일 것이다. 물론, 두 나라 모두 노동자의 아픔은 일을 하고, 하지 않고를 결정하는 합당한 이유가 되지 않는다는 점에서는 일치한다.

총리의 발언에 대한 또 다른 비판으로 정신적 어려움 자체의 특성에 대한 지적이다. 정신질환의 경우 당사자도 잘 모르는 사이 병이 악화되는 경우가 많다. 그럼에도 총리가 그러한 어려움을 일상적인 걱정거리 수준으로 폄하하고 정신질환이 과다하게 진단되고 있다고 평가하는 것은 잘못이라는 비판이다. 물론 영국의 경제 및 재정 상황을 고려하고, 제한된 자원 안에서 '최대 다수의 최대 행복'을 추구해온 영국 공리주의의 오랜 전통에 비춰본다면 수낙 총리의 발언도 그리 놀랄 일도 아니다.

하지만, 그가 '문화'를 운운하며 노동자의 병가 진단서를 문제시한 것은 어떤 식으로 해석을 하더라도 오류가 있다. 왜냐하면, 문화란 기본적으로 특정한 집단이 '학습하고, 공유한 생활양식의 총체'를 가리킨다.[33] 만일 수낙 총리의 지적이 맞다면, 영국 국민 모두가 '꾀병'으로 일을 기피하는 습성을 학습하고 공유하고 있다고 말하는 것과 다르지 않다. 하지만 그것은 현실적으로 불가능하다. 그런데 이에 대해 만일

지불되지 않는 사회

총리가 자신의 주장은 몇몇 소수의 부도덕을 지적한 것이라고 반론을 한다면, 이 또한 잘못된 것이다. 왜냐하면, 그 소수의 사람 중 정말로 아파서 진단을 받은 환자와 그러한 사람들에게 꼭 필요한 진단서를 발부한 의사들까지 여론몰이로 부도덕한 사람으로 낙인을 찍는 잘못을 저지른 것이기 때문이다. 어떻게 해석하든 총리의 '시크노트 문화'에 대한 공식적 담화는 그 자체로 비판을 피하기 어렵다.

이처럼 '문화'라는 말은 함부로 사용해서는 안 되는 단어다. 특히 총리의 위치에서는 더더욱 그렇다. 게다가 그러한 논리의 밑바탕에 경제적 셈법이 깊게 자리 잡고 있다면 말이다. 관련해서 최근 영국 정부가 국가 보건의료 서비스NHSNational Health Service의 재정 악화를 해결하기 위해 긴축정책의 일환으로 실행하고 있는 일련의 사안들이 이를 뒷받침한다. 예를 들면, 국가에 고용된 일반의사의 수가 부족해지자 의사를 만나 진료를 받지 않고도 편도선염, 방광염 등 여러 질병에 대해서 약국에서 쉽게 무료로 약을 살 수 있는 정책이 시행되고 있다. 일면, 편리해 보이는 듯하지만 진료와 진단 과정 없이 그저 처방약만 주고 있었다. 무엇을, 어떻게, 얼마나 복용해야 하는지 등 설명이 생략된 것이다.

놀라운 것은 '무료 사후피임약free morning after pill'까지 약국에서 바로 살 수 있다는 사실이다. 영국의 관계자는 이것이 여성의 재생산 결정권 차원의 문제라기보다는 임신 및 출산,

육아 및 교육, 그리고 주거 등에 대한 정부의 재정지출을 줄이기 위한 대안으로 해석한다. 수낙 총리가 꾀병 '문화' 운운하며 감추려 한 진실은 바로 이것이며, 오히려 이 같은 해결방식 자체가 영국의 정치적 '문화'로 자리 잡은 건 아닌지 의문이다.

안타까운 건 수낙 총리가 간과하고 있는 영국의 진짜 문화다. 영국 인류학자 소피는 영국인들 다수가 실천하고 공유하는 '기다림'의 문화를 강조한다.[34] 제2차 세계대전 중에 논의되어 1948년부터 시행된 국가 보건의료 서비스의 가장 큰 도덕적 가치는 모두에게 무상의료를 제공하는 것이었다. 이를 위해 필요했던 것은 자신 먼저 치료해달라는 이기심이 아닌, 모두가 줄을 서고 자신의 순번을 기다릴 때 같은 시간 안에 더욱 많은 사람에게 혜택이 닿을 수 있다는, 기다림의 가치에 대한 믿음이었다. 이 믿음은 2012년 런던 올림픽 개막식에서 영국 시민들이 자랑거리로 소개할 만큼 그들이 공유한 진짜 문화라 할 수 있다.

여기 한국에서도 아파도 일을 해야만 하는 프리젠티즘 논란은 끊이지 않는다. 정말 누구의 도덕적 해이일까. 몸이 아픈 노동자일까, 몸이 아플 때까지 실적을 종용한 회사일까 아니면 병든 시민들보다 재정상태만 신경 쓰는 정부일까. 최근 영국 총리의 발언에 대해 시크노트 문화란 존재하지 않으며, 국가 보건의료 서비스의 재정 악화는 아픈 시민들 때문에 발생한 것이 아니라 정치인들이 만든 '악덕 정책들toxic politics' 때문이라는 비판이 나오고 있다.[35] 총리는 결국 영국 시민에게 '말'로 상처만 남기고, 실효성 없는 '말'뿐인 정책만 남길 가능성이 커 보인다. 어찌 보면, 이러한 비관적인 현실이 이 시대의 진짜 문화는 아닐는지. 처음의 질문으로 돌아가 보자. 정말 얼마나 아파야 노동자는 쉴 수 있을까. 바다 건너 영국에서 하나의 답을 들어보았다. 그렇다면, 우리는?

◆

다시 일을 할 수 있게 되었다는 소식

지불받지 못하는 노동, 그 최전선에 선 사람들이 들을 수 있는 가장 감격스런 소식은 무엇일까. 아이러니하게도, 아무리 힘들고 모욕적인 일이라 할지라도 실직의 위협에서 벗어나 그 일을 다시 할 수 있게 되었다는 소식일지 모른다. 누군가에겐 해고는 생존의 위협일 수 있다. 그리고 해고의 과정이 친절하고 도덕적이라 상상하는 사람도 없을 테다. 갑작스러운 통보에 말문이 막히고, 모욕감이 온몸을 휘감으며, 타협의 여지가 차단된 새까만 터널 속에 서 있는 그 느낌. 누군가는 "시궁창에 처박힌 것 같은 기분"이라 했다.[36) 그 누군가에 그 누구도 예외일 수 없는 위태로운 일상이다.

하지만, 갈수록 내가 마치 경험한 듯한 해고 소식들을 자주 접하게 된다. 그리고 그 해고의 종류는 노동의 영역을 초월한다. 하나의 인격체로서 자격을 박탈당하는 느낌. 혹은 나 역시 그 경계에 서 있는 것은 아닌가 하는 느낌. 그리고 그 경계가 언제 어디에서 나타날지 모르는 느낌. 세상은 노동 이외에도 너무나 많은 권리를 지불하지 않고 있다. 도대체

지불되지 않는 사회

어떤 것부터 제대로 지불되어야 할지 모를 정도로 슬프고 화가 나는 소식들이 하루가 멀다고 전해진다.

지금 이 글을 쓰는 순간에도 노동현장에서 사망한 소식들-2024년 6월 24일 화성 리튬 배터리 화재로 23명 사망 등-이 전해진다. 그 소식들 앞에 지불되지 않는 나와 너의 노동에 대한 한탄은 되레 배부른 소리처럼 들릴 정도다. 2023년 연말은 특히 그러했다. 언제나 그랬듯 연말이면 모두가 '제일 먼저 전하고 싶은 소식'이 가득한 사회가 되기를 소망한다. 하지만, 그땐 그렇지 못했다. 이태원 참사 유가족들은 진상규명 특별법의 국회 본회의 통과를 촉구하며 한파 속 오체투지를 시행했다는 뉴스가 이어졌다. 곧이어 고대했던 소식이 아닌 12월 21일 임시국회에서마저 결국 입법이 무산되었다는 소식이 전해졌다. 허무하게 빼앗겨 버린 수많은 청춘의 미래는 도대체 누가 지불해 줄 것인가.

실망스런 소식이 어디 이것뿐이었을까. 2023년 12월 초 대통령의 거부권 행사로 '개정 노동조합 및 노동관계조정법'과 '방송 3법'이 거부되었다는 소식이 들려왔다. 또한 국외에서는 11월 20일까지 도쿄전력이 방사성 오염수 3차 방류를 완료했다는 소식이 전해졌다. 12월 13일 마친 제28차 유엔기후변화협약 당사국 총회(COP28)는 결국 화석연료에 대한 명확한 '퇴출' 합의에 실패했다는 소식까지 들렸다. 이것뿐인가. 이스라엘과 하마스 전쟁 속 가자 지구 주민 절반이 굶주림에 떨고 있다는 소식과 러시아가 우크라이나 마을을 공격했다는 소식 또한 끊이질 않는다. 귀를 닫고 눈을 가리지 않는 이상 자연과 생명, 그리고 노동에 대한 존중이 '해고' 당하는 현실을 지나칠 수 없다.

한편, 많은 이의 기억에서조차 잊혀가는 소식도 있다. 2023년 7월 15일 14명의 생명을 앗아간 오송 지하차도 침수 참사가 발생한 지 5개월이 지난 2023년 연말까지 유가족은 외롭게 진상규명을 외치고 있었다. 당시 유가족과의 인터뷰에서 전해진 소식은 "경찰과 검찰이 해야 할 일을 왜 우리가 아직도 이런 이야기를 해야 하는지"였다. 이들이 기억하는 건 참사 당시 관계자의 "도의적 책임은 있지만 법적인 책임은 없다"라는 발언이었다.[37] 참사 당시 국무조정실 감찰 조사 결과 23번의 예방 기회를 놓쳤다는 결과가 발표되었다. 하지만, 이후 어떠한 공식적 사과와 책임자 처벌이 이루어졌는지 소식은 전해지지 않았다.

그런데, 여기서 '도의적 책임'이란 무엇일까. '도의道義'는 사람이 마땅히 지키고 행하여야 할 도덕적 의리를 말한다. 그렇다면, 관계자들은 보편적 도덕에서 요구하는 마땅히 해야 할 일을 완수했을까. 그 '도덕'은 피해자와 그 유가족의 말을 경청하는 것에서부터 출발해야 하는 게 아닐까. 나에게는 관계자의 발언이 오히려 "법이 도의적 책임까지 막아주고 있다"라고 말하는 듯 들렸다. 그저 안타까움의 표시만으로

도의를 다했다는 것은 적어도 나에겐 도의가 아니라 '살의殺意'처럼 느껴진다. 그만큼 위로가 아닌 폭력이다.

2023년 연말 오송 참사 유가족의 육성으로 전달된 절규가 강렬하게 남아있는 것은 곳곳에 법이 도의적 책임까지 막아주고 있다는 사실을 다시금 확인시켜 주었기 때문이다. 그것은 '법적 책임이 없을 때는 도덕적 책임을 질 필요가 없다'라는 사회적 확신마저 느껴졌다. 거리낌 없이 노동자를 해고하고, 피해자 앞에서 반인륜적 혐오 발언을 일삼아도 법이 문제 삼지 않는 한 그 누구도 쉽게 '법보다 도덕적일 필요성'을 강요하기 어려울 테다.[38] 오늘날 법이 누구의 편에 좀 더 기울어져 있는지, '도의적 책임'이라는 면죄부를 목격하며 확인할 수 있지 않을까. 게다가 그 법을 고치려 했던 특별법들이 허무하게 무산되는 것을 목격하고 있자니 더욱 상실감이 크다.

법철학자 마사 C. 누스바움은 수치심과 혐오가 법의 제정과 집행에 깊이 연루되어 있다고 지적한다.[39] 가장 대표적 예로 공연음란죄는 '공연히 성적 수치심을 자아내 성적 도의관념에 반하는 행위'를 했을 때 1년 이하의 징역, 5백만 원 이하의 벌금에 처하는 것으로 규정하고 있다. 그렇다면 알몸을 보았을 때 시민들이 느꼈을 혐오감과, "사람이 할 소리"가 아닌 말을 하는 무책임한 공직자의 모습을 보았을 때 피해자 및 유가족이 받게 되는 심리적 고통 중 어느 것이 더욱 개인과 사회에 해로운 것일까. 과연 법은 어떤 수치심과 혐오에 더욱 엄정한 책임을 물어야 하는지 묻고 싶다.

그렇다면 이러한 참사 관련 기사들이 우리에게 전해주는 진정한 소식은 무엇일까. 그것은 법이 다루지 못하는, 혹은 법이 방어해주는 도의적 역할을 당사자가 직접 해결해야 하는 암울한 현실일지 모른다. 유가족의 사과 및 진상규명에 대한 요구에 여당은 경제적 지원과 추모사업에 집중하자며 반대 의견을 전하지 않았던가. 이 같은 현실은 폭력을 넘어 착취로까지 느껴진다. 즉, 유가족에게 죽음에 대한 모든 도의적 책임의 짐-떠난 사람에 대한 미안함과 애도 등-을 떠넘기고 그들이 가진 모든 도덕성을 남김없이 소모하도록 내모는 것 말이다. 즉, 공적인 돌봄 윤리의 공백을 개인들의 도덕성으로 메꾸는 것이다.

집단 정리해고를 겪은 노동자도, 참사의 피해자 및 유가족도 다른 모든 시민보다 먼저 '앞줄에 선 사람'일지 모른다. 그들은 운이 없어 재난에 휘말린 것이 아니라 그저 먼저 경험한 시민이며, 그 참혹함을 알리려는 이들이 않을까. 인류학자 서보경은 『휘말린 날들』에서 HIV 감염인과의 연대 활동을 다루며 감염인을 "앞줄에 선 사람"이라 소개한다.[40] 책은 먼저 재난과도 같은 감염을 마주한 사람들이 "뒷줄에 선 사람"에게 홀로 고통받게 내버려 두지 않겠다는 다짐을 전해준다. 그 마음이 너무 감사하지만, 왜 사회적으로 해고된 이들이 언제나 앞줄에 서야만 하는지, 그 반복된 현실에 마음 한편이 무거워진다. 그리고 누가 뒷줄에 서게 될지 아무도 예측할 수 없다는 그 불확실성이 그러한 마음을 한층 더 키우고 있다.

　그렇다면 우리는 각자가 서 있는 줄 위에서 무엇을 지불해 줄 수 있을까. 체불된 임금도, 빼앗긴 직장도, 그리고 억울한 죽음도 지불해 줄 수 없는 상황에서 무엇을 할 수 있을까. 얼마 전 나는 최전선의 앞줄에 선 분으로부터 "제일 먼저 전하고 싶은 소식이 있다"는 전화를 받았다. 그녀는 며칠 전 하청업체의 계약이 연장되지 않아 240여 명의 콜센터 상담사가 정리해고될 것이라는 통보를 받았었다. 연말을 앞두고 청천벽력같은 소식이었다. 새해와 함께 그 많은 사람이 실직자가 되는 것이었다. 그녀는 노동조합을 이끌고 있었기에, 소식을 전해 듣고 그 부당한 통보에 맞서 노숙농성을 시행했다. 그 모든 게 자신의 탓인 것 같아 힘들어하는 그녀의 모습이 언론 인터뷰를 통해 고스란히 전달되는 듯했다. 해고가 되기도 전에 병원으로 실려 갈 듯 위태로워 보였다. 그런 그녀로부터 전화가 온 것이다. 여러 구성원의 도움으로 전원 고용승계가 이루어졌다며, 눈물과 함께 감사 인사를 전해주었다. 나 역시 그녀가 가장 앞줄에 선 사람으로서 체력, 정신력 나아가 도의적 책임감마저 남김없이 소모하며 이끌어 낸 결과였음을 알기에 연신 감사하다는 말만 반복했다.

생각해보면, 나는 그녀와 같은 줄에 서 있지도 않았으며, 실질적인 도움을 주지도 못했다. 내가 한 일이라곤 그녀가 노숙농성을 시작했을 때 그 황량한 시위 현장에 찾아가 무너진 어깨에 같이 기대어준 것뿐이었다. 그것이 나의 도의였다. 하지만 그녀의 전화를 받고 난 후 느낀 것이 있다. 우리는 서로에게 생각보다 줄 수 있는 게 많다는 것을. 그리고 그것은 아주 사소한 것에서부터 시작된다는 것을 말이다.

2)

가치를
상실해가는
노동

오늘날 노동의 가치는 무엇일까. 한국 사회의 노동에 대한 두 번째 커다란 느낌은 '허무함'이다. 숨가쁘게 일을 해도 온전히 그 가치를 인정받기 어려운 현실. 그 땀의 가치가 점차 평가절하되는 분위기를 느낀다. 안정된 직장에서 편안해 보이는 사람들도 평화롭게 느껴지기보다 잠시 태풍의 눈 속에 머물러 있을 뿐 언제든 돌풍에 휘말려버릴지 모르는 위태로운 상태로 여겨진다. 그것마저 마치 '의자 뺏기 놀이'처럼 제한된 자리를 가지고 하는 끝없는 다툼의 연속이다.

그 허무함의 강도는 챗GPT를 필두로 한 인공지능이라는 강풍으로 인해 최근 더욱더 강력해졌다. 한때 코로나 19 팬데믹으로 인해 사회의 존속을 위한 필수노동이 무엇인지 고민하는 분위기가 형성되었다. 그렇지만, 필수노동의 가치란 것도 오랫동안 뿌리내려온 노동자의 사회적·문화적·경제적 지위 및 젠더적 지위를 올리기에는 역부족이었다. 팬데믹이 초래한 공포보다 인공지능이 가져올 유토피아에 대한 환상은 너무나 강렬했고, 값싼 필수노동자의 사회적 가치에 대한 세간의 관심은 급속히 냉각됐다.

생각해보면, 코로나 19 팬데믹이 한국 사회에 불러일으킨 변화는 필수노동에 대한 발견이 아닐지 모른다. 그것은 오히려 마스크를 쓰고 얼굴이 드러내는 감정을 감추는 법을 가르쳐 준 것은 아닐까. 내 노동의 가치를 인정해 달라고 저항하는 것보다 위태로운 일상이라도 지키기 위해 허탈한 속내를 감추는 편이 더 이득일 테니 말이다. 고객과 직장상사 앞에서 얼굴을 반쯤 가려준 마스크는 감정노동의 짐을 한층 덜어줄 수 있으니 말이다.

노동의 가치가 평가절하될수록 경제적 빈곤은 악화될 것이며, 그로 인해 퇴근은 더욱 지연될 것이다. 그렇게 경제적으로도, 시간적으로도 이중 빈곤의 삶은 확산될 수 있다. 하지만, 왜 이토록 노동의 가치에 걸맞은 밥값을 제대로 제공하지도 않으면서, 밥 한 끼 제때 먹을 여유도 빼앗아 가버린 것일까. 그런 삶에 저항하기보다 빠르게 적응해서 의자 뺏기 놀이의 주인공이 되는 것만이 희망인 세상이라면, 이 얼마나 잔인한 현실인가. 이 장에서는 이렇듯 가치를 상실해가는 노동의 이미지에 대해 다루고자 한다.

챗GPT는 필수노동자인가

2022년 11월 이후 주변 학자들 사이에 온통 챗GPT(대화형 인공지능) 논란뿐이다. 출시 이후 해가 바뀌고 봄이 찾아왔을 때까지도 제주 4·3사건, 4·16 세월호 참사, 4·19혁명 등 엄혹한 4월의 기억들이 묻힐 만큼 인공지능의 상상 초월 '학습' 능력을 앞다퉈 '학습'하기 바빠 보였다. 물론 학계에 있는 내 주변에 국한된 현상이었는지도 모른다. 하지만 학내 청소 노동자의 파업이 어떻게 마무리되어 가는지보다 중간고사에 챗GPT가 줄 영향에 대한 관심이 더욱 큰 것은 안타까운 일이다. 팬데믹 시기 그들을 필수노동자라 강조했던 정부와 언론의 관심도 어느덧 인공지능이 초래할 미래의 변화에만 쏠려있다. 그렇지만, 매일 쌓여가는 쓰레기는 누가 치운단 말인가! 갑자기 이런 질문이 떠올랐다. "챗GPT는 필수노동자인가? 혹은 그들을 대체할 수 있는가?" 분명 옆 동료는 챗GPT에게 직접 물어보라 할 것이다.

인류학자 데이비드 그레이버는 노동의 가치를 크게 '경제적 가치(단수형 value)'와 '사회적 가치(복수형 values)' 두

가지로 구분한다. 그리고 이 두 가치의 경중이 모든 노동에서 일치하는 것은 아니라고 강조한다. 오히려 반대인 경우가 많다고 지적한다.[41] 예를 들면, 사회적 가치가 높을수록 경제적 가치가 매우 낮은 경우가 있다. 청소가 그 대표적 예다. 이들은 아주 적은 비용으로도 큰 사회적 가치를 창출한다. 그런데, 그레이버에 따르면, 금융 부문 종사자, 광고 및 마케팅 전문가, 변호사는 그들이 받는 월급에 비해 사회적 가치가 오히려 '마이너스', 즉 사회적 가치가 파괴된다고 지적한다. 그레이버의 지적처럼 이들이야말로 너무 많은 비용만 가져가는 쓸모없는 '허튼짓Bullshit Jobs'에 가까울지 모른다.

챗GPT는 소위 "확률적으로 만든 언어의 지도"라 한다. 목적지를 입력하면 길을 알려주는 내비게이션처럼, 질문을 입력하면 가장 적합한 답-언어의 지름길-을 보여준다. 카이스트 김대식 교수는 이것이 결국 언어로 노동하는 지적 행위의 대량생산에 영향을 끼칠 것으로 전망한다.[42] 즉, 청소 등 사회적 가치가 높은 필수노동보다 경제적 가치를 높게 평가받는 지적 영역에서 활발하게 활용될 것으로 보인다. 여기서 그레이버의 주장을 거칠게 적용해 본다면, 사회가 챗GPT에 더 높은 비용을 지급할수록 그만큼 사회적 가치의 창출에는 오히려 마이너스, 즉 점점 더 손해가 발생한다고 예측할 수도 있다.

하지만, 10년 전(2013년)에만 해도 세계 경제학자 및 인공지능 전문가들은 미국의 직업 중 전산화에 의해 대체될 1순위 직업으로 텔레마케터(대체확률 99퍼센트)를 꼽았으며 내과의사는 가장 낮은 쪽(0.42퍼센트)에 속했다.[43] 그런데 챗GTP 출시 이후 상황은 정반대로 흘러가는 듯하다. 2023년 말 한국은행 조사국 고용분석팀에서 진행한 국내 연구결과 고소득·고학력 일자리에서 인공지능 노출지수가 높게 나타났다. 노출지수가 높을수록 인공지능으로 대체될 확률이 높다. 연구는 산업용 로봇에 의한 자동화로 대체 가능성이 큰 직종은 저소득·저학력 일자리이지만, 인공지능은 정반대의 추세였다. 따라서, 의사 및 한의사는 대체 가능성이 가장 컸으며, 음식 관련 단순종사자, 식음료 서비스 종사자 등 대면 서비스를 담당하는 직업은 가장 작게 나왔다.[44]

물론, 당장에 챗GPT가 제시하는 편리함에 좀 더 쉽게 접근해 이득을 얻는 노동자는 이런 예측과 다를 것이다. 사회학자 피에르 부르디외는 노동자를 크게 두 집단으로 구분 지었다. 첫 번째 집단은 **안정**되어 있으며 그 상태를 **유지하기** 위해 무엇이든 하는 사람들이다. 두 번째 집단은 **불안정**하고 그 불안정상태에서 **벗어나기** 위해 모든 것을 할 용의가 있는 사람들이다.[45] (굵은 글자는 필자 강조) 이 구분만 두고 본다면, 챗GPT는 전자에 속한 집단에 좀 더 가까울지 모른다. 부르디외의 표현을 조금 인용해보자면, 챗GPT는 "현재를 직면할 수단과 희망을 탐구할 수단을 지닌 사람들"에게 유용한 도구일 것이다. 논문을 쓰는 데 어떻게 도움을 받을지 등 온통 챗GPT 이야기에 빠져 있는 내 주변의 교수들이 가장 대표적 예라 할 수 있겠다.

그에 반해 챗GPT에 접근이 어려운 사람들은 아마도 후자에 속한 집단일 테다. 시급 400원을 추가로 인정받기 위해 1년 넘게 고용주와 다투어야 하는 대학 내 청소노동자의 경우가 그 예라 할 수 있겠다. 또다시 부르디외의 표현을 빌리자면, '자포자기'와 '성급한 주술적 부정'에 빠진 소위 이중 빈곤의 사람들이다.[46] 즉, 지금의 어려움을 운명이라 받아들이며 자포자기하거나, 마치 가난이라는 유령에 쫓기듯 불안감과 초조함에 하루하루 살아가는 사람들 말이다. 그들에게 인공지능이란 그저 골치 아픈 과학논쟁이거나 샌님들의 꿈 같은 이야기에 그칠지도 모른다. 그것은 청소에 하등 쓸모가 없기 때문이다.

앞서 그레이버는 노동의 경제적 가치와 사회적 가치가 반비례인 경우들이 많다고 지적했다. 그런데, 그것이 객관적 사실이라 할지라도 주관적 현실은 그렇지 않은 듯하다. 고임금의 직업이 사회적으로 높이 평가받고, 그 지위를 인정받기 때문에 다수가 커리어를 키우려 혈안이 되어 있지 않은가. 반대로 아무리 사회적 가치가 높고 필수노동자로 인정한다고 해도 낮은 임금은 모든 가치를 압도하는 기준이 되는 게 현실이다. 한국의 우수한 인재들이 모두가 의과대학에 진

학하려고 애를 쓰는 것도 같은 이유이지 않을까. 그레이버는
병원에 고용된 청소부가 실제로 임금이 아주 높은 의사들보
다 보건상 긍정적인 결과를 얻는 데 공이 더 크다는 역사적
주장을 강조한다. 하지만, 그는 노동의 가치가 왜곡된 현실
에 대해 다음과 같이 열변을 토해낸다.

"그 이유가 무엇이든(나는 계급의 권력과 계급 충성도가 큰 관련이 있다고 믿는
다.) 더욱 짜증 나는 점은 너무 많은 사람이 그 반비례 관계를 인
지하고 있을 뿐만 아니라 그것이 옳다고 여긴다는 사실이다. 고
대 스토아학파가 주장했듯이, 덕성은 그 자체로 보상이라는 거
다."[47]

알면서도 정반대로 길을 쫓는 현실. 그리고 좋은 일을 하
는 데 보상을 기대하면 안 된다는 속설. 그 모든 바탕에는 높
은 경제적 지위 즉, 계급 사다리의 위쪽에 대한 동경이 깔려
있을 것이라는 그레이버의 확신에 나 또한 적지 않게 공감
한다. 같은 맥락에서, 부르디외가 자본주의 현실에서 노동자
가 지니게 되는 습성에 대한 지적은 많은 것을 성찰하게 해
준다. 노동자가 당장 무엇을 실천할 것인지는 노동의 사회적
가치보다 지금 자신이 어떤 현실에 처해있는지, 즉 안정된
상황인지 혹은 위태로운 상황인지가 결정적일 수 있다. 부르
디외의 표현대로 "객관적 미래가 주체의 현재 상황과 그의

아비투스* 속에 새겨져 있는" 것이다.[48]

챗GPT가 노동의 안정성이 초래하는 이런 간극을 더욱
크게 만들지 모른다는 생각이 과연 기우에 그칠지 두고 볼
일이다. 물론 챗GPT의 장점은 분명하다. 그것이 기존 서구
의 언어 권력-대표적으로 영어가 만든-과 지식 권력이 쌓
아 올린 인종과 계급 사다리로부터 많은 비서구인을 해방해
줄 수 있다. 가방끈이 길지 않아도 간단한 사용법만 알게 된
다면, 오랜 기간 쌓여온 장벽과도 같은 언어와 지식 권력에
서 벗어날 미래를 꿈꿔볼 수 있다. 하지만, 또 누가 알겠는가.
인간의 탐욕은 끝이 없었으니 어느 날 "사다리를 걷어차듯"
하층민이 올라오지 못하게 챗GPT의 메인 서버의 플러그를
뽑아버릴지도 모를 일이다.[49] 그렇지 않아도 챗GPT와 같은
새로운 인공지능 프로그램을 개발하는 기업들이 고객과 시
민들에 의해 수십 년간 온라인상에 축적된 데이터들을 그 누
구의 동의도 없이 강탈하고 추출하여 이윤을 차지하려는 일
명 '데이터 인클로저' 현상이 벌어지고 있지 않은가.[50]

어찌 보면, 불안정한 현실과 불안한 미래를 앞둔 우리에

● 아비투스 혹은 하비투스라 불리는 habitus는 부르디외의 실천 이론의 중심이 되는 개념
이다. 그것은 '무의식적 성향 체계', '지속적인 성향들의 총체'로 요약할 수 있다. 이것은
단순한 습관과 다르다. 사회학자 이상길은 아비투스를 "고정된 반응의 자동적인 재생산
기제가 아니라, 객관적인 조건으로부터 기계적으로 연역될 수 없는 '행동의 발생 원리'이
자 '창안의 구조화된 원리'"로 소개한다; 피에르 부르디외·로익 바캉, 이상길 옮김, 『성찰
적 사회학으로의 초대』, 그린비, 2015, 532쪽.

게 정말 필요한 것은 질문에 대한 '대답'이 아니라, 대답이란 걸 해줄 '사람'일 것이다. 좀 더 구체적으로는 인간이 만든 쓰레기로부터 지구 생태를 지켜줄 명쾌한 이론적 답변이 아니라 지금 눈앞의 쓰레기를 치워줄 필수노동자일 테다. 처음 질문으로 돌아가 보자. 챗GPT는 필수노동자인가? 다른 학자들이 하듯 나 역시 챗GPT에게 직접 질문을 해 보았다. 그의 대답은 "나는 필수노동자가 아니며 그들이 하는 중요한 업무를 대체할 수 없다"였다. 그의 말처럼 오히려 챗GPT의 미래에는 나와 같은 지식 생산자들은 사라지고, 청소노동자와 같은 필수노동자만 살아남을지 누가 알겠는가. 이것이 그동안 인류가 축적해 온 거대한 언어의 지도에서 챗GPT가 추출한 우리의 미래이다.

한국, AI를 맞이할 준비가 되었는가

얼마 전 '챗GPT와 노동'을 주제로 강연을 할 기회가 있었다. 현장에는 콜센터 상담사들도 있었다. 그들에게 AI란 먼 미래가 아니었다. 이미 KT 고객센터의 AI 챗봇(2018), 보이스 봇(2021) 등 통신사 콜센터에서 시작된 AI 도입은 최근 KB증권 챗봇, 우리카드 AI 음성봇 서비스 등 금융업계로도 확산된 상황이다. 직장 안팎으로 온통 AI가 인간을 대체할 것이라는 기대와 우려가 끊이질 않았다. 실제로 2018년 LG경제연구원의 「인공지능에 의한 일자리 위험 진단」 보고서에 의하면,[51] 한국에서 AI 도입 이후 자동화로 대체될 확률이 가장 높은 직군은 바로 콜센터 상담사였다. 보고서는 장기적으로 긍정적 효과를 기대할 수 있겠지만, 단기적으로 광범위한 일자리 변화는 불가피하다고 내다보았다. 강연장에 온 상담사들은 나에게서 불안한 미래에 대한 답을 찾으러 온 것이었다. 그렇다면, 한국은 이 같은 변화를 맞이할 준비가 되어 있는 것일까.

최근의 언론 소식만 본다면, 이런 걱정이 기우인 듯 느껴진다. 소위 "일자리를 뺏는다"던 AI 상담원은 오히려 콜센터 상담사의 퇴직률을 줄여 주었다는 기사가 전해졌다. 대표적으로 KT 고객센터의 경우 2021년 AI 기반 음성상담을 도입한 이래 퇴직률이 2.6퍼센트에서 1.8퍼센트로 30퍼센트나 감소했다고 한다.[52] 가장 큰 이유는 AI 서비스 도입으로 인해 상담사들이 단순·반복 상담의 짐을 덜게 되었다는 점이다. 또한 AI가 고객과의 대화를 듣고 필요한 답변을 추천해주는 도우미 역할까지 톡톡히 수행했기 때문으로 분석되었다.

모든 콜센터가 이 사례와 같다면 AI 상담원의 출현을 지레 겁먹을 필요는 없을지 모른다. 하지만 현실은 그런 기대와는 사뭇 다르다. 2023년 추석이 끝나고 국민은행, 하나은행, 현대해상 콜센터 노동조합은 사상 첫 공동파업을 했다. 안타깝게도 이들의 요구사항은 휴식 시간 보장, 임금 정상화, 직접고용 등 과거와 크게 달라진 게 없다. 그런데 주목할 만한 점은 AI 서비스 도입과 관련된 새로운 사실들이 추가되었다는 것이다. 우선 다른 고객센터에서 도우미 역할을 톡톡히 수행했던 AI 챗봇은 은행영업점 직원만 사용할 수 있고, 다수의 콜센터 상담원은 시범운영 기간 이후 자격이 상실되어 사용이 불가능했다. 즉, 앞서 기사에 나온 KT 고객센터의 경우는 예외적인 사례였던 것이다.

그런데, 더욱 큰 문제가 있다. AI 음성서비스 개발을 위해 상담사의 실제 고객 응대 내용을, 적절한 동의절차를 거치지 않고 활용해 왔다는 사실이다. 즉, STT_{Speech To Text}(음성인식기술)/TA_{Text Analysis}(텍스트분석)라는 프로그램을 통해 상담사의 실시간 통화내용을 기록 및 분석하여 AI를 학습시키고 있었다. 동시에 그 내용을 가지고 상담 품질까지 평가하고 있었다. 이것은 자신들의 일자리를 빼앗을지도 모르는 AI의 교육에 상담사 개개인이 수년간 경험을 통해 습득한 노하우를 어떤 대가도 없이 빼앗기는 것이었다. 나아가 콜센터업체는 해당 프로그램을 많이 사용할수록 월말 평점에 가산점을 반영하면서 임금을 빌미로 상담사 간 경쟁까지 유도하고 있었다. 이것이 바로 AI 도입 이후 가장 먼저 실직될 것으로 예측되었던 상담사의 진짜 현실이다.

2024년 5월 AI가 도입되어 활용되고 있는 민간금융기관 콜센터를 중심으로 상담사에 대한 설문조사가 진행되었다. 해당 기사에서는 "상담사들에게 도움 되는 시스템을 만들기 위한 작업"이라며 매일 퇴근 후 한 시간씩 추가 수당 없이 근무시간 동안의 통화내용을 그대로 받아 치는 일명 '그림자 노동'을 5개월간 시행한 사례가 소개됐다.[53] 즉, AI를 학습시키기 위한 빅데이터를 쌓는 과정이었다. 기사에서는 설문에 참여한 상담사의 과반수(51.4퍼센트)가 AI 기술 고도화에 상담 노하우가 활용된다고 답했으며, 64퍼센트는 자신들의 노하우를 동의나 보상 없이 무단으로 활용한다고 답했다. 나아가 AI 상담사 도입 이후 과반수(53퍼센트)가 "AI 기술 오류로 인한 고객 민원으로 스트레스가 증가"하고, 45퍼센트가 "AI 기술 오류로 인해 전체 업무량이 증가했다"고 답했다. 앞서 발표된 기사와 너무나 상반된 결과이다. 과연 고객과 상담사 모두를 위해 AI를 맞이할 준비가 되어 있다고 말할 수 있을까. 진정 모두의 편리를 위한 도입인지, 혹은 기업의 이윤증대와 미래지향적 이미지 구축을 위한 일 방향적인 추진인지 혼란스럽기만 하다.

2017년 1월 독일 정부는 『노동 4.0 백서』를 발표했다. 이러한 백서는 독일 정부가 2011년 11월에 발표한 '하이테크전략 2020'에 포함된 '산업 4.0' 프로젝트의 연장선상에 있다. 해당 프로젝트를 추진하는 과정에서 바로 '노동 4.0'을 사회적 대화의 주제로 제시한 것이었다. 이를 위해 노사와 함께 전문가, 중소기업인, 학생, 견습생, 언론 등 관련 당사자 모두가 참여하는 논의의 장을 만들었다. 즉, 새로운 산업의 도약에 앞서 노동문제를 배제하지 않으려 했다. '노동 4.0'은 사회적 대화를 위해 웹사이트를 개설하고, 200명 이상의 노사 양측 전문가가 참여한 7차례의 워크숍을 개최했다. 이를 바탕으로 독일의 25개 도시에서 무려 175회의 토론회가 개최되었다.[54]

이렇게 새로운 미래산업을 개발하고 추진하는 데 있어 노동자가 함께 논의할 수 있는 장을 마련한 셈이다. 그것은 독일 정부가 백서 제작을 위해 시민들에게 던졌던 질문에 뚜렷하게 담겨있다. 그것은 바로 "디지털화되어가는 사회적 변동 속에서 '좋은 노동'이라고 하는 이상은 어떻게 유지, 강화될 수 있을 것인가?"였다. 그렇다면, 우리는 어떠한가. 한국 정부는 AI의 도입이 노동자의 삶에 어떤 영향을 줄 수 있는지 진지하게 물어본 적이 단 한 번이라도 있었던가. 내 기억 속 정부는 '디지털 인재 100만 양성'을 외치고, 과학기술부는 '전 국민 인공지능 일상화'를 천명했을 뿐 노동자와의 직접적인 대화의 장을 만들지 않았다.

『AI 지도책』의 저자 케이트 크로퍼드Kate Crawford는 디지털과 AI에 대한 한국 정부의 숭배처럼 AI에 대한 최근의 주류 담론들이 마치 '주술적' 믿음과 같다고 지적한다.[55] "AI를 믿습니까?"라 묻고 "네, 믿습니다!"라고 답하는 세상 말이다. 동시에 정부, 기관, 기업들이 혹시 '전략적 기억상실증'에 빠진 것은 아닌지 의문을 제기한다. 크로퍼드는 그동안의 발달 과정을 돌이켜 볼 때 AI는 전혀 객관적이지도 중립적이지도 않은 기술이었으며, 오히려 기존의 불평등과 차별을 악화시킬 것으로 내다보았다. 그녀는 AI를 디지털 신기술산업이 아닌 일종의 '추출 산업'으로 규정한다.[56] 즉, AI 시스템을 구축하기 위해서는 지구의 에너지 및 광물자원, 저렴한 노동력, 빅데이터를 거대한 규모로 '추출'해야만 하기 때문이다.

크로퍼드는 기억상실증을 이야기하지만 오늘날의 한국은 마치 상실할 부정적 기억조차 없다는 듯 AI 찬양 일변도

지불되지 않는 사회

인 듯하다. AI 산업을 이끄는 기업들의 담당자들이 모인 성대한 국제 컨퍼런스에 참여했을 때 한 CEO는 "모든 인재들이 지금 AI 산업으로 뛰어들고 있다"며 더 이상 지체할 시간이 없다고 선언했다. 그것을 듣고 있자니 독일의 '노동 4.0'이 보여주었던 '좋은 노동'에 대한 이야기가 더욱 절실하게 다가왔다.

기회가 있다면 그들에게 묻고 싶다. AI가 가져올 장점이 단점을 초월하는 것인지 말이다. 단점이 뚜렷이 드러나지 않는 한, 장점을 충분히 먼저 활용하려는 접근방식이 올바른 것일까? 그리고 그 장점이라고 하는 것이 지금 우리에게 절실히 필요한 요소일까? 만일 그 단점이라고 하는 것이 과도한 자원 추출과 노동력 착취일 때 이것은 성장을 위한 불가피한 희생일까? 질문이 그치질 않는다.

우린 독일의 '노동 4.0'을 부러워해서는 안 될지 모른다. 새로운 산업을 꿈꾸기 전에 아주 오랫동안 지연되어 온 '좋은 노동'에 대한 사회적 대화를 먼저 시도해야 하지 않을까 싶다. AI 산업의 발전을 숭배하면서 노동자의 희생을 고려하지 않는 것이 아니라 애초에 노동자에 대한 '고려' 자체가 부족했던 것은 아닐까. 작금에 벌어지는 모든 상황 속에서 저임금 노동자는 희생이 불가피한 존재가 아니라 오랫동안 유연한 관리의 대상자였다. 고령의 노동자를 부르는 표현인 '고다자'처럼 말이다. 고르기 쉽고, 다루기도 쉽고, 자르기도 쉬운 사람들! AI가 노동의 가치를 훼손할 우려가 있기 전에, 노동의 가치는 이미 훼손되어 있던 것이 아닐까. 아직까지 AI가 가져다줄 빛나는 미래의 혜택은 적어도 '고다자'의 위치에 있는 노동자에게까지 돌아가지는 않을 것이다.

이제 우리는 AI 시대를 앞두고 무엇을 함께 논의해야 할까. 에든버러대학 섀넌 발러Shannon Vallor 철학 교수는 디지털 사회는 '도덕적 탈숙련화moral deskilling'가 발생할 수 있음을 경고한다.[57] 과거 산업혁명 시기에 자동화 기계가 숙련된 노동을 대체하면서 노동자의 '기술적 탈숙련화'가 일어났듯이, 이제 우리는 도덕이라는 사회적 기술의 퇴화를 걱정해야 할지도 모른다. 이미 AI를 활용해서 쓴 보고서를 어떻게 골라낼 수 있을지 학교 안에선 논쟁이 분분하다. 발러의 예언처럼 AI가 인간의 지능을 대체해 주는 사회에서 타인을 배려하는 도덕적 기술이란 점차 그 의미를 상실해갈지도 모를 일이다. 그렇지만, 나만 편하다면, 디지털 플랫폼 너머 누구의 희생이 있든 상관하지 않는 사회가 정녕 우리가 꿈꾸는 미래라 할 수 있을까.

무감각, 마스크를 벗지 않는 진짜 이유

또다시 질문해 본다. 한국의 노동 가치는 어떤 이미지로 그려질까. 무엇이 가장 중요한 가치로 상상될까. 그것이 무엇이 되었든 그 이미지는 노동자 스스로 정하기보단 그를 고용한 직장의 요구에 따라 형성될 가능성이 클 것이다. 그렇다면 직장은, 나아가 임금은 무엇에 가장 큰 가치를 부여하고 있을까. 사회가 이 문제에 대해 성찰하길 원한다면 다음의 영화에 주목하길 바란다.

2023년 2월 8일 전북 특성화고 여학생의 자살 사건을 다룬 영화 「다음 소희」(정주리 감독)가 개봉되어 언론의 주목을 받았다. 주인공은 고등학교 3학년 소희(이시은 역)였다. 그녀는 현장실습으로 나간 콜센터에서 5개월간 일하다 스스로 목숨을 끊었다. 배우 배두나는 영화 속 경찰로 등장해 소희의 죽음을 파헤치며 어른들이 어떻게 한 학생을 죽음으로 내몰고, 또 외면했는지 보여준다.

현실에서 제대로 묻지 못했던 질문들을 감독은 가상의 인물인 경찰을 통해 한국 사회에 던지고 있다. 무엇이 그토록 열심히 일했던 학생을 죽음으로 내몰았는지 묻는다. 도대체 기성세대는 어떤 노동을 해왔고, 새로운 세대에 어떤 노동을 가르치려 하는지 말이다.

영화를 보는 내내 나는 받아쓰기를 했다. 기성세대가 뱉어낸 말들 속에 그들이 말하는 노동의 민낯이 드러나 있었기 때문이다. "내 얼굴 봐서 참아"라는 학교 선생님, "오히려 우리가 피해자"라며 따지는 기업체, "적당히 합시다. 그다음은요?"라며 훈계하는 교육청, "개인의 성격 탓"으로 수사를 종결하려는 경찰. 영화는 제목처럼 주인공 소희가 끝이 아님을, 그 어디엔가 소희의 '다음'이 계속될 운명임을 보여준다. 부당한 노동을 올바르게 되돌리고 노동자의 피해를 보호해줄 어른이 나타날 가능성은 너무나 희박했다. 그만큼 세상 물정을 잘 아는 기성세대의 쓴소리는 너무나 현실적이어서 소름이 끼칠 정도였다.

영화에서 학교 선생님은 성적이 우수했던 소희가 학교를 대표해서 대기업(하청) 취업에 성공한 본보기가 되길 원했다. 그에 따라 자신과 학교의 실적을 위해서 학생이 어떤 상황에 놓여있는지를 제대로 확인하지 않은 채 인내와 헌신만을 강요했다. 소희 역시 자신이 학교에서 실패의 본보기가 되기 싫었다. 실제로 특성화고에 다니면서 현장실습 중 중도 탈락한 실패자는 학교에서 '빨간색 조끼'를 입히는 곳도 있었다.[58] 결국 학교의 실적을 위해 학생은 '좋은' 본보기든 혹은 '나쁜' 본보기든 둘 중 하나로 쓰일 운명이었다. 그곳에는 '인간' 소희는 없고, 그저 '다음' 소희만 있을 뿐이었다.

그럼 낙오자가 아닌 좋은 본보기로 생존하기 위해 학교가, 기업이 노동에 대해 가르쳐 준 것은 무엇일까? 영화 속 소희는 기업의 이윤을 위해 어떤 욕설에도 흔들리지 않는 친절함이라는 상품을 제조해야만 했다. 그리고 그 대가가 실적에 따른 소액의 인센티브였다. 그 얼마 되지 않는 보상을 위해 소희는 억지웃음으로 수없이 많은 상담을 이어나가야 했다. 돈은 그러한 능력에만 가치를 부여했다. 이렇게 소희는 고객을 위해 **친절함**을 만들고, 이어서 갖은 폭언과 욕설 앞에 자신의 **수치심**을 감내해야 했으며, 결국 높은 실적을 위해 그 어떤 상황에도 **무감각**해지는 법을 터득해야만 했다. 그렇게 우리가 알고 있는 감정노동은 최종적으로 감정 '없는' 노동을 요구하며 그녀가 생산성 좋은 ARS 기계가 되길 원했던 것이다. 그리고, 그러한 무감각을 소위 프로페셔널한 능력이라 칭송한다.

「다음 소희」는 일터가 정해놓은 기준-무엇이 좋고 나쁜 본보기인지-에 길들여지며 자신의 꿈 대신 무감각한 일꾼으로 성장하는 모습을 적나라하게 보여준다. 그런데, 소희의 다음 차례는 오직 특성화고 학생뿐일까? 친절하기를, 수치심을 인내하기를, 그리고 상황에 무감각해지기를 요청하는 것은 어디 이곳뿐일까? 영화에서 경찰 배두나가 찾아갔던

책임자들은 처음에 그녀에게 친절하게 응대했지만, 결국 적당히 '무감각'하지 못한 그녀를 한심한 듯 나무랐다. 프로페셔널하게 무감각한 그들을 향해 배두나는 외쳤다. "누구 하나 내 탓이라 말하는 사람이 없다"라고 말이다. 영화가 그려낸 현실에선 저마다 자신들의 실적을 핑계로 타인의 아픔에 무감각해지길 요구하고 있었다. 콜센터가 소희에게 가르치려 했던 것처럼 말이다.

이렇듯 사회는 나를 지워버리면 좋은 본보기가, 나를 지키면 나쁜 본보기가 된다고 가르치고 있는 것은 아닐까. 적어도 누군가에게 명령을 내리는 위치에 오르기 전까진 타인이 요구하는 대로 일을 해야만 한다고 가르치는 듯했다. 그렇다면, 최소한의 나를 지키기 위해선 그저 그 어떤 본보기도 되지 않게, 튀지 않게, 모나지 않게 상황에 맞게끔 순응하는 법을 터득하는 수밖에 없다. 결국, 아이러니하게도 말을 많이 해야만 하는 상담사가 나와 남에 대한 침묵부터 배우고 있는 셈이다.

우연의 일치였을까. 침묵과 무감각의 가치(?)를 일깨워준 영화가 공개된 그 시점에 또 다른 침묵의 상징, 마스크에 대한 정부 지침이 발표됐다. 2023년 1월 30일부터 정부는 코로나 19 관련하여 실내 대부분의 장소에서 마스크 착용 의무를 해제했다. 그렇지만, 시민들 중 특히 청년들을 중심으로 마스크를 벗지 않는 현상이 이어졌다. 여러 외신에서 한국인들이 실내에서 여전히 마스크를 벗지 않는 이유에 대해 나름의 해석을 내놓았다. 타인에게 폐가 되기 싫어서, 민낯을 공개하는 것이 부담돼서 등 다양한 이유가 거론됐다.[59]

이 묘한 우연 속에서 영화는 내게 시민들이 마스크를 벗지 않는 이유에 대해 생각하게 해주었다. 앞서 소희는 콜센터에서 현장실습을 통해 마스크가 없이 마스크가 지닌 또 다른 기능을 이미 체득했다. 모두 다 중요한 이유겠지만, 마스크는 공기를 필터링하는 것 말고도 많은 사회적 기능을 담당한다. 마스크는 표정을 억지로 꾸미지 않아도 본래의 감정을 들키지 않게 가려준다. 따라서, 마스크는 적당히 무감각해지고, 필요에 따라 침묵하는 것이 실력으로 인정받는 세상에서 훌륭한 도구가 될 수 있다. 소희는 그 '가치'를 잠깐이지만 영화를 통해 보여주었다.

마스크는 화장 등 여성에게 특히 강요되는 외모에 대한 노력을 어느 정도 덜어 줬을지 모른다. 또한 침묵 시위의 상징이었던 마스크는 이제 일상에서도 내 감정을, 얼굴을, 의견을 드러내지 않기 위한 일종의 가림막이 되어버렸다. 팬데믹 3년이 시민들에게 마스크를 통한 새로운 인상관리에 적응시켜준 셈이다. 의무적으로 마스크를 써야 했던 초창기 땐 숨쉬기가 답답했다. 하지만, 시간이 지나면서 사람들은 마스크 덕분에 '속 시원한' 한숨을 쉴 수 있게 되었다.

따라서 이제 마스크를 벗는다는 것은 개인의 문제나 방

역 차원의 문제를 넘어선다. 마스크는 감염 예방 이전에 표정을 감춘다는 의미에서 비대면 서비스의 구체적 상징과도 같다. 마치 콜센터 상담서비스처럼 말이다. 상품화된 친절함을, 수치심을, 무감각함을, 더 나아가 공격성과 비윤리성을 들키지 않는 수단으로서 마스크가 지닌 특징은 비대면 상담에 이미 충분히 적용되지 않았던가. 즉, 시민들은 마스크가 지닌 또 다른 가능성에 대해 이미 충분히 경험한 것이다. 마스크는 고객과 상담사 사이의 상호작용 경험을 전화기 넘어 일상생활 속 시민과 시민 사이의 관계로 확장해준 셈이다. 서로 표정을 가린 채 말이다. 이제 콜센터가 없이 사회가 지탱될 수 없는 사회라 한다면, 그만큼 마스크가 경험하게 해준 사회적 기능 없이 사람들이 이전의 삶으로 돌아가기란 쉽지 않을 것이다.

감염에 무감각해진 지금, 마스크는 이제 개인의 '얼굴성'이 지닌 윤리적 문제가 중심인 듯하다. 특히, 3년의 마스크 착용이 준 '윤리적 안도감'이라는 습관의 연장선상에서 보아야 할 수도 있다. 내 감정에 대해 일상에서 주의해야 할 긴장감이 완화되고, 딱 그만큼 타인에 대한 우리의 윤리적 공감력도 반응 정도와 속도가 축소됐을지 모른다. 조여 맸던 넥타이를 넉넉히 풀어헤친 것처럼 말이다. 따라서, 마스크 벗기란 이제 풀었던 넥타이를 새로 조여 매야 하는 부담감으로 연결될 수 있다. 이제 그 긴장감을 그 누가 먼저 시행할 것이

나가 문제다.

프랑스 철학자 엠마누엘 레비나스는 윤리란 '타자의 얼굴'에서 비롯된다는 사실을 강조한 것으로 유명하다.[60] 그는 상처받고, 상처받을 수 있는 타인의 얼굴에서부터 도덕적 호소력이 나온다고 보았다. 이런 이유로 레비나스는 **"윤리는 보는 것이다"**라는 유명한 말을 남겼다.[61] 즉, 윤리의 시작은 타인의 얼굴을 마주하는 데서 출발한다. 마스크는, 나아가 콜센터를 이용한 비대면 서비스는 이러한 얼굴의 윤리적 가치로부터 멀어지게 하는 것은 아닐까. 이제 마스크 벗기 문제는 편안한 '생리적' 숨쉬기를 선택할 것인가, 혹은 완화된 '윤리적' 숨쉬기를 지속할 것이냐로 확장된 듯싶다. 마스크 착용 완화 소식이 전해진 후 「다음 소희」가 개봉되었고, 영화를 보고 난 뒤 나는 그 제목이 마치 모두가 마스크를 벗지 않는 이유처럼 들리기 시작했다. 서로가 소희의 '다음'이 되지 않기를 바라며, 마스크 속에서 침묵에 익숙해진 채 안도하고 있는 것처럼 느껴졌다. 그러고 보면, 팬데믹 시기에 정작 무서웠던 건 코로나 19 바이러스가 아니라 타인의 얼굴이지 않았을까.

◆

일할 '때'를 정해주는 이중 빈곤의 사회

노동의 진정한 의미란 스스로의 의지로 시작과 끝을 정할 수 있느냐로 정해질 수 있다. 끝도 없이 쌓여 있는 업무와 아무리 해도 끝날 기미가 보이지 않는 업무라면, 그건 노동이 아니라 노역奴役일 테다. 그런데 우린 본격적으로 노동에 발을 딛기도 전부터 그러한 주도권을 빼앗기기 쉬운 환경에서 성장한다.

이를테면 이런 거다. "지금 네가 이러고 있을 때야?"라는 지적이 있다. 상황은 다를지라도 누구나 한 번쯤은 들어봄 직한 말이다. 이 말을 가장 많이 듣는 연령대는 아마도 성인이 되기 직전의 청소년과 성인이 된 지 얼마 안 된 청년일 테다. 그들에게 현재는 언제나 더 좋은 대학을 준비할 때, 더 좋은 직장을 준비할 때, 즉 불평하지 말고 미래를 위해 인내할 때이다. 안타까운 건 대학에 가고, 졸업 후 취업한다고 해서 고대하던 그러한 때가 쉽사리 나타나지는 않는다는 사실이다. 나아가 경제적 여건과 배경에 따라 '때'의 시작과 끝, 그리고 그 이유와 결과까지 차별되는 게 우리의 냉혹한 현실이다.

예를 들어보자. 대학에 들어간 학생이 있다. 등록금을 스스로 해결해야 할 경우 그가 기다리던 때는 도래했을까. 일단 그는 자신의 한 학기 등록금 373만 원-2022년 4월 교육부 발표 자료 기준으로 4년제 대학 연간 평균 등록금 673만 원-을 모으기 위해, 2024년 기준 9,860원의 최저시급으로 378시간을 일해야만 한다. 학기의 중심이 90일이라고 하면 주말 없이 매일 최소 4시간 12분의 일을 해야만 한다. 만일 월세 및 생활비까지 벌어야 한다면, 매일 7시간 일을 해야 할 수도 있다. 즉, 여느 직장인처럼 전일제全日制로 일할 생각을 해야 할지 모른다. 정말로 타고난 경제적 여건과 배경에 따라 기다리던 때는 끝없이 지연될 수밖에 없는 현실이다.

그렇다면, 조금 원론적인 이야기로 들어가 보자. 여기서 말하는 '때'란 시간의 경계선 혹은 일종의 문턱과도 같다. 하지만, 시간은 단순히 물리적 사실을 넘어선다. 우린 시간이 강물처럼, 시계 초침이 움직이듯이 흘러간다고 이해한다. 그렇지만, 그러한 '상상'은 엄연히 문화적 산물이기도 하다.

미국 인류학자 에드워드 홀은 시간을 문화연구의 대상으로 보며 서구적 시간의 특징을 파악하려 했다. 그 결과 홀은 서구적 시간의 특징을 '선'이라 설명했다. 즉, 서구 특히 미국의 경우 시간은 한 치의 착오도 없이 작동하는 시계처럼 과거, 현재, 미래로 이어지는 선으로 받아들이며, 스케줄에 따른 계획적 삶을 중요시한다고 보았다. 그는 이것을 단일적

monochronic 시간이라 명명했다.[62) 더 나아가 미국인은 시간의 흐름을 직선으로 이미지화해서 시간을 지배하고 관리하며 절약할 수 있다고 생각한다고 보았다. 우리가 이해하는 그 모든 때는 바로 이러한 선 위에 찍혀 있는 삶의 문턱과도 같다. 그 문턱의 지나가는 문화적 실천이 바로 통과의례다.

홀은 이와 정반대의 문화적 시간을 소개했다. 그것은 바로 아메리카 인디언들의 시간 개념이다. 홀은 인디언들이 시간을 '점'으로 받아들이며 다양한 인간관계가 중심이 된 삶을 중요시한다고 설명하며, 이를 다원적polychronic 시간으로 불렀다. 그는 인디언-특히, 그가 현장 조사했던 호피족의 경우-이 '영원한 현재를 산다'라는 독특한 문화적 관점을 소개했다.[63) 인디언들에게 시간이란 토지와 계절의 변화에 따라 반복되는 현재만 있을 뿐이었고, 그것은 곧 점처럼 여겨졌다. 더욱이 이들의 삶의 중심에는 미래의 스케줄이 아니라 종교가 중심이었다. 여기서 종교란 계절마다 개최되는 신성한 의례와 성인식과 같은 입문의례를 뜻했다. 즉, 인위적 시간표가 아닌 자연스러운 환경과 사람의 변화에 따른 성스러운 환대의 일상이 삶의 중심인 것이었다. 따라서, 인디언들에게 미래의 스케줄을 위해서 현재를 희생하는 강박증이란 존재하지 않았다.

다시, 한국의 '때'로 돌아와 보자. 한국인의 삶은 어떤 시간을 삶에서 경험하고 있을까. 각종 때를 강조하는 현실만

지불되지 않는 사회

보더라도 우리는 인디언보다 미국인의 모노크로닉한 시간과 매우 닮아 있는 듯하다. 어쩌면 시간관념에 있어서만큼은 미국인보다 더욱 미국인다울지도 모른다. 잡히지 않는 미래의 때를 위해 어린 시절부터 끊임없이 목표를 세우고 채워나가기 바쁘지 않은가. 성인이 되어 간다는 축복보다는, 이름보다 앞에 적힐 대학의 명패가 더욱 우상시 되기도 한다. 그렇게, '명예로운' 때를 위해 시간을 허투루 쓰지 않고 살기를 종용하지만, 그로 인해 항상 시간이 부족한 삶에 익숙해진다. 최근 한국 사회를 '시간 빈곤'(시간 자원의 부족), '이중 빈곤'(경제 자원 및 시간 자원의 부족)의 개념으로 설명하는 시도들은 모두 이러한 모노크로닉한 시간관념의 결과라 할 수 있다.[64]

중앙대 사회복지학과의 이승윤 교수는 최근 논문에서 한국의 여성 노동자, 비숙련 서비스 노동자, 비정규직 노동자가 이중 빈곤에 취약하다고 지적한다. 기존 국내 연구에서도 시간 빈곤은 여성과 저학력 집단에서 공통적으로 가장 취약하다고 보고된다.[65] 즉, 경제적 빈곤을 극복하기 위해 더 많은 시간을 노동에 할애해야 하는 사람들이 다시금 시간 빈곤에 빠질 수밖에 없는 현실인 셈이다. 시간 빈곤이란 절대적인 시간의 양도 부족하지만, 시간의 질도 열악한 상태를 말한다. 즉, 시간에 대한 주권-재량시간-도 부족하다는 뜻이다. 언제 일을 하고 언제 휴식을 취할지를 스스로 결정할 수 없는 삶 말이다. 홀로 학비와 생활비를 벌어야 하는 대학생에게 부족한 주머니 사정만큼이나 공부할 충분한 시간도, 재충전을 위한 휴식의 시간도 충분하지 못한 것이 현실이다.

적어도 한국 사회에서 시간에 대한 스케줄은 대부분 사회가 정해준 때에 따라 크게 좌우된다. 사회는 학교에, 입시에, 취업에, 그리고 성과에, 인생 과업에 충실할 때를 결정해준다. 2023년 3월 6일 정부는 '근로시간 개편 방안'을 발표하며 새로운 '때'를 제시했다. 골자는 기존 주당 52시간 노동의 제한을 없애고 연장근무 한도 규정을 확대 개편한다는 내용이었다. 기업과 노동자가 서로 더 많은 이윤을 위해 더 많이 일할 때라는 것이다. 하지만, 과연 이러한 결정이 노동자의 실질적 임금 수준의 확대와 삶의 질 개선에 얼마나 긍정적인 방향으로 이바지할지 우려스럽다. 그나마 다행스러운 건 2024년 7월 12일에 2025년 최저시급을 사상 처음 1만 원을 넘기는 합의-최종 1만 30원-가 이루어졌다는 사실이다.[66]

홀은 서구의 시간이 마치 "채워지기를 기다리는 빈 상자와도 같다"고 말한다.[67] 이 상자는 컨베이어 벨트 위에서 쉬지 않고 일정한 속도로 움직이고 있고, 모든 이는 그 상자에 생산적인 노력들로 채워야 한다. 누구는 아무것도 채우지 못하는 반면, 성공한 이는 온갖 성과물로 그 상자를 가득 채운다. 그리고 사회는 그렇게 가득 찬 상자로 시간을 흘려보내

지불되지 않는 사회

는 사람들을 칭송한다. 서구의 시간관념 속에 삶은 시계처럼 우리가 자는 순간에도 자동적으로 흘러간다. 따라서 살아가는 것은 당연한 일이며, 그 삶의 목적은 빈 상자를 얼마나 채우는지, 사회가 정한 때에 맞춰 얼마만큼 목적을 달성했는지와 연결된다.

그렇다면 시간은 정말로 빈 상자와도 같은 것일까. 홀은 과테말라 고원지대에 거주하는 마야족의 후손 키케족의 시간 개념을 통해 그것이 왜 절대적 시간관념일 수 없는지, 또 그것을 비판적으로 성찰해야 하는지 알려준다. 키케족에게 시간은 모두에게 똑같은 직선으로 이어진 컨베이어 벨트 위 빈 상자가 아니었다. 그들의 상자는 매일 각자의 삶 속에서 알록달록한 예술작품으로 여겨졌다. 홀은 키케족에게 삶을 산다는 것이 "작곡을 하고, 그림을 그리고, 시를 쓰는 것"처럼 하나의 예술작품이라 설명한다.[68] 그들은 매 순간이 하나의 (초)점을 형성하듯 몰입해 있으며, 그 순간은 그 자체로 의미를 형성하고 완결된다. 하지만, 우리는 어떠한가. 언제나 사회가 정해준 어딘가의 때, 즉 지연된 미래와 꿈을 위해 현재를 희생해야 하는 삶을 살고 있지는 않은가.

이미 한국 사회는 심각한 시간 빈곤과 이중 빈곤에 빠져 있는지 모른다. 다수의 젊은이에게 시간이라는 빈 상자는 단 한 번도 온전히 채워지지 않을 운명인지도 모르겠다. 채워도 채워도 자꾸만 커져만 가는 상자이거나, 아예 밑이 빠진 상자인지 누가 알겠는가. 이런 상황에서 더 많은 노동시간을 법으로 허용하고, 그 속에서 더 많은 일을 할지 여부를 개인이 자율적으로 선택하라는 것이 과연 누구를 위한 시간의 자유일까. 결국, 더 큰 시간 빈곤의 악순환으로 귀결될지도 모를 일이다.

다시금 묻고 싶다. 왜 한국 사회는 시민에게 재충전할 때와, 나를 예술작품으로 만들 수 있는 그 순간들을 마음껏 허용하지 않는 것일까. 계절이 바뀌는지도 모른 채, 소중한 이의 졸업식에도 참석하지도 못한 채, 나아가 가족과 나의 생일도 제대로 챙기지 못한 채 우리는 도대체 누구의 '때'를 위해 현재를 희생하고 있는지 묻고 싶다.

◆

잔인한 밥값, 따뜻한 밥 한 그릇

사고가 반복되면 그건 사고가 아닌 사건이다. 사고는 언제든 발생할 수도 있지만, 항상 같은 얼굴은 아니다. 만일 같은 얼굴의 사고가 반복된다면, 그건 시스템이 망가진 결과이며, 누군가에게 그 죄를 물어야 하는 사건이다.[69] 따라서 2024년 6월 24일 경기도 화성시 리튬 배터리 제조공장에서 발생한 화재는 사고가 아닌 사건이다. 그 사건으로 23명이 숨지고 8명이 다쳤다. 사망자는 중국 조선족 17명(남성 3명, 여성 14명), 라오스인 1명, 한국인 5명(남성 3명, 여성 2명)이었다. 이주노동자가 피해의 중심에 있었고, 사망자 중 20명은 사내 하청 노동자였다고 한다.

가장 위험한 현장에서 또 하청업체 소속 이주노동자의 죽음이 반복되었다. 제대로 된 안전교육 및 대책이 마련되어 '있었더라면'이라는 해묵은 가정도 위선처럼 들린다. 모두가 알고 있지 않았던. 그저 그 익명의 대상이 누가 될지 모를 뿐 산업재해 사망자의 수치는 어김없이 채워질 운명이라는 것을 말이다. 2022년에는 2,223명, 2023년에는 2,016명이었다.[70] 그리고 2024년 1분기까지 138명이었으며, 앞으로 얼마나 더 많은 노동자가 출근했다가 집으로 돌아오지 못할 지 상상만으로도 끔찍하다. 사망의 원인도 '부딪힘, 깔림, 뒤집힘, 떨어짐, 끼임, 맞음' 등 정말로 섬뜩하다. 2023년 이렇게 사망한 노동자 중 10퍼센트가 외국인이었다.[71] 이제 이주노동자 사이에서 어째서 한국이 3D가 아닌 4D-기존의 Dirty, Dangerous, Difficult에 죽음Death 추가-의 나라로 알려져 있는지 더 이상 설명이 필요해 보이지 않는다.

'밥줄'을 찾아 이국땅에서 온 이주민들은 그것이 '목숨줄'이었는지 상상이나 할 수 있었을까. 화재가 발생했던 리튬 배터리 제조공장에서 근무했던 이주노동자들은 비상구가 어디 있는지 모른 채 일했으며, 단지 "안전하게 일하라"라는 통상적인 말만 들었을 뿐이라 증언한다. 이제는 소 잃고 외양간 고친다는 이야기도 신빙성이 없어 보인다. 배려와 존중의 초점이 노동자가 아닌 기업에 맞춰져 있는 한 똑같은 얼굴의 사망 사건은 반복될 테니 말이다.

무서운 건 이것을 멈추려는 노력보다 나만 아니길 바라며 가슴을 쓸어내리는 모습과 어찌할 수 없었던 일이라 무심하게 반응하는 모습들이 우리의 일상이 되어버린 것은 아닌지 깊은 회의감이 들기 때문이다. 끊이지 않는 산재 사망 사고들, 그리고 변하지 않는 사망자 수치들, 그럼에도 아무 일 없는 듯 평온한 듯 바삐 움직이는 세상. 이것이 바로 우리가 직면한 문화적 사실cultural fact이다.

　이번 사건을 보며 떠오른 또 다른 사실은 밥의 상징적 의미가 노동자에게 차별적이라는 데 있다. 밥줄, 밥값처럼 밥에는 여러 접미어가 붙는다. 하지만, 어떤 접미어가 붙느냐에 따라 밥의 가치는 모두에게 동등하지 않다. 가장 먼저 '밥줄'은 노동자에게 어떤 의미일까. 더럽고, 위험하고, 고되고, 사고사가 많다 하더라도 이게 밥줄이기에 버텨야 하는 사람들이 있다. 이때 밥줄은 **위태로운 생명줄**이다. 또 다른 밥은 '밥 한 끼'다. 2016년 19세의 나이로 홀로 구의역 스크린도어를 설치하다 사망한 청년의 가방에서 컵라면이 발견됐다. 당시 그 허술한 밥 한 끼도 제때 먹지 못했다는 사실에 많은 이가 안타까워했다. 이때 밥 한 끼는 **허락되지 않는 휴식이자 여유**일 테다. 마지막으로 노동자의 밥에는 '밥값'이 있다. 얼마나 많은 이들이 노동현장에서 밥값을 하라는 질타를 욕설과 함께 듣고 있을까. 과로 죽음에 대해 다룬 김영선의 『존버 씨의 죽음』에서 작가는 한국의 밥값에는 **욕값**도 포함되어 있다고 지적했다.[72] 그런데 반복된 산재 사망을 듣고 있자니 노동자에게 밥값은 이제 **목숨값**도 포함된 것은 아닌지 하는 의문이 생긴다.

　노동자에게 너무 싼 밥값을 지불하며 밥 한 끼 제대로 할 여유도 주지 않고, 밥줄을 손에 쥔 채 목숨마저 위협받는 위태로운 일상으로 내모는 것은 너무나 잔인하지 않은가. 만일 어린 자녀가 이러한 현실에 대해 질문한다면 어떻게 답할 것인가. 안타까움을 표시한 뒤 자연스레 넘어갈 것인가. 아니면, 어른이 되면 알게 될 것이라 답하고 넘어갈 것인가. 그것도 아니라면, 그런 것 고민하지 말고 일단 공부부터 하라며 일축할 것인가.

어떤 대답이든 전부 누군가의 불행이 전염이라도 될 듯 가까이 다가가려 하지 않는다는 공통점이 있다. 이것이 지나친 상상일지도 모르겠다. 하지만, 지금처럼 이 똑같은 얼굴의 사건들이 반복되는 것을 보고 있자니 적어도 각자 열심히 노력한다면 언젠가 그들 앞에 좋은 삶이 펼쳐질 것이라 낙관하고 있는 것은 아닐까 의구심이 든다.

그렇다면, 이 '잔인한 낙관'은 도대체 어디에서부터 온 것일까. 목숨값이 담긴 밥값이 잔혹한 현실임을 매번 목격하면서, 무엇이 모두를 이처럼 담담하게 만들었을까. 미국 영문학자 로런 벌렌트는 『잔인한 낙관Cruel Optimism』에서 바로 이 질문에 답하고 있다. 그녀는 대중이 공유하는 느낌, 일명 '퍼블릭 필링스public feelings'의 기원과 의미, 그리고 그 역할에 대해 분석한다. 그녀는 모든 애착심이 낙관적이라 말한다. 그런데 그러한 낙관적 기대가 잔인하게 전환되는 경우는 바로 그 애착의 대상 자체가 애착의 목표를 적극적으로 방해하는 때라 말한다.[73] 마치 헤어진 연인을 보는 듯하다. 하지만, 만일 그 애착의 대상이 '더 나은 삶'을 위한 노동 혹은 밥줄이라면 어떠할까. 생존을 위한 나의 밥줄이 나의 목숨을 위태롭게 하는 방해물이라면 어떻게 할 것인가.

경제인류학자 제이슨 히켈은 자본주의가 "노동으로부터 받은 것보다 적게 돌려주는 것"이 이윤의 원칙이라 했다. 따라서 자본가는 노동자에게 항상 충분히 임금을 주지 않고, 항상 가난하게 만들어야 한다는 원칙이 있다고 주장했다.[74] 최근 한국 사회를 들여다보면 그 원칙이 좀 더 진화한 듯하다. 노동자는 늘 가난해야 하는 것이 아니라 늘 위태로워야 한다는 것으로 말이다. 그래서, "필요한 만큼" 일하고, "능력만큼" 가져갈 수 있다고 하는 오늘날 자본주의의 원칙은 그 자체로 이율배반적이다. 왜냐하면, 앞서 히켈이 지적했듯 자본주의는 태초에 자신이 제시한 목표를 가로막는 가장 큰 방해물이기 때문이다. 그렇게 더 나은 삶, 더 많은 부에 대한 애착은 잔인한 낙관으로 끝날 운명인 셈이다. 또 다른 운명이 있다면, 낙관에 이끌려 온 수많은 잉여 노동력의 가치가 결국 자본가의 부의 확대로 이어질 것이라는 사실일 테다. 그렇게 애착은 스스로 자본가가 되지 않는 한 증오로 변할 수밖에 없는 취약한 운명을 타고났다.

그럼에도, 우리는 노동의 가치를 좇으며 잔인한 사실들 앞에 애써 무감각해지려 한다. 벌렌트는 그 이유를 우리의 감각중추sensorium가 역사를 학습했기 때문이라 답한다. 그녀는 일상에서 우리가 경험하는 강렬한 느낌들이 압도적 역할을 한다고 강조한다. 그렇게 축적된 느낌들이 현실에 대한 지각의 시작이기 때문이다. 그렇다면 그녀가 강조한 '잔인한 낙관'이란 무엇일까. 그 느낌의 실체는 바로 일상의 위태로움이다. 그리고, 그러한 일상으로부터 학습된 감각이 바로 무관심이다.[75] 나아가 발전도 후퇴도 아닌 그 '답보 상태impasse'-재난과 참사가 반복된 일상-에 오히려 적응하는 것이 되레 희망이 되어버린 현실! 그것이 잔인하지만, 우리의 현실이라고 보았다.

결국 더 나은 삶을 기대하며 분투하는 이 시대의 노동이란 위태로운 현실에 대한 무감각을 전제로 한다. 실패와 좌절보단 성공과 희망만 좇아야 한다. 그러기 위해선 타인에게 벌어진, 혹은 나에게 발생한 사건도 모두 불행한 사고라 받아들여야 한다. 벌렌트는 이러한 자가당착의 모순된 현실을 '이중구속'이라 일컫는다. 즉, "만족을 제공하는 동시에 만족을 가로막는 환상에 구속"된 삶 말이다.[76] 어찌 보면 그 잔인한 낙관을 믿으며 살아가는 편이 참혹한 죽음들을 기억하고 두려워하는 것보다 나을지 모른다. 나의 주관과 판단을 뒤로하고, 주어진 환상에 기뻐하고 만족할 줄 알며 사는 삶 말이다. 규범적이고, 떳떳하며, 올곧은 길을 걷는 것이 아닌, 옆길을 따라 그저 흘러가듯 살아가는 삶, 벌렌트의 표현처럼 '측면적 행위성lateral agency'에 따른 인생 말이다.[77] 어떻게 벌든, 밥이란 그저 맛만 있으면 되는 것 아닌가 믿으면서 말이다.

그렇지만, 우리에센 또 다른 밥이 있다. 그것은 밥줄도, 밥 한 끼도, 밥값도 아닌 밥 한 그릇의 공감이다. 2024년 6월 28일 이태원 참사의 희생자 이상은의 부모님은 딸의 27번째 생일에 맞춰 식사 나눔을 실천했다. 밥값이 없어 한 끼의 여유를 갖지 못하는 청년들에게 딸 대신 무료로 따뜻한 밥 한 그릇을 제공해 준 것이다. 그날 그곳에서 먹은 김치찌개는 참으로 따뜻했다. 맛이 주는 쾌감이 아닌 온기가 전해주는 감사한 마음, 그 잔잔한 전율. 언젠가부터 우린 밥 한 그릇을 통해 경험할 수 있는 강렬하고 희망적인 느낌을 상실한 채 산다. 그렇지만, 밥은 언제나 따뜻할 수 있다. 모든 노동자가 차별 없이 잔인한 밥값이 아닌 따뜻한 밥 한 그릇을 상상할 수 있도록 무뎌진 일상의 감각을 깨트려야 하지 않을까.

3)

상처가
되어가는
노동

노동이 곧 질병인 사회란 어떤 이미지일까. 쉽게 상상이 되는가. 스포츠 선수에게 부상이란 영원한 숙제이듯 노동도 크고 작은 부상이 불가피한 것일 수 있다. 그러한 부상은 영광의 상처일지 모른다. 하지만 만일 그 상처가 불행의 씨앗이라면 어떠할까. 이를테면, 일을 하다 심각한 사고를 당하거나 죽음에 이른다면 어떠한가. 나아가, 일을 너무 열심히 하다가 죽음을 맞이한다면 그것은 또한 어떠한가. 혹은 그러한 일조차 구하지 못해 절망 속에 스스로를 죽음으로 몰고 간다면 그것은 또 어떠하겠는가.

우리는 이러한 죽음들을 산재사, 과로사, 절망사라 부른다. 그런데, 노동과 관련하여 이 세 가지 죽음과 다른 또 다른 죽음도 있다. 부당한 회사의 대우에 저항하다가 회사와 사회로부터 범죄자로 낙인찍히고 고소 및 고발까지 당하게 되자 그 억울함을 호소하며 분신으로 생을 마감한 사례들이 있다. 이 죽음에는 뚜렷한 이름조차 없다. 그저 또 한 명의 자살일 뿐이다.

하지만, 이 모든 현상은 노동이 누군가에게는 깊은 상처로 마음을 병들게 만들고 있다는 증거이다. 노동의 신성한 가치에 대한 믿음이 처참히 짓밟힐 때 그 심정은 어떠할까. 법과 사회에 대한 신뢰마저 잃어버렸을 때 마음속에는 어떠한 소용돌이가 휘몰아칠까. 스스로 믿고 지키려 했던 도덕적 가치가 열심히 일하던 현장에서부터 붕괴되어 버릴 때 그것은 어떠한 상처를 남겨놓을지 우리는 잘 알지 못한다.

파업? 노동조합? 이들은 헌법상의 기본권, 즉 노동삼권-단결권, 단체교섭권, 단체행동권-을 보장하기 위한 「노동조합 및 노동관계 조정법」에 온전히 등장하는 용어이며, 전 세계적으로 통용되고 있는 용어다. 그런데, 이러한 말들은 한국 사회에서 듣는 이로 하여금 어떤 청각적 이미지를 불러일으킬까. 이유가 어찌 되었든, 긍정보다는 부정적 이미지가 클지 모른다. 국가와 기업, 그리고 시민과 소비자의 발목을 잡는 집단이기주의라고 말이다. 우리는 어느새 여러 기성 언론을 통해 이러한 이미지에 익숙해져 버린 듯하다. 만일 그렇다면, 노동자는 상처뿐인 노동에 대해 어떻게 스스로를 보호할 수 있을까.

애초에 상처가 없는 노동이란 불가능한 것일까. 재충전이 보장되고, 여유를 가진 채 일을 할 수는 없는 것일까. 오직 성과에만 중독된 사회에서 이것은 과도한 기대라 할 수 있을까. 과도한 업무량, 부족한 인력. 언제나 듣게 되는 이러한 노동의 현실에 대해 왜 저항의 목소리조차 허용되지 않을까. 무엇이 노동의 가치를 이토록 상처만 남게 만들어 놓았을까. 질문이 그치지 않는다. 3장에서는 이렇듯 점차 상처가 되어 가는 노동의 이미지에 관해 다루려 한다.

한국의 산재사, 일본의 과로사, 미국의 절망사

2023년 6월 23일. 27세의 노동자가 홀로 엘리베이터 수리 작업을 진행하다 20미터 아래 바닥으로 추락해 사망했다. 그는 동료에게 "혼자선 작업이 힘들어서 못 하겠어요. 도와주세요"라고 전화한 지 14분 뒤 추락했다고 전해진다. 노동건강연대에서 발표한 기사에 따르면,[78] 매해 7명가량의 노동자가 엘리베이터 작업 도중 사망했다고 전해지며, 2023년에만도 6월까지 그를 포함해 벌써 4명의 사망자가 발생했다고 한다. 이 네 명의 사망원인은 끼임, 떨어진 물체에 외상, 추락, 그리고 또다시 추락이었다. 모두 안전사고 관리만 철저히 했다면, 지켜낼 수 있었던 목숨이었다. 눈에 보이지 않는 암세포 하나까지 추적하여 치료하는 오늘날에 어떻게 이렇게 황망한 죽음이 계속 발생하는 것일까.

기사에서 사고의 원인으로 지목한 것은 막대한 업무량, 절대적으로 부족한 기한, 그리고 노동조합의 주장에 응답하지 않은 기업이었다. 죽은 이의 동료는 익명 게시판에 "예견된 인재이고 분명 경영진이 막을 수 있었던 사고"라고 강조했다. 기업의 경영진은 이렇게 예견된 재앙을 정말로 몰랐던 것일까. 적어도 둘 중 하나였을지 모른다. 자신들이 신경 쓸 일이 아니기에 몰라도 된다고 생각했거나, 알았지만 기업의 이윤을 위해 현장 노동자의 죽음 따위는 신경 쓰지 않아도 된다고 생각했거나 말이다. 그렇지 않고는 도저히 설명할 길이 없다. 해당 사건은 「중대 재해 처벌법」● 대상 사건으로 조사가 이루어진다고 했다. 하지만, 그 결과 또한 하염없이 기다려야 하며, 그동안 누군가의 죽음을 막을 수 있을지는 미지수다. 기사를 듣던 날 정말 앞으로 남은 3명이 채워질까 봐 너무나 두려웠던 기억이 생생하다.

한국의 산재 사망과 관련하여 『2146, 529』라는 숫자가 제목인 책이 있다.[79] 숫자의 의미는 부제 「아무도 기억하지 않는, 노동자의 죽음」을 통해 짐작할 수 있다. 2002년 "산재 사망은 기업의 살인이다"를 슬로건으로 출범한 노동건강연대는 2022년 1월에 2021년 산재 사망자 수의 추정치 '2146', 그중 사고사 및 과로사 수 '529'를 제목으로 새긴 책

● 「중대 재해 처벌법」의 목적은 제1조에 의하면 "이 법은 사업 또는 사업장, 공중 이용시설 및 공중 교통수단을 운영하거나 인체에 해로운 원료나 제조물을 취급하면서 안전·보건 조치의무를 위반하여 인명피해를 발생하게 한 사업주, 경영책임자, 공무원 및 법인의 처벌 등을 규정함으로써 중대 재해를 예방하고 시민과 종사자의 생명과 신체를 보호함을 목적으로 한다"라고 되어 있다. 해당 법은 2021년 1월 26일 공포되었으며, 2022년 1월 27일부터 시행되었다.

을 발간했다. 저자들은 그해 발생한 산재 사망 기사를 날짜별로 정리하였다. 책을 열어보니 앞에서 소개한 엘리베이터 사고가 발생하고 일주일이 지난 2023년 7월 3, 4일에도 2년 전 추락사로 3명의 노동자가 사망했음을 알 수 있었다. 사망 당시의 현장과 업무는 달랐지만, 모두 끼이고, 부딪치고, 추락해 사망에 이르렀다. 책은 아무도 기억하지 못하는 이 작은 파편과도 같은 산재 사망 기사들을 날것 그대로 보여준다.

"칠곡 판넬 설치공사 현장에서 판넬공인 재해자가 2층 거더 위에서 판넬 설치를 위해 줄자로 실측하던 중 약 4m 아래로 **추락 사망**.
경기도 용인시 소재 사업장에서 이삿짐 리프트에 이삿짐과 함께 작업자가 탑승해서 올라가던 중 이삿짐 운반구용 와이어로프가 파단되며 약 3층 높이에서 **추락 사망**.
해남 창호 코킹작업 현장에서 재해자가 A형 사다리에서 내려오던 중 계단참 난간과 내벽 사이로 **떨어져 사망**."[80]

– 2023년 7월 3일 그리고 4일

이 모든 내용은 트위터 '오늘 일하다 죽은 노동자들'이 안전보건공단의 속보와 일간신문의 기사를 바탕으로 하루도 빠짐없이 집계한 결과들이다. 그렇지만, 저자들은 이것이 반쪽짜리 보고서일 수밖에 없다고 말한다. 수치로 파악된 사례들은 산재보험으로 인정된 사망자들을 중심으로 집계된 것이며 "노동자이지만 노동자라고 부르지 못하는 이들", 예컨대 소규모 사업장 노동자, 화물차주, 자영업자, 플랫폼 노동자 등은 전혀 파악되지 않았기 때문이다.[81) 하지만, 저자들이 이 책을 출간한 가장 큰 이유는 한국 사회에서 '1년에 2,100명, 하루 5~6명'이라는 산업재해 사망자 수치가 지난 20년간 변함없이 되풀이되었음을 알리기 위해서였다. 그 20년 동안 천지개벽할 일들이 벌어져도 한국이라는 사회가 존속하는 한 하루 5~6명은 반드시 끔찍한 죽음을 맞이해야 했다. 2021년 1월 26일 「중대 재해 처벌법」이 제정되고, 2022년 1월 27일 법이 시행되었지만, 여전히 이 죽음의 레이스는 멈춰지지 않고 있다. 그 일관성이 경탄스러울 뿐이다.

한국의 산재사고 치명률(노동자 10만 명당 치명적 산업재해 수)이 가장 높았던 시기는 1994년으로 34.1에 달했다. 이후로 감소 추세에 있지만, 여전히 OECD 국가 중 5위권 안을 벗어나지 못하고 있다.[82) 한국이 산재사가 치솟던 바로 그 시기 옆 나라 일본은 또 다른 노동자의 죽음이 발생하고 있었다. 그것은 바로 1980년대부터 등장한 '과로사'였다. 1990년대 들어 '과로 자살'이 가장 큰 문제로 떠올랐는데 그중 일본 사회를 충격에 빠트린 대표적 사건이 있었다. 1991년 대형 광고회사 덴츠에 근무하던 입사 2년 차 신입 남성이 과로 자살을 했고, 이후 2000년에 일본 최고재판소에서 자살에 대한 책임이 사용자 측에 있음을 최초로 인정한 사례였다. 하지만, 불행히도 똑같은 광고회사에서 2015년에 젊은 신입 여성이 과로 자살을 했다. 도쿄대 출신의 스물네 살의 엘리트 여성이 스스로 생을 마감한 것이다.

왜 일본에서 이처럼 스스로 목숨을 끊는 노동자가 속출했을까. 의료인류학자 기타나카 준코 교수는 일본의 우울증과 과로 자살 문제를 20년간 추적한 결과물인 『우울증은 어떻게 병이 되었나?』라는 책을 출간했다.[83] 준코 교수는 1990년대 일본에서 확산되던 과로 자살의 원인으로 도저히 감당해 낼 수 없는 수준의 과도한 업무량, 일본 문화 특유의 집단을 위한 희생 강요, 그리고 이를 홀로 감당해 내야 하는 막다른 현실을 꼽았다. 그녀는 이러한 현실로 인해 노동자 사이에서 우울증-일명 '과로 우울증'-이 소위 '국민병'으로 확산하기에 이르렀고, 그 결과 자살을 선택한 노동자가 증가했다고 보았다. 1990년대 일본의 경기침체 시기 약 12년 동안 매년 3만 명을 넘는 자살자-교통사고 사망자 수의 3~6배에 달하는-와 2.4배가량 증가한 우울증 환자 수가 이를 잘 대변해 준다.[84]

나의 외국인 친구들은 한국의 높은 산재 사망률에 관해 이야기하면 믿지 못하겠다는 표정을 짓고는 했다. 이와 유사하게 준코 교수 역시 미국의 동료들에게 일본에서 과로로 우울증에 걸리고 자살을 하는 노동자가 많다고 이야기했을 때 그들 역시 믿지 못했다고 말한다. 그녀는 당시 프랑스에서도

　　　　　　　　　　　지불되지 않는 사회

일본의 과로사라는 말 자체가 흥미롭디는 식의 기사들이 여럿 보도되었다고 지적한다.[85] 하지만, 그랬던 프랑스에서도 10년 뒤 프랑스 텔레콤 직원들이 급격한 구조조정 이후 자살이 급증했고, 이는 세계적인 이슈가 되었다.[86] 가중된 업무 압박과 스트레스로 인해 직장 내 정신질환자 및 자살자의 증가는 신자유주의 경제체제하의 유럽도 피할 수 없었던 결과였다.

그렇다면, 과로 자살을 믿지 못했던 미국은 오늘날 어떠한가. 2015년 빈곤 연구로 노벨경제학상을 받은 미국 경제학자 앵거스 디턴 교수는 아내 앤 케이스 교수와 함께 2020년 출간한 책『절망의 죽음과 자본주의의 미래』[87]에서 한국의 산재사·일본의 과로사와 다른 죽음을 경고했다. 2017년 한 해 동안 15만 8천 명의 미국인이 자살, 약물 과다복용, 알코올성 간질환으로 사망했다. 이 수치는 매일 보잉 737 비행기 한 대가 추락해 탑승자 전원이 사망한 것과 같은 수치다. 이들의 공통점은 저소득 및 저학력 백인들이다. 디턴과 케이스 부부는 이들의 죽음이 장기적 경기침체로 늘어난 실업, 그로 인한 가족과 공동체의 붕괴 현상이 초래한 결과라 보고, '절망사deaths of despair'라 이름지었다. 즉, 경제적·사회적·심리적 절망으로 인해 죽음에 이르는 속도의 차이가 있을 뿐 결국 스스로를 파괴하고 있다고 본 것이다.

생각해보면, 얼핏 달라 보이는 한국의 산재사와 일본의

과로사, 그리고 미국의 절망사는 어딘가 비슷해 보인다. 그 중심에 항상 일이 놓여있다는 점에서 그렇다. 일을 하던 중에, 일을 마치고 나서, 그리고 일을 구하던 중에 죽음이 발생했다. 이렇게 다른 얼굴을 한 똑같은 죽음들은 우리에게 희망찬 미래보다 막막한 현실의 민낯을 보여준다. 모두가 4차 산업혁명과 디지털 혁신으로 장밋빛 미래를 예찬하지만, 이세 종류의 죽음이야말로 그 같은 화려함 속에 가려진 인류의 또 다른 진실일 테다. 마치 화려한 불빛의 고층빌딩의 그림자 뒤에 좁디좁은 쪽방촌이 공존하듯 말이다.

서울역 맞은편의 쪽방촌에 거주하는 '동자동의 사람들'을 현장연구한 정택진은 이러한 현실을 어슐러 K. 르 귄의 단편소설 「오멜라스를 떠나는 사람들」속 마을과 비교한다.[88] 가상의 도시 오멜라스에서는 모든 시민이 행복한 삶을 살기 위해서는 어두운 건물 지하실 벽장에 벌거벗은 아이가 갇혀 있어야만 했다. 시민들은 일정한 나이가 되면 의례적으로 그 벽장 속 아이와 마주해야만 했다. 즉, 오멜라스의 행복은 한 아이의 불행과 맞바꾼 것이라는 걸 모두가 알지만 망각하며 살고 있는 것이다. 혹시 지금 한국의 경제성장이 오멜라스의 벽장 속 아이처럼 '1년에 2,100명, 하루 5~6명'이라는 노동자의 생명에 빚지고 있는 것은 아닐까. 동시에 모두가 노동으로 행복해질 수는 없다고, 그래서 어쩔 수 없는 일이라고 스스로를 설득하고 있는 것은 아닐까 궁금하다. 만

지불되지 않는 사회

일 그러하다면, 디턴 및 케이스 교수가 예건한 것처럼 자본
주의의 미래는 아직 희망보다 절망이 가득해 보인다.

노동절 5월 1일, 모든 고인의 명복을 빕니다

전 세계적으로 5월 1일(메이데이May Day)은 모든 노동자의 사회적 가치를 되새기는 역사적 기념일이다. 바로 이 노동절에 한국의 건설노조 간부에 대한 영장실질심사가 진행되었다. 자칫 구속이라도 되었다면, '불법' '폭력' 노동조합이라는 기사 제목이 노동절 당일에 대문짝만하게 실렸을지도 모른다. 물론 수없이 많은 영장실질심사 중 하나가 무엇이 대수롭냐고 생각할 수도 있다. 하지만, 그 대상이 노동조합 간부이며, 특히 건설노조 소속인 것이 중요하다. 왜냐하면, 2023년 2월 21일 윤석열 대통령은 국무회의 자리에서 건설노조의 불법행위를 뿌리 뽑겠다며 손수 '건폭'이라는 표현-건설 현장 폭력의 줄임말-을 사용했다. 이 표현 하나로 건설노조는 금품 요구, 채용 강요, 공사방해를 일삼는 대표적 폭력단체로 '정의'되어 버렸다. 마치 영화 속 용역 깡패가 되어버린 듯했다.

정말로 건설노조는 대통령의 표현처럼 폭력단체였을까.

그 이유는 타당했을까. 그 전에 그러한 이유에 대해 들여다 본 적이 있었는가. 여기서 중요한 점은 이러한 발언을 통해 노동조합에는 이미 '혐오'라는 끈적한sticky 감정이 달라붙었 다는 사실이다. 이 끈적한 혐오의 이름표가 무서운 점은 그 것이 붙는 순간 그 대상이 살아온 역사는 삭제되고, 존중받 아야 할 권리 또한 박탈당하기 때문이다.[89] 마치 사냥감이 된 마녀 또는 이유도 묻지 않고 제거해야 할 적이 되어버린 다. 전쟁터에서 적은 단지 공격의 대상일 뿐 대화의 상대가 아닌 것처럼 말이다. 인류가 인종차별과 같은 혐오의 정치를 그토록 오랜 기간 뿌리째 근절하려 했던 이유가 바로 여기에 있다.

이러한 우려는 너무나 가슴 아프게도 곧 우리의 현실이 되었다. 5월 1일 영장실질심사의 대상자였던 양 모 간부(민 주노총 건설노조 강원 건설지부 소속)가 심사 직전 분신을 시도 하였고, 다음 날 유명을 달리했다. 그의 유서에는 "자랑스러 운" 노조 활동이 업무방해 및 공갈로 폄하되는 등 자존심이 처참히 짓밟힌 심정이 고스란히 담겨있었다.[90] 사망한 간부 가 몸담았던 노조는 "자랑스러운" 연대 공동체였다.

50세의 성인 남성이 법원 앞에서 휘발성 물질을 뿌리고 분신하게 된 이유는 무엇이었을까. 기사를 접한 익명의 시민 들은 그와 그가 몸담은 노동조합이 걸어온 역사를 들여다보 았을까. 적어도 그의 죽음을 다룬 익명의 댓글에서도, 그의 죽음 이후에 이루어진 또 다른 고발에서도 이를 찾아볼 수 없었다. 당시 정부와 보수 성향의 언론 및 시민단체들은 현장에 있었던 그의 동료가 "자살을 방관했다"는 의혹을 제기함으로써 또다시 '왜 자살을 했는지'에 대한 역사적 이유를 삭제해 버렸다. 그리고 경찰은 또다시 지목된 노조원을 수사했다. 이것이 무혐의로 결론지어지는 데 10개월의 시간이 걸렸다. 그 사이 노조 간부의 안타까운 죽음은 시간 속에 묻혀버렸다.[91]

죽은 간부의 유서에는 "정당하게 노조 활동을 했는데 업무방해 및 공갈 혐의라니 자존심이 허락치 않는다"라고 적혀 있었다. 그 순간에도 "혼자 편한 선택"을 한 건 아닌지 미안해하기까지 했다. 도덕을 가장 중요한 목적으로 삼고 있는 노동조합원으로서는, 자기들이 부도덕하다고 비난하는 기업과 국가 권력으로부터 역으로 부도덕하다고 지적받으며 고발당할 경우 겪은 고통은 이루 말할 수 없었을 것이다. 그것은 물리적인 고통을 넘어선 강력한 트라우마가 될 수 있다. 그 트라우마는 일종의 고문과도 같다. 즉, 권력이 도덕을 앞세워 법을 통해 시행한 고문에 가깝다. 그렇기에 이것은 저항할 수 없는 가장 잔혹하고 강력한 폭력이다. 그렇다면, 기업과 국가 권력의 부도덕함은 누가 심판할 것인가.

노동조합 활동을 이유로 자살로 몰아가는 사회란 정녕 건강한 사회라 할 수 있을까. 노동조합을 통한 연대 활동의 가치는 실제로 자살 유도보다 오히려 자살 예방에 가까운 것으로 알려져 있다.『자살론』의 저자 에밀 뒤르켐은 노동조합을 아노미 같은 현대사회에서 자살을 예방할 수 있는 사회조직으로 꼽았다. 그는 "사회적 관념과 감정을 발전시키는 데이(노조)보다 더 좋은 사회 집단이 없다"고 보았다.[92] 그런데, 한국 사회에서는 노동절 당일 정당한 노조 활동이 폭력단체의 불법행위로 지목되며 안타까운 죽음이 발생했다. 뒤르켐이 지적했던 "지나친 물리적 및 정신적 압제"가 유도하는 '숙명적 자살fatalistic suicide'이 바로 고인의 죽음을 두고 하는 말이 아니었을까. 소위 "미래가 무자비하게 제한되고, 욕망이 난폭하게 제압되는 사람들의 자살" 말이다.[93]

사회학자 김명희는 한국의 현대사에는 이러한 숙명적 자살의 사례에 해당하는 예를 어렵지 않게 찾을 수 있으며 여전히 유효한 개념이라 지적한다.[94] 우리는 5월 하면 노동절 외에도 으레 5·18 광주민주화운동을 떠올리게 된다. 그런데, 5·18 생존자들 중 약 46명이 소위 군집 자살을 했다는 사실을 아는 사람은 많지 않을 것이다. 김명희는 이들의 군집 자살이 '진실을 알 권리', '정의를 실현할 권리', '피해를 회복할 권리'가 묵살 당하는 현실 앞에 일종의 저항이자 대의를 위한 희생으로 자살에 이르렀다고 강조한다. 그녀는 이들의 자살을 뒤르켐의 숙명적 자살과 구별 지어 '저항적 자살resistive suicide'이라 정의한다.[95] 특히, 국가가 앞장서서 5·18

피해자들의 존재를 부정하고, 오히려 폭동으로 규정하는 등 수치심과 죄책감을 조장한 것이 자살의 핵심적 원인이라 지적했다.

일찍이 신승철 교수팀(연세대학교 의과대학 정신과교실)은 「한국인의 자살(1965~1988)」 논문(1990)에서 한국 사회의 자살 현상 증가 시기는 사회적·정치적 불안기 및 경제적 궁핍기와 밀접하게 연결되어 있다고 밝혔다. 대표적 예가 60년대 중반, 70년대 초 유신체제, 80년대 초 5공화국 출범 등의 시기다.[96] 당시 자살자 수치 그래프의 급격한 변화는 한국 사회에서 숙명론적 자살과 저항적 자살이 왜 개인이 아닌 사회적 차원의 문제인지를 뚜렷이 보여준다. 이후에도 1998년 외환위기 및 2003년 카드대란 시기 자살자 급증, 그리고 2009년 쌍용차 구조조정에 따른 정리해고 이후 노동자와 그 가족의 잇따른 자살도 있었다.[97] 그런데, 왜 2023년 5월 다시금 그 불씨를 되살렸단 말인가. 그것도 피해자를 가해자로 둔갑시키는 똑같은 방식으로 말이다.

2023년 노동절을 앞뒤로 하여 한국 사회에 여러 사망 소식이 전해졌다. 4월에는 전국모의고사가 끝나고 안타까운 소식이 들려왔다. 5일 동안 10대 학생 3명이 연이어 목숨을 끊은 것이었다. 언론에는 투신자살, 군집 자살, 베르테르 효과 등 수많은 우려의 목소리가 쏟아졌다. 그리고 5월에 들어서서 하루에만 5명의 주검을 목격해야만 했던 한 소방관의 고충이 기사로 알려졌다.[98] 그는 하루 사이에 추락, 극단적 선택, 고독사 등 참혹한 주검을 마주해야 했다. 그런데, 그러한 소방관의 마음 또한 결코 안전하지 못하다. 해당 기사에 의하면, 2012년부터 2022년 7월까지 10년 사이에 소방관 228명이 사망했는데 그중 47퍼센트가 자살이었다. 스스로 목숨을 끊은 사람도, 그것을 무력하게 지켜보아야만 했던 소방관도 모두 트라우마의 피해자인 셈이었다.

자살에는 사회·정치·경제적 영향 이외에도 문화적 요인을 빼놓을 수 없다. 특히, 흔히 공개된 장소에서 이루어지며 높은 치사율을 가져오는 분신의 경우는 더더욱 그러하다. 이란에서는 많은 여성이 남성 중심의 성 규범 앞에 여전히 분신자살을 선택한다. 미국은 정신질환자 및 마약중독자가 헤어 나올 수 없는 고통 끝에 분신자살을 선택한다. 자살 자체를 불명예스럽게 생각하는 중국에선 자신의 죽음을 차별화하기 위해 분신을 선택한다고 한다.[99] 그렇다면 한국에서의 분신은 어떠한 문화적 역학 속에서 유도된 것일까. 인류학자 루스 베네딕트의 일본에 대한 설명처럼 나는 한국도 '죄'보다는 '수치'를 기조로 하는 문화에 가깝다고 생각한다.[100] 이런 사회에서 대의명분과 정의를 중요시하는 노동조합원에게 정치 권력과 법을 통해 폭력적인 공갈범이라는 공개적 낙인을 찍는 것이야말로 말 그대로 '치명적致命的' 고통일 것이다.

이것은 브렛 리츠가 지적한 '도덕적 상처moral injury'에 가깝다. 리츠는 권력에 의해 누군가가 믿었던 도덕적 가치가 훼손당할 때 극심한 심리적 고통을 겪게 된다고 보았다.[101] 지금 수많은 노조원이 겪는 고통은 지금껏 그들이 지켜온 도덕적 가치가 비난받고, 믿었던 법과 사회의 최소한의 도덕성마저도 무너지고 있음을 목격하는 데서 오는 것일지 모른다. 거리 위 노조의 한 맺힌 절규가 시민들에게는 공감보다는 '불편한 소음'과 '폭력성'으로 받아들여지게 될 때 노조는 진짜 '마녀'가 된다. 이것은 도덕과 법을 앞세운 고문이자 일종의 저주인 셈이다. 남는 의문은 정치 권력과 자본세력 중 어느 쪽이 노조의 힘이 확장되는 걸 더욱 강렬히 반대하는 것일까이다. 어느 쪽에 의해서든 매해 5월에는 명복을 빌어야만 하는 수많은 고인이 존재한다. 미처 다 부르지도 못한 이름들. 그들의 명복을 또 한 번 진심으로 빈다.

◆

파업에 '혐오 이미지'만 쌓여가는
'이중 가정'의 사회

파업이란 말을 들으면 어떤 이미지가 떠오르는가. 얼마 전한 강연에서 청중 한 분이 파업은 기업의 생산을 방해하는 것으로 옳지 않은 행동이지 않으냐고 질문했다. 맥락을 제거하고 현상 자체만 보면 맞는 말이다. 파업은 기업의 업무와 생산 과정을 물리적으로 중단하게끔 하는 행위이다. 그 청중은 보편적 규범의 차원에서 접근했지만, 최소한 파업의 당사자에게 구체적 이유를 물어보고 판단하기를 정중히 권했다. 왜냐하면, 파업이란 시민들로부터 바로 그 질문을 받길 바라고 있을지 모르기 때문이다.

질문을 달리해 보겠다. 한번 시간을 거슬러 올라가 보자. 산업혁명과 증기기관의 나라 영국에서 여성 노동자의 최초의 집단 파업은 어떠한 모습이었을지 상상이 가는가. 2022년 11월에 공개된 영화 「에놀라 홈즈2」(밀리 바비 브라운 주연)는 당시의 상황을 생생하게 다루고 있다.

영화는 파업의 발단이 된 성냥 속 백린의 비밀을 파헤친다. 성냥공장에서 일하다 백린으로 질병에 걸린 여성 노동자는 장티푸스에 걸렸다고 내몰려 쫓겨나고, 이 백린이 질병 원인임을 밝히려 한 여성 노동자는 신변 위협까지 받는다. 이런 상황에서 공장의 노동자가 스스로를 보호하기 위해 선택한 최후의 수단이 바로 '일을 중단'하고 거리로 나서는 것이었다.

이 영화는 1888년 영국 동부의 브라이언트 앤드 메이 성냥공장에서 발생한 실화를 바탕으로 한다. 당시 이곳에 근무하던 여성 및 소녀 노동자 1,000여 명은 영국 최초의 대규모 여성 노동자 파업을 단행했다. 파업의 가장 큰 계기는 하루 14시간 이상의 노동과 저임금 및 벌금제도도 문제였지만, 무엇보다 성냥 제조에 사용된 백린의 치명적 부작용 때문이었다. 백린은 턱을 괴사시키는 '인중독성 괴사phossy jaw'를 일으키는 등 인체에 축적되어 사망에까지 이르게 하는 유해 물질이었다.[102] 주인공 에놀라 홈즈는 바로 성냥공장 소유주가 어떻게 이 백린의 해로움과 그로 인한 재해를 감추고 있었는지를 파헤친다.

이제 시간을 되돌려 보자. 그렇다면, 1888년 영국 성냥공장의 현실과 한국은 얼마나 차이가 있는 것일까. 2022년 11월 25일 급식노동자 920명이 동참한 전국 학교 비정규직 노동자 파업이 있었다. '요리 매연cooking fumes'에 의한 높은 폐암 발생률이 도화선이 되었다. 실제로 2021년 4월에 12년 동안 학교 급식실에서 근무하다 폐암으로 사망한 조리실무사가 산업재해 인정을 받았다.[103] 이를 계기로 그해 말 전국학교 급식종사자 건강진단이 이루어졌고, 그 결과 급식종사자 1만 8,545명 중 무려 187명이 폐암이 의심되거나 매우 의심된다는 진단을 받았다. 이것은 일반인과 비교해 무려 35배나 높은 수치였다.[104] 이로써 요리 매연의 해로움이 객관적으로 입증되었지만, 노동부의 가이드라인만 나왔을 뿐 현장에서는 1년 넘게 실질적인 개선이 아직 이뤄지지 않았다. 이 모든 부당함을 호소하기 위해 급식노동자들이 직접 파업에 나선 것이었다. 고된 노동을 하면서 누가 35배나 높게 발생하는 폐암을 견뎌낼 수 있을까. 그분들에겐 정말로 생존이 걸린 문제였다.

2022년 11월에는 급식노동자를 포함해 여러 파업이 동시에 벌어졌다. 23일에는 건강보험 고객센터 노동자가, 24일에는 화물연대 소속 노동자가, 그리고 25일에는 급식노동자를 포함한 전국 학교 비정규직 노동자가 일을 멈추고 거리로 나섰다. 이를 두고 "생떼 같은 줄파업"이라는 비판이 이어졌다. 특히 여당 측 정치권은 "대국민 갑질", "불법 투쟁"이라 연이어 비판했고, 화물연대의 파업은 명분도 없이 국민을 볼모로 하는 불법적·폭력적 행동으로 규정되었다.[105] "민폐 노총", "기획 파업", "반노동" 등 온갖 부정적 이미지들이 경쟁하듯 퍼부어졌다. 미디어에서도 '몸자보'와 띠를 두른 파업 노동자들이 무력시위를 하는 듯 보이는 모습들이 주로 사용되었다. 그렇게 파업 노동자들에게 "법 위에 군림"하고, "국민경제가 수조 원 손실에 이를지라도 안하무인"인 무질서·무법자의 이미지가 덧씌워졌다.

하지만, 이러한 혐오스런 이미지들의 반복 속에 끝없이 반복되는 산업재해의 피해자들은 빠르게 삭제되고 잊힌다. '요리 매연'에 의해 폐암이 35배나 많이 발생한다는 사실이 밝혀졌음에도 왜 현장은 개선되지 않는지 아무도 문제시하지 않을까. 이러한 무관심이 오히려 '반노동'이며, 기업이 '법 위에 군림'하고 있는 것은 아닌지 되묻고 싶다. 그렇게 많은 노동자가 매해 끼임 사고로 사망하고, 유해 물질로 사망하고, 과로로 사망하고 있는데도 이러한 사실들은 왜 그토록 휘발성이 강한 것일까. 그 사이 한국 사회에서 파업 이미지가 덧씌워진 노동자의 얼굴은 마치 과거 반공교육 때 등장했던 뿔 달린 괴물처럼 변해버린 듯하다.

미국 정신과 의사이자 사회학자인 조나단 메츨Jonathan Metzl은 1960~1970년대 미국에서 흑인 남성이 쉽게 분노하는 기질을 가진 것으로 묘사되면서 조현병 환자의 공공연한 모델로 선정되었다고 말한다. 각종 조현병 약물 광고 속 흑인 남성의 얼굴은 이성을 잃은 짐승처럼 울부짖는 모습이었다. 메츨은 이것을 '저항의 정신병protest psychosis'이라 불렀다.[106] 즉, 인종차별에 저항하는 흑인의 목소리가 정신병 환자의 비

이성적인 외침과 떼쓰기 정도로 치부된 셈이었다. 의학 저널, 언론, 광고, 정치 등 모든 영역에서 당시 흑인의 이미지는 약으로 통제하지 않는다면, 실제로 정신병자가 아니라 밝혀진다 해도 정신병자처럼 충분히 사회에 악영향을 끼쳤을 수 있다고 믿게끔 만들어졌다. 언젠가 발생할지도 모르는 '미래의 위협'은 그렇게 미국 사회의 현실에 '영원한 실질적 위협'으로 받아들여지게 된 셈이다. 범죄자가 될지도 모른다는 가정은 어느 순간 범죄자여야만 하는 확신으로 바뀐 것이다.

흑인에 대한 이러한 과대한 가정에 근거한 부당한 확신은 오늘날 한국에서 자주 등장한다. 노동조합의 파업으로 인해 국민경제의 손실이 수조 원에 달할 것이라는 주장은 근거의 타당성 여부를 떠나 아직 도래하지 않은 불확실한 미래다. 하지만, 어느덧 그 주장은 파업이 측정 불가능한 손실을 이미 초래했다는 증거로 확산되고 있는 것은 아닌지 의심된다.

왜냐하면, 앞으로 그들은 충분히 그러고도 남을 불법 폭력집단으로 받아들여지기 때문이다. 캐나다 출신 정치철학자 브라이언 마수미Brian Massumi는 이처럼 "했었을 것이다, 할 수 있었을 것이다"의 논리로 특정 세력의 위협을 실제로 만드는 것을 '이중 가정에 따른 위협'이라 부른다.[107] 마수미는 이러한 현상의 가장 큰 원인으로 '두려움'을 꼽는다. 즉, 특정 세력에 대해 형성된 두려움은 미래에 대해 사실이 아닌 느낌에 기반한 가정을 하게 만들기 때문으로 보았다. 결국 대상에 대한 지속적 두려움의 형성은 이들의 위협을 실재하는 것으로 전환하기에 충분하다. 마수미의 표현대로, "만일 우리가 위협을 느낀다면, 위협이 있었다"라고 보아야 한다.[108] 오늘날 한국 노동자의 연이은 파업 앞에 각종 '혐오 이미지'가 덧씌워지는 것을 보고 있노라면, 한국도 '이중 가정'의 사회로 접어든 것이 아닌가 우려된다. 마수미가 지적했듯, "실제 위험과는 상관없이……그들은 마치 항상 죄가 있었던 듯이 얼룩져 있는 것"이다.[109]

　폐암의 위협 앞에 파업을 택했던 급식노동자들의 현실은 어떠할까. 2020년부터 2022년까지 3년에 걸쳐 조리실무사 1만 4천여 명이 퇴직했고, 자발적 퇴사자의 비율이 2020년 40.2퍼센트에서 2021년 45.7퍼센트, 2022년 55.8퍼센트로 매년 증가 추세였다. 조리실 온도가 한여름엔 50도까지 올라가서 "얼굴과 위생복엔 땀이 흥건했고, 세제와 음식 잔여물이 둥둥 떠다니는 세척통에서 냄새가 올라오는" 현장에서 밥 먹을 시간도 없이 일을 한다. 심지어 찬물을 마실 정수기 한 대 없는 곳도 있었다. 그리고, 각종 학부모의 민원전화에도 답해야만 했다.[110] 당시 이러한 현장을 취재한 기자는 교육 취지가 퇴색되고 비인간적·비인권적 감시만 강화되었다고 지적한다. 현실이 이러할진대 퇴직 이외의 다른 방도가 있었을까.

　만일 이런 현장에서 폐암이라는 질병까지 얻게 된다면,

당사자는 어떤 이야기를 할 수 있을까. 집단적 목소리를 내는 것만으로 그 이유를 듣지도 않은 채 불법 폭력단체로 내몰린다면 또 어떠할까. 한국은 어느덧 노동자가 합법적으로 파업을 한다 하더라도 법이 아닌 '대중의 처벌'을 받는 나라가 된 것은 아닌지 의문스럽다.

영화 「에놀라 홈즈2」에서 성냥공장 여성 노동자들은 "이 같은 사회에서 할 수 있는 것은 일을 하지 않는 것"이라 외친다. 이에 대해 고용주들은 "성냥 없이 어떻게 사느냐"고 시민들의 불편을 강조하는가 하면, "월급 없이 하루라도 살 수 있나?"고 당사자들의 생계를 위협하면서 자신들의 잘못, 부패, 무능력, 정치의 부재를 덮으려 했다. 이것이 135년 전 영국에서 벌어졌던 과거의 일로 치부하기엔 섬뜩할 정도로 오늘날의 한국과 너무 닮았다. 노동자가 계속해서 생존을 위해 노동현장을 떠난다면, 누가 그 현장에서 위험을 감수할 것인가. 더욱 절박한 사람들을 그곳으로 내몰기만 할 것인가. 이중 가정의 혐오가 아니라 어떤 것이 국가 경제의 파탄을 실질적으로 막아내는 길인지 진지한 고민이 필요한 시점이다.

노동자에게 재충전의 시간이 곧 황금알이다

지금은 토요일에 학교에 가지 않는 것이 당연한 일상이 되었다. 하지만, 내가 학교에 다닐 때만 해도 토요일도 당연히 학교에 가는 날이었다. 제도가 바뀌기 전까진 그 필요성을 느끼지 못하지만, 정작 바뀐 이후에는 그것이 얼마나 크나큰 변화인지를 실감하게 된다. 일도 마찬가지다. 이제는 주5일제 업무가 당연한 일상이 되었지만, 이 또한 누군가에게는 매우 낯선 변화로 여겨질지 모른다. 그런데, 만일 주5일제를 넘어 주4일제 출근을 제안한다고 했을 때 어떻게 느껴지는가. 당장 4일만 일하면 경제는 어떻게 지탱하고, 줄어든 가계수입은 어떻게 하냐며 반문할지 모른다.

그런데, 실제로 이러한 변화의 가치를 한국 사회에 화두로서 던진 조직이 등장했다. 2024년 2월 29일 '주4일제 네트워크' 출범식이 있었다. 말 그대로 일주일에 5일이 아닌 4일을 일하는 제도를 이루기 위한 네트워크다. 이들의 선언문에는 왜 노동시간을 하루 더 단축해야 하는지 그 취지가 잘 드러나 있다. 그중 "일이 삶을 압도한 사회를 벗어나, 일과 삶의 조화가 가능한 사회를 모색"해야 함을 강조한 문구가 너무나 인상적이다.[111] 단체는 지난해 정부에서 주 최대 근로시간을 69시간까지(현행 52시간) '유연하게' 확대 운용하려 했던 시도와는 전혀 다른 길을 제시하고 있다. 물론 너무나 낯선 주장처럼 들리기에 주 69시간 노동만큼 주4일제 노동도 터무니없게 들릴지 모른다.

하지만, 한국의 노동 현실을 한 번쯤 먼발치에서 낯설게 바라본다면 그 취지에 공감할 수 있을 것이다. 실제 한국은 지나치게 많은 노동시간에 위태롭게 기대고 있다. 한국은 2022년 기준 OECD 회원국 연간 평균 노동시간(1,752시간)보다 약 149시간(1,901시간)이나 많이 일하는 소위 '장시간 노동국가'로 분류되고 있다. 유럽연합 27개 회원국 평균(1,571시간)과 비교할 때는 연간 약 330시간이나 더 많이 일하고 있다. 여기에 연차휴가 사용도 낮아서 일과 삶의 조화가 이루어지기 어려운 현실이다. 세계보건기구 및 국제노동기구는 2016년에 이미 한국의 장시간 노동의 위험성과 그 심각성을 지적했다. 이때 이미 한국은 멕시코, 콜롬비아, 튀르키예 다음으로 주당 55시간 이상 노출된 인구의 비율(8.1~9.2퍼센트)이 높았다. 물론 단순 비교만으로 무조건 판단할 수만은 없다. 그렇지만, 고용노동부 및 근로복지공단의 조사에 따르면, 지난 5년간 업무상 뇌·심혈관계 질병 산업재해도 증가 추세다.[112] 즉, 과다한 노동시간으로 몸에 과부하가 걸려 쓰러진 이들이 많다는 뜻일 테다. 물론 이러한 수치 또한 피부에 와닿지 않는 사람들도 많을 것이다. 개인의 건강 및 생활습관의 차이도 무시할 수 없는 것 아니냐고 말이다.

그런데, 최근 이와 관련해서 매우 중요한 보고서가 출간되었다. 2024년 3월 4일 여의도 국회에서 전국금속노조·전국삼성전자노조는 삼성 전자계열사의 노동자(총 4개 사업장 1,801명 참여)에 대한 「노동 안전보건실태 조사보고서」를 발표했다.[113] 놀랍게도, 노동자 3명 중 2명은 수면장애를 앓고 있었으며, 절반가량이 우울증 증세를 보였다. 가장 충격적인 결과는 이들의 자살 충동 비율이 일반인구 평균과 비교할 때 7.1~12.8배였다는 사실이다. 삼성전자 지원 사무직군의 경우 21.6배나 높았다. 여기서 주목할 점은 바로 원인으로 지목된 내용이다. 이들은 고과 평가, 과도한 업무량, 부족한 인력 등으로 인해 심각한 정신건강의 위기에 봉착해 있었다. 이런 구조는 최소한의 투자로 최대의 효율을 창출해낼지는 모르지만, 노동자는 그 속에서 육체, 정신, 감정뿐만 아니라 삶의 의미까지 빼앗길 수 있다. 이것은 '주4일제 네트워크'가 지적했던, 일이 삶을 압도하고 있는 대표적 예라 할 수 있다.

이러한 조사 결과에 대해 삼성 측은 "특정" 시점, "일부"

응답자, "일방적" 답변을 과장한 것이라 대응했다.[114] 그렇지만, 회사, 직군, 사업장 등의 차이와 무관하게 삼성 전자계열사의 모든 현장에서 절반 이상이 노동강도가 "강하다"고 응답한 것은 간과해서는 안 될 지점이다. 특히, 아파도 쉬지 못하고 출근하는 소위 '프리젠티즘' 비율이 일반 임금노동자 평균(2020년 기준 11퍼센트)의 5~7배가량 높게 나타났다. 이것이 무엇을 의미하는가. 단순히 재충전의 휴식 없이 일상의 대부분을 일에 빼앗긴 것을 넘어 아픈 몸도 노동시간을 채우는 것이 일상이 되어버린 현실을 뜻한다. 조사보고서의 결론에서도 적정한 인력의 확보로 노동강도를 합리적 수준으로 낮출 것을 제안하고 있다. 만일 이것이 불가능하다면 고된 노동으로부터 몸을 회복할 수 있도록 충분한 재충전의 시간이 허락되어야만 한다.

아파도 그 사실을 숨긴 채 출근해야만 하는 노동자에게 주4일제 근무란 마치 소설 속에서나 일어날 것 같은 이야기일지 모른다. 더욱이 고과 평가 및 실적 압박에서 벗어날 수 없는 노동자에게 노동시간의 단축은 오히려 더 큰 불안을 초래할지도 모른다. 한 번도 경험해 보지 못한 제도라면 더더욱 낯설지 모르며, 새로운 세상에 대한 불확실한 기대보다는 눈앞의 현실을 빠르게 해결하는 능력을 키우는 편이 더욱 설득력이 클 것이다. 그렇지만, 지금은 당연하듯 받아들이는 주5일제 노동 역시 90년대 말까지만 하더라도 매우 낯선 풍경이었다. 주5일제 논의가 처음 시작된 것은 1998년이었으며, 20인 미만 사업장까지 모두 시행된 것은 2011년이다. 즉, 우리에게 일상이 된 주5일제 역시 한국인 모두에게 일상이 된 지 불과 13년밖에 되지 않은 것이다.

역사적으로 '적정한 노동시간'은 오랜 시간에 걸쳐 조금씩 줄어들었다. 1953년 근로기준법상 주 48시간 노동에서 44시간으로 4시간 단축하는 데 36년의 세월(1989년 개정)이 걸렸다. 여기에 추가로 4시간 단축하는 데 14년(2003년 개정)이 걸렸다.[115] 이처럼 '적정한 노동시간'이란 경제적 판단처럼 보이지만, 역사는 그것이 사회적 합의였음을 말해준다. 즉, 주4일제 논의는 실무적인 차원을 넘어 노동에 대한 한국 사회의 '인식'과 '윤리'에 대한 새로운 전환을 의미한다. 현 정부는 노동자가 더 많이 일할 수 있는 권리를 보장하고, 기업이 보다 효율적이고 유연하게 노동력을 운용할 수 있도록 보장하자고 설득한다. 즉, 모두에게 시간에 구애받지 말고 '필요한 만큼' 일하라 권장한다.

그렇지만 노동력이란 반드시 인간의 몸이 지닌 물리적 한계 안에서 고려되어야 한다. 황금알을 낳는다고 거위 배 가르듯, 근시안적으로 노동자를 채찍질해서는 안 된다. 노동자에게 재충전의 시간이 곧 황금알이다. 노동으로 인한 상처를 치유하는 데 얼만큼의 시간이 필요할까? 3일? 2일? 1일? 정답은 없을 것이다. 하지만, 앞서 다루었듯 노동자의 상처는 나날이 커져만 가고, 그렇게 일하다 다치고 죽음을 맞이하고 있다. 그렇다면, 지금 우리에게 필요한 해답은 존재한다. 모순적인 건 '필요한 만큼' 일을 하라는 말 자체일 테다. 이 말은 태생적으로 '필요 이상의 돈'을 지닌 사람들이 '필요 이하의 돈'을 가진 사람들에게 하는 잔혹한 유혹이다.

영국 런던대학 교수 가이 스탠딩은 『공유지의 약탈』 한국어판 서문에 충청남도 보령시에 속한 작은 섬 장고도를 소개한다.[116] 약 2백 명 주민의 장고도는 1983년부터 어장을 마을공동체가 함께 운영하여 1993년부터 해삼에서 나오는 이윤을 모두에게 동등하게 배당하기 시작했다. 일종의 기본소득제다. 주민들은 함께 씨를 뿌리고, 바다가 키워준 해삼을 함께 채취했다. 그 결과 2019년 기준 각 가구는 기본소득으로 연간 1,300만 원을 받았다. 이곳에서 개인의 노동시간은 오직 자신만의 것이 아닌 모두의 것이다. 그곳에서 주민들은 모두 연결되어 있다. 어떤 주민들도 **'필요한 만큼'** 일하라 강요받지 않는다. 그들은 몸이 허락하는 **'능력만큼'** 일한다. 자연이 준 공유재, 장고도의 어장이 섬 주민들의 삶을 일이 압도하지 않게 만들어 주었다. 그렇다면 도시의 노동자에게 그같은 공유재란 무엇일까. 아마도 재충전을 위한 시간이 아닐까. 그 시간이야말로 지금 인류가 지켜야 할 공유재일지 모른다. 일에 압도되지 않고 자신과 가족, 나아가 사회와 더 큰 자연을 위해 시선을 돌릴 바로 그 시간 말이다.

◆

정답보단 오답을 먼저 배우는
도덕 실험장

매년 11월은 온갖 시험의 연속이다. 중심에는 당연히 대입 수능시험이 차지하고 있다. 2023년은 1996년 이후 역대 최대로 N수생 비율(35.3퍼센트)이 높았다고 한다. 실제로 내가 근무하는 대학의 신입생 중에도 수능 당일 결석이 평소보다 많았다. 그렇게 온 국민의 긴장 속에 수능시험이 치러지고 이어서 모든 대학에서 일제히 다양한 수시모집을 시작했다. 나 역시 2023년에 처음 장애인 수시모집 전형에 참여할 기회가 생겼다. 그리 많지 않은 인원이었지만, 학교 관계자들은 십여 분의 면접 시간이 한 학생의 인생을 좌우할 수도 있음을 알기에 모두가 크고 작은 틈을 메우느라 바빴다. 11월은 그렇게 날씨마저 긴장하게 만드는 통과의례의 절기다.

장애인 면접에 참여한 경험은 특별했다. 여러 학생을 마주하며 그들의 정성스러운 답변 속에서 이들이 살아온 삶을 엿보고자 했다. 절실한 떨림이 느껴질 때마다 모두에게 입학의 기회를 줄 수 없음에 조금씩 미안한 마음이 들었다. 그저

지불되지 않는 사회

희망 고문이 아니긴 바랄 뿐이었다. 사회는 점차 장애인의 이동권을 보장하며 크고 작은 물리적·심리적 장벽을 제거하려는 '배리어 프리barrier-free' 정책을 확장하고 있다. 그렇지만, 배움의 문턱은 장애·비장애 여부와 상관없이 무척이나 좁고 높아만 보였다. 매년 11월은 모두가 그 같은 장애물의 실체를 목격하는 시기이다.

입시 면접관으로 겪었던 이러한 경험은 한국 사회에서 왜 대학입학이 희망 고문이 되어버렸는지 반문하게 만든다. 11월의 각종 시험은 모두에게 '정답'만을 맞추길 요구한다. 그렇지만, 과연 정답 고르기가 정말로 완벽한 지적 능력의 평가 제도인지를 차치하더라도 그것이 모두에게 '좋은 삶'을 보장하는 것일지 의문이다. 왜냐하면, 좋은 삶에는 정해진 정답이 있을 수 없기 때문이다. 하지만, 오늘날 한국 사회에서 좋은 시험성적이 좋은 삶의 핵심적 조건으로 요구되는 것만은 부정하기 어렵다. 갓 대학에 입학한 신입생들 사이에서 조차 '재필삼선'(재수는 필수 삼수는 선택) '반수는 선택이 아닌 필수'라는 통념의 확산되는 것이 그 증거가 아닐까.[117]

문제는 그것이 필수조건을 넘어 충분조건으로 여겨질 것인가이다. 수능 한 번으로 미래가 결정되기에 '충분'하다고 믿는다면, 생존을 위한 시험 과정에서 그 어떤 불이익과 손해도 참을 수 없을 것이다. 그것은 자신이 원활하게 시험을 치르게 하는 과정에 어떠한 '배리어barrier'도 참을 수 없게 만들 것이다. 예를 들면, 타인의 부정행위는 물론이고 시험 중 작은 소음 하나도 허용되지 않는다. 그런데 문제는 지나친 경쟁으로 인해 그 배리어에 점차 도덕적 선택도 포함된다는 사실이다. 몇 년 전 수능을 앞둔 고3 수험생 사이에서 ADHD(주의력 결핍 과잉행동장애) 치료제인 '애더럴Adderall' 처방이 10월에 2배가량 증가했다는 기사가 실렸다.[118] 소위 '공부 잘하는 약'의 오남용 문제는 한국만의 일은 아니다. 넷플릭스 다큐멘터리 「약 드세요Take Your Pills」(2018)에는 미국 대학생들의 무분별한 애더럴 오남용 실태가 잘 드러나 있다. 한 대학생 2학년생은 이렇게 반문한다. 그에게 이러한 통념을 비판하는 도덕적 지적은 또 다른 배리어일 뿐이다.

"좋은 점만 극대화할 수 있는 뭔가가 있다면 당연히 그걸 최대한 활용하고 갖고 싶겠죠. 이렇게 말한 사람도 있어요. 시험 보는 날 아침을 든든하게 먹고, 커피 마시는 거랑 똑같잖아요. **다른 사람보다 앞서려고 약을 먹는 게 왜 비도덕적이고 비윤리적이야?**"(굵은 글자는 필자 강조)

남보다 앞서려고 사용하는 수단이 그것이 왜 비도덕적일 수 있냐는 당당한(?) 주장을 우리는 어떻게 이해해야 할까. 더욱이 그것이 불법적으로 약을 구매해서 사용하는 것이라 하더라도 남들도 모두 사용하는 약이라 한다면 말이다. 오히러 전문의의 진단에 의해서만 처방해야 한다는 그 제한적 법이 비도덕적이라 항변하는 것은 아닐까. 결국 정답 고르기 경쟁에서는 더 나은 결과물을 위해 지적 능력의 향상을 위한 기술 문명의 혜택을 적극 활용하는 것이 도덕적 우위를 차지하는 시대가 도래한 것인지도 모른다.

최근 과학기술력을 활용하여 자신의 신체 능력을 '증강enhancement'하려는 일명 트랜스휴머니즘적 현상에 대한 논의가 활발하다. 이것은 신체장애로 인한 결손을 보완하기 위한 도전으로서 이제는 장애인들만의 꿈이 아닌 듯하다.[119] 오히려 그렇지 않은 삶 자체가 '잘못된 삶'으로 취급받을지 모른다. 이런 현실에서 정말 '좋은 삶'이란 무엇인지 고민하게 된다. 어떻게 보면, 학생들은 아니 현대인은 무엇이 '좋은 삶'인지부터 배우는 것이 아니라 정반대로 무엇이 '잘못된 삶'인지를 먼저 배우는 것은 아닐까. 프랑스 민속학자이자 정신분석학자인 조지 데브뢰는, 정상을 비정상이 무엇인지를 먼저 규정하고 난 후 규정될 수 있는 '잔여적 범주'라 지적한다.[120] 이 말처럼 시험에서는 정답을 먼저 배우지만, 삶에서는 오답을 먼저 배우는 것은 아닐까.

한국 사회는 좋은 성적 이전에 좋은 삶에 대한 성찰의 기회에 얼마나 철저히 대비해 왔을까. 미국 인류학자 셰릴 매팅리Cheryl Mattingly는 장애인의 관점에서 현대사회를 일종의 '도덕 실험실'이라 비유한다.[121] 시험 한 번으로 '도덕적 오명'을 얻을 잠재적 불명예자인 학생들에게 한국 사회는 거대한 도덕 실험실일 수 있다. 그들은 오답의 삶이 어떠한지를 너무나 잘 알기에 정답만을 쫓을 수밖에 없지 않을까. 유일한 선택지란 어떠한 행동이 덜 비도덕적인지 고르는 일일지도 모른다. 그렇지만 언제까지 똑같은 실험만을 반복하도록 방치해야 하는 것인가. 이미 모두가 알지 않는가. 좋은 삶에 오답이란 없다는 것을 말이다.

에든버러대학 섀넌 발러Shannon Vallor 철학 교수는 21세기 테크놀로지 시대에 필요한 덕목으로 '테크노모럴 지혜techno-moral wisdom'를 강조한다.[122) 즉, 과로나 상처에 쓰러지지 않고, 누구보다 앞선 경쟁력을 지니며, 끝내 지치지 않을 '증강'된 슈퍼노동자가 되기 위해선 도덕 실험장에서 현명한 선택이 필수적일 수밖에 없다. 조금 덜 비도덕적인 선택으로 최고의 능력을 달성하는 것은 항구적 오명의 위험에서 벗어나기 위한 절대적 규범일지 모른다. 미국 사회학자 어빙 고프먼은 현대인에게 '도덕적 경력moral career'이 중요하다고 강조한다.[123) 사회가 옳지 못한 것으로 낙인찍은 특징을 만들지 않기 위해 혹은 들키지 않기 위해 꾸준히 경력을 쌓아야 한다고 말이다.

11월 시험에서 좋은 성적을 받는 것은 성인을 준비하는 첫 번째 가장 큰 도덕적 경력일 테다. 그래서일까. 최근 입학 시험장에서는 아날로그 시계만 허락되며, 시간만 나오는 전자시계도 안 된다. 또한 소음 방지 귀마개도 감시관이 꼭 눌러보고 검사해야만 한다. 이유는 그 볼품없는 전자시계 속에도, 스펀지 같은 귀마개 안에도 문자와 음성을 전달할 수 있는 통신 장치가 숨어 있을 수 있기 때문이라 한다. 누군가의 도덕적 경력을 방해할 어떠한 반칙도 제거해야 마땅한 배려어인 셈이다. 하지만, 이렇게 지키고자 하는 바로 그 '도덕'이 현대사회에 만연한 가장 비도덕적인 행태의 뿌리라 한다면 어떻게 할 것인가. 성공한 비도덕은 도덕적 심판에서 면죄부를 받는 것일까. 이 도돌이표 같은 도덕 실험장의 현실에서 누군가는 반드시 홀로 도덕적 오명의 고통을 감수해야만 한다는 사실마저 잊힐까 두렵다.

4)

아물지
못한
상처들

크기의 차이가 있을 뿐 상처란 삶에서 피할 수 없는 숙명이다. 문제는 그 상처 자체가 아니라 그러한 상처가 아물지 못할 것이라는 절망일 테다. 모든 상처에는 역사가 있다. 동시에 그에 대한 절망의 세습과 새로운 절망의 축적이 이어진다. 그 역사적 지층 앞에 많은 이들이 자신의 미래에 예견된 상처에 무감각해지고 있는 듯하다.

상처가 주는 고통에 무감각해지는 것은 어찌 보면 능력의 한 덕목일지도 모른다. 왜냐하면, 상처 그 자체보다 그 상처에 대한 세간의 근거 없는 비난과 혐오가 더욱 큰 상처가 될 테니 말이다. 이것의 연쇄적 효과는 주변에 고통받는 이가 있어도 쉽게 손을 건네지 못한다는 점이다. 실패자의 상처는 혐오 앞에 쉽사리 도덕적 오명을 갖기 마련이고, 그 오명의 전염력은 너무나 강력하기 때문이다. 결국 나의 상처뿐만 아니라 타인의 상처에도 무감각해져야만 도덕적으로 생존할 수 있는 사회가 된 것은 아닐까.

그런데 불행하게도 문제는 여기서 끝나지 않는다. 상처

는 개인을 넘어 크고 작은 집단에 반복적으로 발생하고 있다. 이때 상처는 곧 재난이다. 만일 이러한 재난과도 같은 다수의 고통에도 사회가 무감각해진다면, 나아가 재난의 피해자를 혐오하는 말들이 넘쳐난다면 그 사회의 도덕이란 이미 붕괴한 것일지 모른다. 그렇게 모두의 상처는 영영 아물지 못한 채 쌓여만 갈 수도 있다.

혐오는 이렇듯 상처의 회복을 가로막고 악화시키는 소금이자 재와 같다. 하지만, 이것은 그 자체로 살아 움직이는 정치적 힘이다. 타인의 상처에 뿌려진 혐오는 주고받는 과정에서 눈덩이처럼 그 덩치를 키워 어느 순간에는 왜 그러한 혐오가 생겼는지에 대한 이유조차 덮어 버린다. 상처에 대한 무감각은 이렇듯 무서운 결과를 초래할 수 있다.

이제 우린 무엇이 상처를 유발했는지 모르는 혼란스러운 세상을 살고 있는 것은 아닐까. 시간이 지나면 진실이 무엇이었는지 중요하지 않게 되며, 상처뿐인 현상만 남게 된다. 그리고, 그 현상이 곧 새로운 진실로 추앙받는다. 4장에서는 이처럼 한국 사회에 흩뿌려진, 아물지 못한 모든 상처와 그에 덧붙여진 감정들의 의미를 추적하고자 한다.

절망에 취약한 세대, 환대에 실패한 시대

인류는 2020년 초에 시작된 코로나 19 팬데믹 영향으로 2년 반 동안 '공통의' 경험을 했다고 생각할 것이다. 하지만 '공통'이라는 용어는 실상 매우 폭력적일 수 있다. 왜냐하면 거대한 위기의 파고만을 강조할 땐 언제나 천차만별인 개인의 생애사는 모래알처럼 쉽게 외면되기 때문이다. 따라서, 코로나 19사태는 절대 '공통'의 경험이 될 수 없다. 한국 사회에서 이에 대한 가장 큰 증거가 2022년 발간된 책 『가장 외로운 선택』에 담겨 있다.

책은 코로나 19가 확산됐던 2020년 상반기에 왜 20대 한국 여성들이 스스로 '외로운 선택'으로 생을 마감하려 했는지 여러 학자의 조사 결과를 담고 있다.[124] 팬데믹은 신종 전염병의 두려움뿐만 아니라 한국 사회의 곪아 있던 환부를 끝내 터트려 버렸고, 그제서야 어디가 얼마나 병들어 있었는지 보여주었다.

2020년 상반기 20대 여성 중 자살 시도자는 3,005명, 자살사망자는 296명으로 전년 대비 각각 32.1퍼센트 및 43

퍼센트 증가했다.[125] 저자들은 팬데믹 자체가 자살 시도 및 사망의 주요한 촉발요인임이 분명하지만, 그 같은 선택은 이미 전부터 진행됐다고 강조한다. 2011년부터 전체 인구의 자살률은 점차 감소하는 추세이지만 2017년 이후 20~35세 나이의 자살률은 꾸준히 증가하고 있다. 특히 지난 10년간 가장 낮았던 20~24세 여성의 자살률이 2017년 이후 급격히 증가한 사실에 주목한다. 수치로 본다면, 1997년생 여성의 자살률은 1951년생인 부모 세대의 청년 시절과 비교할 때 무려 7배나 높았다. 즉, 부모 세대가 젊었던 시절에는 극단적 선택이 지금처럼 하나의 문화적 선택지로 받아들여지지 않았다. 젊다고 모두 똑같은 선택지에 놓여 있는 것은 아니라는 뜻이다. 이것은 우리가 모두 똑같이 '코로나 시대'를 경험하는 것이 아니라 다른 '코호트cohort' 집단 속에서 서로 다른 경험을 하며 살고 있다는 증거다.[126]

'코호트'란 통계학에서 '공통적 특성을 가진 사람들의 집단'을 뜻한다. '코호트'는 라틴어 어원 chortem(울타리)이 보여주듯 사회로부터 경계선이 그어진 집단이다. 최근 20대 여성의 자살 시도 급증은 이들 집단의 공통된 경험을 바탕으로 한 일명 '코호트 효과'로 해석되기도 한다. 돌이켜 보면, 가장 자살률이 높은 90년대 후반 출생 여성들, 즉 지금의 20대 여성들은 1997년 외환위기의 파고 속에서 유년기를 보냈다. 고등학생 시절에는 2014년 '세월호 사건'이라는 사회적 재난을 목격했으며, 성인이 된 직후에는 2016년 '강남역 살인사건'과 2018년 'N번 방 사건' 같은 젠더 폭력과 여성혐오를 지켜볼 수밖에 없었다. 그리고 2022년 7월 대학교 안에서 일어난 20대 여대생의 성폭행 사망 사건을 마주해야만 했다.

이렇듯, 요즘 세대라 단순히 폄하할 수 없는, 20대 여성 '코호트'만이 공유한 아픔의 지층이 존재한다. "죽고 싶은 생각을 해본 적 있냐"는 질문에 "어떻게 죽고 싶지 않을 수가 있어요?"라고 답하는 20대 여성에게 누가 쉽게 답할 수 있을까.[127] 이소진은 20대 여성들의 자살 생각에 대한 연구에서 이들을 "증발하고 싶은 여자들"이라 칭했다. 그녀는 청년 여성들이 마주한 위험의 지층은 가족의 계급 재생산 열망과 강압적 통제, 가부장적 가족이 착취하는 '딸'의 돌봄 시간, 미래 없는 노동 속 불안정, 노동시장의 성차별로 분석한다. 이러한 다층적 위험 속에 여성들은 노력이 부족하다며 스스로를 책망하고, 쉽게 자기혐오에 빠지는 악순환의 고리에 내몰려 있다고 보았다.[128] 어디 이뿐인가? 가정폭력과 친족 내 성폭력의 피해자가 되어도, 디지털 성범죄의 피해자가 되어도 가해자를 처벌하기보다 피해자를 먼저 탓하는 사회의 민낯을 직간접적으로 목격해야만 하지 않았던가.[129]

더 나아가 20대 여성들이 속한 한국이라는 거대한 코호트는 실상 자본주의가 초래한 독특한 인위적 빈곤과 풍요 속에 살고 있다. 제이슨 히켈은 자본주의가 역사적으로 자신의 성장을 위해 사람들을 '빈곤'하게 만들어 왔다고 역설한다.[130] 즉, 노동자가 생계를 위한 자원이 부족해야만 조금의 남김없이 노동력을 발휘한다고 본 것이다. 히켈의 주장을 처음 들었을 땐 착한 자본가도 있는데 설마 일부러 노동자에게 부족한 임금을 지불할까 하는 의문이 들기도 했다. 하지만 적어도 오늘날 한국 사회가 직면한 불안정한 고용과 부족한 사회복지체계를 보고 있노라면, 나아가 젊은이들에게 '열정페이'를 당연시하며 희망 고문하는 현실을 목격할 때면 히켈과 똑같은 의구심을 가질 수밖에 없다. 정말로 졸업과 취업을 앞둔 20대 여성들이 자신의 인생이 아닌 '현생'만을 쫓게끔 외로운 선택을 강요받고 있다는 사실은 부정할 수 없다. 그 결과로 이들의 일상적 감정 속으로 불안, 불신, 무력감, 자괴감이 쉽사리 확산되는 게 아닐까.

한편, 오늘날 우리는 자본주의가 만들어 낸 각종 '기호'-즉, 미디어 정보-의 풍요 속에 노출되어 있다. 그것도 언제 어디서나 쉽게 접속할 수 있는 손안의 작은 스크린을 통해서 말이다. 이탈리아 미디어 이론가인 프랑코 '비포' 베라르디Franco 'Bifo' Berardi는 이러한 현대 자본주의 사회를 가리켜 '기호자본주의' 시대라 칭한다. 그가 주목하는 것은 이러한 현상 자체가 아니다. 중요한 것은 기호의 풍요 속에 외로움, 실존적 고통, 우울증 등 현대인의 정신병리가 증가한다는 점이

디.[131] 그의 지적대로 현대인은 자본주의의 인위적인 경제적 빈곤과 기호적 풍요 속에서 시험에 의해 '공정'하기만 한다면 공감보다는 개인의 생존과 성과를 더욱 도덕적으로 받아들일지 모른다. 최근 공정 담론이 중심이 된 능력주의의 유행(?)이 그 증거일 테다. 정말로 경제학자 노리나 허츠의 지적처럼, 오늘날은 공동체 중심의 연대와 공감보단 개인 중심의 분열과 원자화가 디폴트인 '고립의 시대'가 아닐까.[132] 참으로 모순적인 시대를 살고 있는 세대가 아닐 수 없다.

그렇다면, 절망에 취약할 수밖에 없는 20대 여성들을 위해, 아니 동시대를 살고 있는 모든 코호트를 위해 지금 당장 필요한 것은 무엇일까. 안타깝지만, 모두를 위한 공통의 울타리를 찾기란 그리 쉬워 보이지 않는다. 그보다는 누군가와의 구별을 위한 울타리, 즉 혐오가 덧씌워진 코호트를 목격하기가 쉬워 보인다. 상황이 이러할진대 자신과 그녀가 속한 무리만을 위한 방어막을 세우는 데 열중한다 한들 누가 비난의 돌을 던질 수 있을까. 그 방어막이 스스로를 질식시킨다 하더라도 말이다. 이러한 시대적 상황 속에서 철학자 한병철은 '리추얼ritual의 종말'을 외친다.[133] 그는 리추얼, 즉 의례의 핵심이 '상징적 지각'이라 말한다. 상징의 그리스어 어원인 symbolon은 주인과 손님이 서로를 알아보기 위한 우호적인 표지, 일명 환대의 표지이다. 따라서, 한병철이 강조하는 의례의 종말이란 결국 환대의 상징적 표지의 소멸을 뜻한다.

한병철의 주장을 쉽게 풀면, 타인을 자신의 집안으로 들이는 환대의 상징이 사라졌다는 이야기다. 공통의 상징이 소멸하고 디지털 기호의 풍요 속에 모두가 원자화되고 있는 것이다. 이런 상황에서 그가 복구하고자 하는 리추얼이란 바로 코호트 간에 놓인 울타리를 낮추는 것이다. 현실은 분열과 고립을 위해 각자의 울타리를 올리는 '루틴'들이 난무한다. 그 루틴을 침범하는 타인은 환대의 상징이 아닌 혐오의 상징, 즉 '낙인'이 찍히곤 한다. 한병철은 이러한 루틴이 아닌 관계를 회복하고, 관계를 보다 탄탄하게 만들 일상적 리추얼의 '반복'을 강조한다.

결국, 외로운 선택의 갈림길에 선 오늘날의 젊은 세대를 위해 지금 우리에게 필요한 징표는 낙인이 아닌 환대의 상징일지 모른다. 그들의 능력에 따른 가격표(임금)가 아닌, 취약할 수밖에 없는 존재에 대한 공감의 징표 말이다. 그것은 내 집 밖으로 내모는 '닫힌' 울타리가 아니라 집 안으로 환대하는 '열린' 울타리임이 분명하다.

◆

혐오라는 괴물에 등을 보이지 말자

요즘 기사를 보기 힘들어 아예 눈과 귀를 막는다는 분들이 주변에 많다. 안타까운 소식들을 연이어 접하는 것도 괴로운 일이지만, 더욱 힘든 일은 그러한 죽음을 향한 원색적인 비난과 2차 가해를 목격하는 것이다. 이러한 감정이 가장 강렬하게 유발한 사건을 꼽으라면, 2022년 발생한 10·29 이태원 참사가 아닐까 싶다. 피해자 및 유가족에 관한 기사를 접할 때마다 감정을 추스르기란 너무나 힘든 일이다. 우선 나부터도 그러하고 주변의 학생들 또한 다르지 않다. 특히 참사에 대해 책임져야 하는 관계자들의 뻔한 답변을 들을 때마다 괴로움은 더욱 커지는 듯하다. 그저 "하겠다"는 말만으로 온갖 법적·도덕적 책임에 대한 면죄부를 얻는 모습을 지켜보는 심정은 끔찍하다 못해 절망스럽기까지 하다. 그렇게 조금씩 시간이 지날수록 기사들로부터 나 자신을 멀리하게 되는 것 같았다.

물론 모두가 그렇지 않았다. 상황이 그럴수록 더욱더 눈과 귀를 열고 사안을 직시하려는 시민들도 있었다. 특히, 지난 2023년 10월 16일 이태원 참사 1주기를 맞아 참사에 대한 진상규명, 책임자 처벌 및 재발 방지 대책 마련을 요구하는 '시민 추모 촛불 제안'을 기획한 시민들이 대표적 예라 할 수 있다. 그럼에도 부정할 수 없는 것은 아직 적지 않은 시민들이 크고 작은 트라우마에서 벗어나지 못했고, 그만큼의 시민들이 세상으로부터 등을 돌린 채 일상에 머물러 있다는 사실이다. 여기서 나의 질문은 그 슬픔과 충격이 얼마나 진지하게 한국 사회에서 받아들여지고 있는지다. 혹시 혐오가 덧씌워진 대책들 앞에 더 큰 상처를 받고 싶지 않아 등을 돌린 채 일상으로 회귀한 사람들이 대다수는 아닐까 너무나 우려스럽다. 아직 치유되지 않은 상처를 덮어둔 채 말이다.

이쯤에서 다른 나라의 사례로 시선을 돌려보자. 2001년 미국 세계무역센터에 9·11테러가 발생했다. 그리고 정확히 열흘 뒤인 9월 21일에 프랑스 툴루즈시에서 거대한 굉음과 함께 화학 공장이 폭발했다. 이것으로 무려 가옥 1만 채가 완파되었고, 해당 공장에서만 그 즉시 20명의 사망자가 나왔다. 프랑스 시민들은 모두 미국 9·11테러의 충격이 채 가시지도 않은 상태에서 공포에 휩싸였다. 테러의 공포가 굉음과 함께 프랑스 전역으로 확산됐다.

프랑스 의료인류학자 디디에 파생과 리샤르 레스만은 바로 이 시기에 벌어진 재난 트라우마에 대해 『트라우마의 제국』이라는 제목의 책으로 깊이 있게 다루고 있다. 각각 내과

의사 및 정신과 의사인 두 인류학자는 당시 프랑스 사회가 '트라우마' 개념을 공유하는 광범위한 사회적 인식의 변화-이른바 '인류학적 변화'-가 발생했다고 보았다.[134] 즉, 국가적 재난과 함께 트라우마라는 의학적 용어가 시민들의 뇌리에 깊이 새겨진 것이다. 이것은 단순히 정신의학(전문가들)이 정신적 고통을 해석하고 치료하는 유일무이한 통로라 생각을 초월했다. 프랑스 사회에는 재난 앞에 여러 전문가가 참여하는 '피해학'의 필요성이 대두되었다. 그 결과 시민들은 개별적인 충격 정도에 상관없이 즉각적으로 자신의 트라우마를 인정받고 임상적 확진과 상관없이 인정과 보상을 받았다. 즉, 2차 가해와 혐오가 아닌 공감과 치유의 언어가 확산된 것이다.

그런데 오늘날 우리의 상황은 어떠한가. 몇 번의 참사가 발생했지만 프랑스와 같은 전환기를 맞고 있는가. '진짜' 책임자는 없고 꼬리 자르기를 위한 희생양만 찾고 있지는 않았는가. 그저 반복된 참사 앞에 똑같은 매뉴얼을 앵무새마냥 읊조리고 있는 것은 아닐까 우려스럽다. 그러는 사이 시민들의 크고 작은 트라우마는 전혀 주목받지 못하고 시간은 허무하게 지나가 버렸다. 제대로 된 애도와 공감, 이를 바탕으로 한 사회적 합의는 더더욱 기대할 수 없게 되었다.

문제는 그러는 사이 시민들은 각자도생의 삶을 살아내고, 또 견뎌내야만 했다는 사실이다. 마치 아무 일도 없었다는 듯이 많은 시민이 혐오의 얼굴과 말로부터 등을 돌리고 마음의 안전거리를 유지하려 하지는 않았을까. 적어도 내 주변에서는, 특히 젊은 학생들의 경우 더욱 그러해 보였다. 2022년 이태원 참사가 발생하고 겨우 보름밖에 지나지 않은 시점에 대학 캠퍼스 안에서 내가 느낀 것은 싸늘해진 날씨만큼 고요해진 학생들의 분위기였다.

이러한 현실에서 내가 우려한 것은 이러한 시민들의 반응이 크고 작은 개개인의 트라우마에 머무르지 않을지 모른다는 점이다. 즉, 10·29 이태원 참사가 4·16 세월호 참사와 함께 한국의 젊은 세대를 중심으로 일종의 '문화적 트라우마'로 확산되는 것은 아닐까 우려된다. 미국 사회학자 닐 스멜서는 문화적 트라우마를 그 사회의 존속을 위협하거나 "문화적 근본 전체를 침해하는 것으로 간주되는 기억"이라 설명한다.[135] 연이은 참사는 물론 피해자 및 유가족에 대한 각종 혐오의 발언들은 시민들로 하여금 이제 한국 사회에서 공감과 희망을 이야기하는 것이 불가능하게 만드는 것은 아닐는지. 그렇게 조금씩 사회적 신뢰를 상실하게 만들고 각자도생을 넘어 '각자도사'[136]의 길로 내모는 것은 아닐까 걱정스럽다.

이미 한국은 어느덧 공정 담론 속에 개인의 능력에 따른 차별과 혐오가 팽배해 있다. 이러한 능력주의는 성인이 되기 전부터 부모의 사회경제적 지위의 세습과 '학벌주의'라는 새로운 계급의 지표로 학습되고 있다.[137] 그렇게 사회공동체에 대한 믿음이 깨지고 불안한 미래로 인한 온갖 상처들이 계급 사다리 밑에서 채 아물기도 전에 참혹한 재난적 참사들이 연이어 발생하고 있다. 그렇게 생명에 대한 위협과 죽음에 대한 무책임, 그리고 조롱 섞인 대응을 보며 한국 사회에 대한 근본적인 불신이 트라우마처럼 남는 것은 아닐까 너무나 우려되는 시기이다.

최근 영국 신경과 전문의 수잰 오설리번은 『잠자는 숲속의 소녀들』이라는 책을 출간했다. 지구상에 펼쳐지는 불가사의한 신경 장애를 추적하며 기록한 그녀의 책에서 한국에서 발생한 문화적 트라우마가 이미 다른 나라 다른 시민들 사이에서 확산되고 있음을 목격할 수 있었다. 오설리번은 책 제목처럼 잠에서 깨어나지 못하는 소녀들의 이야기를 소개한다. 이 아이들은 2015~2016년 스웨덴 난민 가족의 자녀들이다. 그들 중 무려 169명이 1년 안팎 동안 원인을 알 수 없는 혼수상태에서 깨어나지 못했다. 이들의 질병은 의학 교과서에 실리지 않은 새로운 형태의 것이었다. 소위 '체념 증후군resignation syndrome'이라는 집단적 기능성 신경 장애 현상이었다.[138]

이것은 난민 지위를 인정받지 못하고 고국으로 돌아갈 위기, 즉 생명에 대한 위협에 직면한 아이들 사이에서 발생했다. 이 알 수 없는 잠에서 깨어난 한 소년의 증언에 따르면,

그것은 마치 "깊은 바닷속에서 깨지기 쉬운 유리 상자 안에 들어가 있는 느낌이었다"고 한다. 소년은 자신이 꿈속에서 조금이라도 움직이면 유리가 산산조각이 나서 "물이 쏟아져 들어와서 나를 집어삼킬 것 같았다"고 말했다.[139] 그의 비유는 상징이 아닌 참혹한 현실 그 자체였다. 난민으로 인정받지 못한 그의 가족이 스웨덴에서 방출되어 고국으로 되돌아가는 순간 죽음은 피할 수 없는 현실이었기 때문이다. 그 어떤 의학적 치료도 그들을 다시 깨우지 못했다. 오직 난민 신청이 끝내 승인되었다는 부모의 목소리만이 그들을 깊은 잠에서 서서히 깨어나게 만들어 주었다. 그 신비로운 모습은 2019년 작 다큐멘터리 「Life Overtakes Me」(넷플릭스 제작)에 생생하게 담겨 있다.

오설리번의 책과 해당 영상들을 보며 나는 그것이 전혀 낯설게 느껴지지 않았다. 오히려 이미 다른 양상의 체념 증후군이 한국에 존재한다고 느껴졌다. 너무나 많은 직장인이 부당한 과로 업무에 아침에 눈을 뜨기가 무서워 극단적인 선택을 하고 있지 않은가. 능력주의로 점철된 한국이라는 혐오의 바닷속에서 그들이 본능적으로 찾아낸 안전지대는 세상으로부터 완전히 로그아웃을 택하는 것은 아니었을까. 우리는 이것을 '과로 자살'로 부르며 오직 몇몇 개인의 나약함으로만 치부하고 있는 것은 아닐는지. 왜 사회는 이것을 문화적 트라우마가 초래한 새로운 사회적 질병으로 인식하지 못하는 것일까.

극단적 선택을 한 사람들은 눈을 뜨지 않는다고 혹은 잠시 의식을 잃는다고 세상이 변하지 않는다는 것을, 아니 오히려 더 큰 혐오로 되돌아올 것임을 확신하고 있었을지 모른다. 이제 한국 사회는 그러한 확신이 더 큰 문화적 트라우마로 확산되지 않도록 진지하게 고민해야 할 시기에 놓여 있다. 또 다른 체념 증후군이 시민들을 모두 병들게 하기 전에 혐오라는 괴물에 등을 돌린 채 '각자도생'의 길을 찾는 것을 멈춰야 한다. 이제 서로의 등을 모두가 기댈 수 있는 지지대로써 활용하며 혐오와 마주 서야 하지 않을까. 부디, 제발.

재난 이후 도덕이 완전히 초기화된 사회

2023년 7월 여름, 비가 무섭게 내렸다. 시골에 계신 아버지에게 비 피해가 없는지 전화를 걸었다. 다행히 당신은 괜찮다고 하시면서도 뉴스를 통해 들리는 주변의 끔찍한 집중호우 피해에 대해 탄식했다. 나 또한 2023년 7월 15일 청주시 오송읍 지하차도에서 침수사고로 14명의 시민이 사망한 사건은 듣고도 믿기지 않았다. 인재임이 명확해 보였건만, 빗속에 쏟아지는 뉴스 속에는 '내' 탓은 온데간데없고 볼썽사나운 '남' 탓 논쟁과 혼란스러운 '그것' 탓 시비가 연이어 보도됐다. 그렇게 진실을 코앞에 두고 사실과 거짓 뉴스가 뒤섞인 채 지독한 뙤약볕 여름이 아무 일 없었다는 듯 지나가 버렸다. 이 또한 기시감이 드는 것은 왜일까.

이 기시감의 뿌리는 아마도 최근 십여 년 동안 시민들이 목격했던 사건들 때문일지 모른다. 모든 재난을 완벽히 막을 수 없겠지만, 그럼에도 분명 막을 수 있었던, 그리고 사건 이후 반드시 대처해 낼 수 있었던 재난들이 너무나 많았다. 그렇게 '사회적 참사'로 불리게 된 인재가 마치 도미노처럼 밀려온 10년의 세월이었다. 이것은 그 자체로도 시민에게 큰 심리적 트라우마였지만, 그것은 다른 의미의 트라우마 연쇄를 초래했다. 참혹한 사건의 피해에 따른 최초의 트라우마, 이후 정부의 대처 방식에 의한 연이은 트라우마, 그리고 언론 및 정치권의 설명 방식에 의한 트라우마가 그것이다. 더 나아가 시간이 흘러 어느 순간 싹터버린 시민들의 무관심에 의한 피해자와 유가족들의 트라우마도 있을 것이다.

이 모든 '트라우마 도미노'의 결말은 무엇일까. 단순히 학습된 기억처럼 기시감을 느끼고, 또다시 밀려올 트라우마 도미노에 스스로 대비해야 할지 모른다. 실상 그 대비란 것도 희망보단 절망, 비판보다는 비난, 기대보다는 실망에 무게가 실리고 있는 것은 아닐까 의구심이 든다. 결국, 트라우마 도미노에 대한 대비 역시 사회적 규모의 또 다른 트라우마의 결과가 아닐지 모른다. 그것은 바로 앞서 이야기했던 '문화적 트라우마'이다.

문화에까지 영향을 준 트라우마란 무엇일까. 이것은 문화의 기틀이 되는 도덕적 전제들에 대한 시민들의 깊은 신뢰가 손상된 상태를 뜻한다. 문화를 일반적으로 '학습된 생활양식'이라 설명하며, '공유된 신념'으로 이해한다. 그러한 생활양식과 신념의 뿌리는 바로 도덕이며, 그것은 삶의 원칙이다. 우리는 서로가 그 원칙을 지킬 것이라는 상호 믿음하에 생활한다. 그런데, 문화적 트라우마란 바로 이 믿음에 금이

간 것이다.

도덕을 순진하게(?) 기대하기 어려운 현실, 타인을 온전히 신뢰할 수 없는 시대. 연쇄적 트라우마에 의해 이렇게 타인의 공감을 요청하기도 어려운 세상이 되어버렸다. 이런 세상에서 나와 내 가족만의 안위라도, 혹은 그것만을 추구하려는 시민들의 모습에 과연 누가 쉬 돌을 던질 수 있을까. 그렇다면, 이번 홍수가 휩쓸고 간 뒤 남겨진 것은 무엇일까. 소중한 생명이 사그라진 것에 대한 원통함일까? 혹은 이를 막지 못했던 것에 대한 분통함? 혹은 명명백백 밝혀지지 않는 진실에 대한 모멸감과 이 모든 것에 대한 절망감은 아닐까 싶다. 그렇게 문화적 트라우마가 한국 사회에 조금씩 쌓여가는 것인지 모른다.

이런 현실을 보고 있으면 천재적 생리학자로 알려진 이반 파블로프가 대홍수 이후 발견하게 된 강아지 실험이 떠오른다. 일반적으로 파블로프의 '고전적 조건형성'으로 알려진 강아지 벨 실험은 이미 잘 알려져 있다. 그것은 강아지에게 먹이를 주기 전마다 벨을 울려 조건형성을 한 후 이후에는 벨 소리만으로 침을 흘리는 등의 생리적 반응을 유발할 수 있었다. 그런데, 사람들이 잘 모르는 또 다른 실험이 있다. 이것은 아주 우연히 발생한 사건을 통해 이루어졌다. 바로 1924년 파블로프 실험실을 덮친 대홍수가 발단이었다.

어느 날 갑작스러운 홍수로 파블로프의 실험용 강아지들

이 익사할 뻔했다. 그런데 이후 강아지들의 몸에 형성되어 있던 조건반사가 모두 소실되어 버렸다. 나아가 성격조차 정반대로 변해 있었다. 얌전하던 강아지가 난폭해지거나, 반대로 난폭했던 강아지가 온순해지기도 했다. 파블로프는 이 사건을 계기로 '심적 트라우마 체험'으로 이전의 조건형성이 소실되고 나아가 정반대의 상태로 전환될 수 있음을 알게 됐다.[140]

일본의 정신과 의사 오카다 다카시는 이 같은 파블로프의 발견을 바탕으로 『심리조작의 비밀』이라는 책을 발간했다. 그는 누군가가 특정한 목적을 위해 대홍수에 버금가는 '극한 상태'를 인위적으로 유발하여 기존에 사회문화적으로 학습된 조건반사를 모두 초기화하고 새로운 심리조작을 단행하는 사건들을 파헤친다. 그것은 우리가 익히 알고 있는 '세뇌'이다.

"세뇌를 목적으로 발전한 다양한 기법들은 사람을 극한 상황으로 몰아세운다는 공통점이 있다. 짧은 수면 시간, 영양 결핍, 고독하고 단절된 환경, 불규칙하고 예측할 수 없는 생활, 자존심 박탈, 가혹하고 단조로운 일상 업무, 비난과 자기부정, 매도와 폭력에 의한 굴욕적 체험, 고통스런 생활, 쾌감이나 오락을 일체 허용하지 않는 일, 불합리하고 조리에 맞지 않는 취급 등등. 이래도 참을 수 있겠냐는 듯이 고통과 굴욕과 불안을 안겨준다."[141]

다카시가 제시한 대홍수와도 같은 상황들을 들여다보자. 연이은 트라우마가 초래한 우리네의 일상에서 찾을 수 있는 것들은 없는가. 의도했든 혹은 그렇지 않았든 간에 지금 우리의 일상은 타인과의 연대와 공감에 대한 희망보다는 스스로 만든 긴 터널 안에서 세뇌의 단계를 밟고 있는 것은 아닐까 우려스럽다. 다카시는 세뇌의 가장 무서운 점을 "기존의 가치관을 없애버리는 것"이라고 강조한다.[142] 마치 앞서 이야기한 문화적 트라우마처럼 말이다.

나는 파블로프가 목격했던 경험이 지금 한국 사회 곳곳에서 10년간 연쇄적으로 발생한 것은 아닌가 싶었다. 특히, 이번 집중호우로 인한 참사를 목격하면서 더욱 그러했다. 참담한 심정이지만, 사회 곳곳에 홍수에 휩쓸린 파블로프의 강아지처럼 극한의 심적 트라우마에 내몰렸던 사람들을 목격하기란 어렵지 않다. 그리고 시민들 역시 트라우마 도미노를 경험하고 목격해 왔다. 만일 파블로프의 논리대로라면, 이것은 오랜 기간 학습해 온 시민들의 도덕(에 대한 조건반사)이 일순간 허물어지고, 정반대의 비도덕적 사람들이 쏟아지지는 않을까 걱정이 앞선다.

내가 문화적 트라우마를 우려하는 이유는 도덕의 붕괴와 불신이 아니라 그것을 넘어선 탈도덕의 사회가 도래할까 봐 우려되기 때문이다. 홍수에 휩쓸려 간 파블로프의 강아지처럼, **도덕이 완전히 초기화된 사회** 말이다. 그렇게 약육강식의 사회가 도래하고 강자들의 포효가 이미 사회의 새로운 도덕을 선포한 것은 아닌지 모를 일이다. 홍수가 휩쓸고 간 자리에서 우리가 고민해야 할 것은 바로 초기화된 도덕 위에 어떠한 사회적 신념을 쌓아 올릴지가 아닐는지. 절대로 비난과 혐오, 냉소와 외면이 그 빈자리에 스며들지 않게 해야 한다. 홍수에 대한 대책은 바로 그 주춧돌이 무엇이 되어야 하는지에서 시작해야 하지 않을까 싶다.

◆

감정의 문화정치,
역겨운 것은 바퀴벌레가 아니다

엉뚱한 질문 같지만 던져본다. 바퀴벌레에 대한 역겨움은 본
능적인 것인가 혹은 학습된 것인가. 갑론을박하며 결론이 나
지 않을지 모른다. 그런데 알아챘는가? 이 질문은 그 자체에
문제가 있다는 것을 말이다. 해당 질문에는 이미 '바퀴벌레
는 역겹다'라는 것이 전제되어 있다. 마치 바퀴벌레가 역겨
울 수밖에 없는 속성을 지니고 있다는 듯이 말이다. 그건 아
마도 그 역겨움이 생각할 겨를도 없이 즉각적으로 발생했기
때문일 것이다. 하지만 우리는 이것을 학습된 감정이 아닌
본능적 반응으로 이해하고 있다. 감정을 활용한 문화정치의
핵심은 바로 여기에 있다. 학습된 과거의 기억을 망각하고
오직 그 감정만을 지니게 된다.

이와 관련된 내용은 2023년 말 번역되어 소개된 영국 페
미니스트 연구자 사라 아메드의 『감정의 문화정치』에 잘 소
개되어 있다. 그는 책에서 특정한 대상이 등장하기 이전부터
이미 불쾌한 것으로 여겨지는 방식에 대해 탐구한다. 책에는

하나의 사례로서 '바퀴벌레'가 등장한다. 그것은 잘 알려진 흑인 페미니스트 오드리 로드의 『시스터 아웃사이더』에 나오는 일화이다.[143]

어렸을 적 로드는 엄마와 함께 지하철을 탔다. 그때 옆자리에 앉은 백인 여성이 로드의 옷에 자신의 옷이 닿을까 신경질적으로 옷을 잡아챘다. 어린 로드는 그와 여성 사이에 '바퀴벌레'와 같이 끔찍한 게 있다고 순간 생각했다. 하지만 여성의 '크게 뜬 눈', '벌름거리는 코'를 보며 이내 알아챘다. 백인 여성에게 그녀 자체가 바로 바퀴벌레였다는 것을 말이다.

2024년 2월 선거철이 다가오면서 부정적 뉘앙스가 담긴 문구들이 자주 목격됐다. "○○보다는 국민을 먼저 챙겨야 한다", "○○○의 민낯이 드러난다"는 식의 표어들이 다시금 온오프라인에서 굵은 글자로 등장했다. 이러한 표어들에는 단지 사실과 가짜뉴스만이 뒤섞여 있는 것이 아니다. 여기에는 혐오와 냉소 등 특정한 감정이 동반된다. 즉, 아메드의 지적처럼 모든 대상과 기호에는 특정한 방향성을 지닌 감정이 접착제처럼 '끈적하게sticky' 붙어있다.[144] 따라서 사람들이 그것을 듣고 보았을 때 몸은 그 감정 접착제의 방향으로 이끌린다. 바로 이 이끌림이 모든 정치적 표어들이 요구하는 최종 목표라 할 수 있다.

그런데, 여기서 매우 중요한 사실이 있다. 그것은 그러한 감정의 강도가 즉각적이고 강할수록, 마치 바퀴벌레와 마주

쳤을 때처럼 '감정의 역사성'이 소실될 수 있다는 점이다.[145] 우리가 바퀴벌레를 목격하고 참을 수 없는 혐오와 역겨움이 밀려올 때 바퀴벌레가 왜 그런 감정을 유발하는지 되묻는 사람은 없다. 그저 빨리 그 자리를 벗어나거나 바퀴벌레를 제거하려는 마음뿐일 것이다.

그렇지만 모든 감정에는 반드시 시작이 존재하기 마련이다. 선거철 범람하는 각종 문구도 마찬가지다. 수없이 많은 표어 속에는 반드시 ○○에 들어갈 대상에 대한 부정적 감정이 싹텄던 구체적인 역사적 흐름이 존재한다. 그리고, 그것에 의해 감정의 특정한 방향성이 정해져 왔다. 모든 투표의 향방은 바로 이 오래된 감정의 방향성에 크게 의존한다. 이것이 바로 아메드가 말한 감정의 문화정치다.

"나는 감정이 생산되는 과정에 주목하려고 한다. 지워지는 것은 이미 존재한다고 여겨지는 감정이 아니라 **감정이 생산되고 '만들어지는' 과정**이다. 다시 말해서 느낌의 생산과 순환의 역사가 지워질 때에야 비로소 '느낌'은 '물신'이 되고 대상 안에 존재하는 속성이 된다."[146]

"수상하다는 정동이 사실상 그 대상에 내재하는 속성이 되는 이유는 시간이 흐르면서 의식적인 차원의 인식을 우회하기도 하는 일련의 과정 때문이다. **정동적인 속성이 대상에 내재하고 나면 대상은 역**

사가 없는 것처럼 여겨진다. 우리는 특정한 대상에 정동이 내재하는 역사를 부여해야 한다.”[147] (굵은 글자는 필자 강조)

앞의 인용문에서 아메드가 강조하는 것은 감정의 ‘역사성’의 소멸이다. 특정한 방향성을 지닌 감정은 반드시 그러한 ‘끈적이는’ 느낌이 기호나 물질에 달라붙게 된 구체적 역사가 존재하기 마련이다. 하지만 그 감정의 힘이 셀수록 그러한 느낌은 기호나 물질에 내재하는 속성으로 받아들여지고 역사는 잊혀 버린다. 바퀴벌레에 달라붙은 역겨움처럼 말이다. 여기서 아메드는 감정emotion의 역사성을 강조하기 위해 ‘정동affect’이라는 용어를 의도적으로 사용한다. 즉, 감정이 특정한 개인이나 사물 혹은 기호에 내재하는 속성으로 이해하기를 거부한다. 우리가 역겨움 등 특정한 감정을 내재적 속성으로 받아들인 것은 그것의 역사성, 나아가 사회적 관계성이 드러나지 않았기 때문이다.[148] 애초에 감정이란 것은 관계 속에서 끊임없이 형성되는 역동적인 것, 즉 ‘정동情動’인 셈이다.

이제 바퀴벌레가 아닌 한국의 현실 이야기로 돌아가 보자. 2024년 1월 30일 ‘10·29 이태원 참사 특별법’에 대해 결국 대통령이 거부권을 행사했다. 이러한 거부권 행사는 그 자체로도 문제이지만, 더 큰 문제는 바로 유가족과 협의를 거치지 않은 채 일방적으로 정부의 지원대책안까지 함께 발표했다는 점이다.

유가족협의회는 2월 3일 "특별법 거부권, 거부한다"를 외치며 집회와 행진을 이어갔다. 그 현장에서 어느 유가족은 "가장 모욕적인 방법으로 (특별법을) 거부한 것도 모자라……댓글부대의 먹잇감으로 내던졌다"라며 항변했다.[149] 정부는 그간 "최선을 다해" 수사하고, 방지대책을 마련하며, 유가족과 피해자를 지원해왔다고 말했다. 나아가 이제는 '피해자 지원금, 의료·간병비 확대'를 앞장서 발표했다. 그런데, 이 모든 말에는 앞서 설명했던 것처럼 특정한 방향으로 시민들의 감정을 이끄는 접착제가 끈적하게 묻어있다. 그리고 그 접착제에 이끌린 익명의 시민들이 차마 입에 담을 수 없는 패륜적 발언들로 유가족과 희생자를 참담하게 만든 것이다.

아메드는 감정은 경제적 속성을 지니고 있다고 말하며, 이를 '정동 경제'라 칭한다.[150] 즉, 특정한 감정이 대상이나 기호에 실제로 내재하는 것이 아니라, 즉 바퀴벌레가 태초에 역겨운 존재가 아니라, 여러 대상과 기호 사이에서 순환하면서 마치 하나의 상품처럼 그 가치가 생산된다고 말한다. 이러한 아메드의 설명은 그대로 이태원 참사 유가족을 향한 악성 댓글에 그대로 적용된다. 유가족에게 "최선을 다해왔다", "지원금을 확대하겠다"라는 정부의 일방적인 선언은 익명의 댓글 속에서 순환되면서 어느새 유가족에 대한 부정적 감정들-불순세력, 불온집단 등-이 커지게 만들었다. 그렇게 일순

지불되지 않는 사회

간에 유가족은 댓글부대의 먹잇감이 되어 무방비 상태로 2차 가해를 받아야만 했다.

이처럼 감정 접착제를 통한 문화정치의 가장 무서운 점은 유가족과 같은 피해자들이 왜 그처럼 항변하며 집회를 여는지 그 '역사성'을 삭제해 버린다는 것이다. 그렇게 그들은 원래부터 '불순한 집단'이라는 혐오의 꼬리표가 붙어버렸다. 아메드의 표현처럼, 이들은 어느 순간 익명의 시민들 사이에서 실제로 바퀴벌레와도 같은 존재가 되어버린 것이다. 이것이 감정을 통한 문화정치의 또 다른 무서움이다.즉, 피해자를 어느 순간 사회에 해로움을 주는 가해자로 바뀌어 버린다는 점 말이다. 이것의 정치적 효과는 바로 피해자가 양지로 나오지 못하고 음지에서 침묵하며 머무르게 만든다는 것이다.

그렇지만 역겨운 것은 바퀴벌레가 아니다. 우리가 역겨워해야 할 것은 바퀴벌레를 역겨운 존재로 만들어 놓은 그 오래된 역사 그 자체이지 않을까 싶다. 부정할 수 없는 것은 이와 같은 혐오의 정치가 일상까지 파고든 것은 어제오늘만의 일이 아니다. 부당한 산업재해 사망, 직장 내 괴롭힘에 버티지 못한 채 발생한 과로 자살 등에서, 크고 작은 모든 재난과 참사에 이르기까지 혐오는 누군가의 저항을 가로막고 통제하기 위한 가장 오래된 정치적 수단이 되어왔다. 이러한 현실에서 우리는 아메드의 지적처럼 특정한 감정을 대상의 본질적인 속성으로 간주하지 않을 때 비로소 문제의 답을 찾을 수 있다. 즉, 모든 감정 혹은 정동에서 삭제된 역사를 되살려내야만 한다.

또 하나 잊지 말아야 할 것이 있다. 우리가 망각한 오랜 역사 속에는 부정적 감정뿐만 아니라 경이로운 긍정적 감정들도 채워져 있다. 앞으로도 선거철이면 여전히 감정 접착제가 붙은 수많은 구호가 난무할 것이다. 이때 필요한 것은 환멸과 외면보다는 그 속에 담긴 부정적 감정의 오래된 계보를 찾으려는 노력일 테다. 그리고, 우리에게 긍정적 감정들을 만들어 낼 우연한 마주침을 두려워하지 말아야 한다. 나아가 그 결과 도래할 경이로운 새로운 역사를 고대하며 행동을 멈추지 않아야 할 것이다. 미리 정해진 감정이란 절대로 존재하지 않는다는 것을 명심하자.

◆

탈진실의 시대,
진실의 '약'을 선택해야 한다면

엉뚱하지만, 조금 다른 질문을 던져본다. 여러분은 우리가 먹는 약의 효과에 있어 '진실'이 무엇이라고 생각하는가. 당연히 그 약이 효과가 진짜인지 과대광고인지에 대한 의문일 것이다. 즉, 약물이 가지고 있는 화학적 성분이 몸 안에서 어떤 반응을 유발하는지가 가장 중요한 진실의 영역일 것이다. 따라서 그러한 효과를 발견하고 인체에서 확인하는 것이 신약 개발의 핵심을 차지한다.

하지만 인류학의 영역에서 바라본 약의 '총 효과'는 그렇게 간단치 않다. 영국의 의료인류학자 세실 헬만Cecil Helman은 약이 신체에서 발휘하는 약물 자체의 효과, 즉 미시적 차원의 결과를 넘어선다고 강조한다. 그는 약물의 효과란 그 약물에 대한 도덕적·문화적 가치들과 사회경제적 분위기, 그리고 그 약을 사용하는 사회 집단과 생산 및 판매하는 경제 주체들까지 포함한 거시적 차원의 총체적 결과라 설명한다.[151] 이것의 가장 대표적 예가 바로 '위약僞藥' 혹은 '플라시보placebo' 효과라 부르는 것이다.

위약효과란 일반적으로 '실재하는 약 없이 나타나는 약의 총 효과'를 뜻한다. 이것은 주로 신약의 효과를 공정하게 실험할 때 비교를 위해 많이 활용되고는 한다. 만일 위약이 실제 효과를 발휘할 경우, 그것은 '효과가 있을 것이라는 믿음'에 의해 생리학적·심리학적 변화가 발생했기 때문이다. 그런데, 이와 정반대로 '노시보nocebo' 현상도 존재한다. 이는 약의 실재적 효과에도 불구하고 비관적 신념 때문에 그 효과가 상쇄되는 것을 말한다. 이러한 현상들을 가리켜 인류학자 로버트 한Robert A. Hahn은 "믿음은 우리를 아프게도 할 수 있고 건강하게도 만들 수 있다"라고 강조한다.[152]

화학적으로 어떠한 효과도 없는 약을 효과가 있다고 믿는 순간 효과가 발휘될 수 있다. 반대로 실제 효과가 있는 약임에도 믿지 않으면 가짜 약처럼 그 효과가 소실될 수도 있다. 그런데, 이처럼 약의 효과와 관련된 플라시보 및 노시보 현상은 오로지 약에만 국한된 현상일까 묻고 싶다. 만일 이 '약'의 자리에 우리가 '진실'을 넣는다면 어떠할까. 이런 질문을 던진 이유는 오늘날 '진실'의 효과에 대해 깊은 회의감이 들기 때문이다. 실제로 여러 분야에서 어떠한 '진실'이 진짜인지 가짜인지를 판단하는 게 현대인의 가장 중요한 화두로 떠오르고 있지 않은가.

실제로 2019년 옥스퍼드 사전은 그해 세계의 단어로 '탈진실post-truth'을 선정했다.[153] 이미 옥스퍼드 사전은 2016년 올해의 단어로서 탈진실을 선정한 바 있지만, 2019년에는 '탈진실' 단어의 사용 빈도가 2018년에 비해 무려 2,000퍼센트나 급증했다. 특히 영국의 유럽연합 탈퇴 국민투표(브렉시트)가 있었던 2019년 6월과 미국 공화당 대선 후보자로 도널드 트럼프가 선정되었을 때 사용이 급격히 증가했다고 전해진다. 옥스퍼드 사전위원회는 "객관적 사실이 공중의 의견을 형성하는 데 개인적 신념과 감정에 호소하는 것보다 영향력을 덜 끼치는 환경을 의미하는 것"으로 탈진실을 정의하고 있다.[154] 정말로 과거에는 객관적 사실을 토대로 무엇이 '진실'이냐는 공방이 중요했다면, 이제는 특정 사안에 대한 믿음을 형성하는 데 있어 진실은 그 효력을 점차 잃어버리고 있다.

앞서 이야기했듯, 탈진실 시대에 대한 가장 대표적 예가 바로 미국의 도널드 트럼프 전 대통령의 연설이다. 인류학자 질리언 테트Gillian Tett는 2016년 트럼프가 미국 대통령에 당선된 이유에 대해 그가 진실을 말해서가 아니라 거짓이라도 지지자가 "듣고 싶은 이야기"를 해주었기 때문이라 평가한다.[155]

"엘리트들은 트럼프의 말을 문자 그대로 받아들이지만 진지하게 받아들이지는 않는 반면에 트럼프에게 표를 준 사람들은 정반대로 그의는 것이다."[156]

테트의 설명에는 탈진실 시대 무엇이 트럼프의 발언에 실재적 효과를 부여하는지를 잘 보여준다. 그의 말이 진실 인지 거짓인지는 중요하지 않았다. 그는 청중이 듣고 싶어 하는 것을 전달한 것이다. 그렇게 요구된 퍼포먼스를 충실 히 수행함으로써 신뢰를 얻어 대통령에 당선된 것이었다. 이 러한 탈진실의 시대 속에 살아가는 현대인은 어떻게 진실의 '총 효과'를 가늠해야 하는가.

다시 약의 효과로 되돌아가 보자. 마고 조이스[Margot Joyce] 는 60년대 영국에서 흥미로운 연구 결과를 발표했다. 그는 당시 영국의 주치의가 처방한 약 '5개 중 하나'는 상징적인 위약 기능이 있고, 최소한 매년 50만 명이 그와 같은 상징에 의존하는 환자라고 지적했다. 특히 그는 어떤 약이든 '2년 이 상' 복용하게 되면, 환자에게 그 약은 커다란 상징적 의미를 지니게 된다고 보았다. 실제 당시 널리 유통되던 유명 브랜 드의 진통제는 환자들 사이에서 동일한 성분의 다른 브랜드 약보다 더 큰 효과를 나타냈다. 심지어 약의 크기, 맛, 감촉, 모양도 약 효과에 영향을 주었다고 한다.[157]

이것은 진실과 관련해서도 유사한 현상을 초래하지 않을 까 싶다. 진실을 누가, 어떻게 전달하느냐에 따라 그것에 대

지불되지 않는 사회

헌 믿음의 방향이 결정될 수도 있기 때문이다. 2016년 트럼프 지지자들은 트럼프가 허위 사실을 발언했다 하더라도 반대편 후보자의 진실보다 더욱 진실되게 받아들였을 가능성이 컸을 것이다. 그런데 만일 이처럼 잘못된 메신저를 통해 2년 이상 왜곡된 진실을 소비하고 있었다면, 그 이후에도 메시지의 내용을 여전히 진실이라 믿고 있지는 않을까? 2년이라는 시간의 흐름이 거짓 위에 진실성을 포장해 준 것은 아닐까.

헬만은 약의 효과가 개인의 심리적 의존 및 육체적 중독과 함께 사회문화적 요인이 중요하다고 강조한다. 즉, 개인은 사회적 가치와 기대치에 기반하여 약의 효과를 활용한다는 것이다.[158] 지금 사회는 '진실'과 관련하여 가짜를 진짜로 믿는 플라시보 효과, 진짜를 가짜라고 믿는 노시보 효과 중 어떤 것을 더 요구하고 있을까. 혹은 이 두 가지 현상이 동시에 발생하고 있는 것은 아닐까. 무엇을 말해도 믿고, 무엇을 말해도 믿지 않는 극단적인 선입견 말이다. 그들에게 중요한 것은 진실이냐 거짓이냐가 아니라 '무엇에 대한' 논쟁이냐일지 모른다.

내가 이처럼 진실의 효과에 대해 의문을 던지는 이유는 2024년 4월 국회의원 선거를 앞두고 들려온 메시지 때문이다. 당시 이태원 참사 유가족들은 시민들에게 "진실에 투표하세요"라고 호소했다. 그 호소의 메시지는 나의 마음속에 오래 머물렀다. 그리고. 만일 이태원 참사에 관한 이야기가 진실의 무대 위에 올라갔을 때 과연 어떤 효과에 의해 시민들의 마음이 움직일까 되물었다. 유가족들의 '진실'된 마음과 호소를 '거짓'으로 받아들이고 곡해하는 이들이 없기를 간곡히 바라면서 말이다.

분명한 것은 그 결과가 시민 당사자가 그동안-조이스의 의견을 따르자면, 약 2년여 동안- 어떤 효과에 더욱 의존하며 살아왔는지가 중요할지 모른다. 즉, 진실의 향방은 과거의 자신이 선택한 삶이 기준이 되는 것이다. 만일 한국 사회가 '병'들어 있고, 그래서 수많은 사람이 상처 속에 고통받고 있다면, 이것을 치유하기 위한 진실의 '약'을 선택할 순간이 다가왔을 때 우리는 어떤 약을 진실로 받아들일 것인가. 바라건대 여러분의 손에 달린 이 문제를 그 어느 때가 되든 회피하지 않기를 희망한다.

5)

상처가
치유되기 위한
조건들

삶이, 삶을 위한 노동이, 나아가 살아내는 모든 것이 상처라 한다면, 우린 어떠한 희망을 가져야 할까. 그러한 삶에서 우리가 기댈 수 있는 진실이란 무엇이며, 어디서 찾을 수 있을까. 확실한 건 디지털 생태계 속에서 쏟아져 나오는 정보에서는 그 해답을 찾기 어렵다는 사실이다. 오히려 반대로 흥미만을 쫓으려 하는 수많은 정보로 인해 상처는 더욱 곪아만 가는 듯하다.

설상가상으로 지식의 총화라고 불리는 과학마저 쉽사리 진실 앞에 눈을 감아버리는 세상이 되어버렸다. 적어도 우리네 삶의 주변에서 그 증거를 찾기란 슬프게도 너무나 쉽다. 그렇게 감은 눈을 법의 이름으로, 정의의 이름으로 포장하고 온갖 의로움을 휘두른다면 과연 우리의 상처는 어떻게 치유할 수 있을까.

이러한 현실에 자주 목격되는 현상이 있다. 바로 상처 입은 피해자가 가해자로 내몰리고 가해자는 의로운 인간으로 대접받는 일들 말이다. 이러한 사회에서 희망이란 단어를 감히 쓸 수 있을까. 과학도, 법도 피해자의 편에 서지 않는다면, 어디에서 진실을 요청할 수 있을지 의문이다.

바로 이때 우리에게 필요한 질문은 이것이 아닐까. 과연 사람의 조건은 무엇인가 말이다. 사람을 사람으로 배려하고, 돌보지 않는 세상에서 사람은 과연 어떻게 자신을 사람으로 부를 수 있을까 되묻고 싶다. 사람은 평생토록 삶에서 상처를 피할 수 없다. 그렇다면, 반드시 치유가 뒤따라야만 할 것이다. 그 치유란 소중한 대상에 대한 실질적이고 상징적인 행위, 곧, 의례라 할 수 있다. 그런데 지금 우리는 치유적 의례를 쉽사리 기대할 수 있는 사회에 속해 있는가.

아픔이 만연한 사회, 그것에 비례하여 풍요와 행복에 중독된 사회. 나아가 그 속에서 쉼 없이 경쟁하고 능력을 인정받으려는, '아직' 생존한 자들의 사회. 이러한 사회 속 치유적 돌봄을 상상한다면, 과연 우리에게 필요한 것은 무엇인가. 5장에서는 그 모든 상처를 치유하기 위한 조건들에 대해 다루어 볼 것이다.

지불되지 않는 사회

◆

인포데믹 시대,
진실 앞에서 변종 까마귀야 날지 마라

2023년 8월 24일 후쿠시마 원자력발전소 오염수 방류가 시작됐다. 방류가 결정되고 실행되기 전부터 여러 곳에서 위험성이 지적되었고, 이에 대해 또다시 '괴담' '음모론'이라는 비판이 등장했다.[159] 정권에 대한 '발목잡기' 아니냐는 비난도 뒤따르고 있다.[160] 진실을 향한 열의와 사실을 밝히기 위한 노력이 아무리 크다 한들 가짜뉴스와 혐오 발언 앞에서 버티기란 쉽지 않다. 과거 공정한 공론장 위에서 진위를 다툴 때는 거짓 선동과 혐오 발언은 쉽게 설 자리를 잃었다. 그런데 그 공론장이 스마트폰 안의 디지털정보로 대체된 오늘의 상황은 많이 바뀐 듯하다. 나는 부모님의 핸드폰에서 울리는 단체대화방 알림 소리가 어떤 동영상을 공유한 것인지 이제는 듣지 않고도 알 수 있다. 그 소리가 잦아들면서부터 나 또한 부모님에게 음모론자가 되어 있었다.

대량의 가짜뉴스가 디지털 생태계에 확산되면 이내 본질은 흐려지고 진실은 곧 묻히고 만다. 여기서 진실이란 무엇일까. 그것은 흩어지고 가려진 사실들을 찾고자 하는 열망이지 않을까. 1980년대 인류학 분야에서는 '부분적 진실partial truth'이라는 성찰적 논의가 진행되었다.[161] 서구 백인의 인류학자가 제한된 기간에 한정된 인원의 비서구인을 관찰한 것이 온전한 진실이라 말할 수 없다는 반성이었다. 미처 들여다보지 못한 사실들이 너무 많고, 설령 사실을 목격했다 해도 해석의 과정을 거치면서 왜곡될 여지가 남아있기 때문이었다. 나아가 아래와 같은 인류학자 제임스 클리포드의 지적처럼 민족지ethnography(인류학 현장연구 결과를 기록한 결과물)를 '쓰는 일'은 정면으로 맞서야 할 외부적 힘들이 존재한다.

"민족지를 쓰는 일과 읽는 일은 저자 개인이나 해석하는 집단의 컨트롤을 넘어선 최종적인 권력에 의해 너무 지나치게 결정되어 버리고 있다. **이제 쓰는 작업을 할 때, 언어·레토릭·권력·역사와 같은 부수 사항들에 정면으로 맞서야 한다.** 이미 회피할 도리가 없다."[162](굵은 글자는 필자 강조)

클리포드의 지적은 오염수 방류를 둘러싼 모든 논쟁의 핵심을 잘 보여주고 있다. 진실을 알리고자 하는 모든 행위는 최종적인 권력을 피할 수 없다. 그렇지만, 이것은 진실이 존재한다는 걸 부정한 것이 아니다. 오히려 진실에 가까워지고자 하는 성찰적 열망이지 "쓰는 일에 대한 거려이지 겨쿠 방해는 아니다."[163] 하지만 오늘날 음모론 논쟁의 핵심은 진실의 부분성이 아니라 '진실성' 그 자체에 있다. 즉, 가짜뉴스와 혐오 발언은 진실이 존재한다는 믿음 자체를 공격한다. 진위는 그다음 문제다. 그것은 결국 끝까지 사실을 밝히고자 하는 열의 그 자체를 무너뜨리는 것과 같다. 그 결과 정치 전반에 대한 혐오와 허무주의가 팽배하게 되면 기득권의 승리가 보장될 테니 말이다.

철학자 한병철은 이렇게 진실에 대한 열망이 사라질 때 곧 민주주의의 위기가 발생한다고 경고한다.[164] 쉬운 예를 들어보자. 오늘날 까마귀는 아주 쉽게 배를 떨어뜨린 범인이 될 수 있다. 설령 사실이 아니어도 상관없다. 그것이 선후 인과관계가 없다 해도 그저 상관관계만 있으면 충분히 진짜 원인으로 만들 수 있다. 그저 배가 떨어질 때 까마귀가 날아갔다고 힘껏 '디지털 사이렌'을 울려 퍼지게 하면 된다.

과거 진실에 대한 열의가 공동체 안에서 지켜질 때만 해도 그 둘의 인과관계가 없다는 걸 밝히는 것이 조금은 수월했을 것이다. 그렇지만, 지금 사회는 소위 '인포데믹Information + epidemic'의 시대다.[165] 한 마리의 변종 까마귀가 바이러스처럼 네트워크를 통해 순식간에 확산될 수 있다. 심지어 온라인상에서 악성 댓글 바이러스들을 조합해 혼종 디지털 까마귀를 만들어 유포하는 '사이버렉카cyber-wrecker'까지 활보하고 있지 않은가. 이렇듯 오늘날 진실의 부분성에 대한 성찰적 글쓰기는 쉽게 설 자리를 잃고 있다.

상황이 이렇게 되면, '아니 땐 굴뚝에 연기 날까'라는 의혹은 합리적 의심으로 굳어지게 되고 진실성에 대한 열의는 폐기처분 된다. 한편, 진실성 자체를 훼손하는 변종 까마귀는 사실들로 뒤엉킨 '매듭을 잘라내는 오류'이기도 하다. 일명 '누칼협(누가 칼 들고 협박함?)' 까마귀다. 엉킨 매듭을 풀자는 진위 주장은 그 매듭 자체를 잘라서 버리는 것으로 외면하는 것이다. 소위 '절싫중떠(절이 싫으면 중이 떠나야지)'와도 같은 말이다.

다시금 철학자 한병철의 이야기로 돌아가 보자. 그는 개인의 모든 행동이 빅데이터 분석에 활용되는 극단적 정보 과잉의 시대가 민주주의에 근본적 위기를 초래할 수 있다고 지적한다. 빅데이터의 '신적인' 시야-디지털 파놉티콘panopticon(전방위 감시망)-앞에서 진실을 찾기 위한 열정은 점차 빛을 잃어가고 있다. 민주적 논의보다 빅데이터가 보여주는 인간의 행동주의적 정보가 신속하고 정확하다고 여겨진다.[166] 한병철은 이를 "데이터 주도의 인포크라시Info-cracy"라 부른다.[167] 이것의 핵심은 '왜 그런가'라는 질문이 이제 '그냥 그런 것'이라는 확언 앞에 힘을 잃는다는 것이다. 즉, **상관관계가 인과관계를 밀어낸다**"라는 지적이다.[168]

상관관계가 인과관계를 밀어낸다는 말이 무슨 뜻일까.

디지털정보의 시대에 사람들은 온라인에 각자의 디지털 발자취를 남기며 자기 자신을 드러낸다. 그렇게 남겨진 발자취는 빅데이터로 축적되고, 그 빅데이터에 의해 모두의 행동은 쉽게 분석 대상이 된다. 이렇게 상관관계를 분석하는 빅데이터의 양이 극단적으로 초월적일 경우 행동의 이유를 의미하는 인과성은 그 중요성을 상실하고 상관성만이 의미를 획득한다. 즉, 왜 그런 행동을 했는지 이유는 제시되지도 않고 중요하게 여겨지지도 않는 빅데이터의 시대가 되는 것이다. 그렇게 이유를 묻고 탐구하는 성찰적인 사유는 사망 선언을 받을 수 있다.

이렇듯, 정보화 시대에는 점차 인과관계가 사라지고 상관관계가 중요해질 수 있다. 그 결과 어떤 사안이 진실인지 사실인지 여부는 점차 힘을 상실하게 된다. 사실이라고 하는 것이 존재한다고 하는 그 믿음 자체마저 흔들리는 셈이다. 이제 모두가 발언할 수 있는 사회가 되었지만, 모두가 자신의 행동(결과)에 의해서만 평가받는 사회가 되어버렸다. 그렇게 원인은 없고 끊임없는 결과만 있을 뿐이다. 누구의 말이 사실인지 진실인지는 중요하지 않다. 오히려 그 사실성을 파괴하면서 오는 그 파괴에 관련된 쾌락이 사람들의 행동을 이끌고 증폭시킬 수 있다고 하는 그 가능성 하나만이 중요하다.[169] 한병철은 이를 서로의 말을 더는 '경청'하지 않는 "흥분 소통"이라 부른다.[170]

상관관계가 지배한 삶이란 삶을 맹목적으로 만든다. '왜' 는 삶에서 중요하지 않게 된다. 돌을 던져 기분이 좋으면, 그 리고 돌을 던져 물건이 깨져서 기분이 통쾌하면 그걸로 충분 하다. 왜 그렇게 해야 하는지에 대한 이유는 중요하지 않다. 나아가 왜 공부를 해야 하는지, 왜 대학에 가야 하는지, 왜 이 렇게 살아야 하는지 그 이유는 중요하지 않다. 이유는 모두 가 그렇게 행동을 하기 때문이라는 빅데이터의 결과면 충분 하고, 그것을 따라갔을 때 기대하던 보상이 주어지면 된다. 인포데믹 시대에 다수의 변종 까마귀가 무서운 이유가 바로 여기에 있다.

그렇기에 온갖 사건 및 사고와 재난 속에서 나날이 상처 가 쌓여만 가는 현실 속에서 우리에게 절실하게 필요한 것 은 무엇일까. 그것은 진실에 대한 진지한 성찰이 아닐까. 그 것이 아니라면, 오염수 방출은 물론 내 삶을 오염시키는 혼 탁한 정보들 사이에서 누군가 진실을 말할 때 시선을 빼앗는 까마귀가 날지 않기만을 간절히 기도해야만 하는 것일까.

지불되지 않는 사회

◆

과학, 의심스러울 땐
피고인이 아닌 피해자의 편에 서기를

일상의 크고 작은 상처들에 정신을 뺏기다 보면 거대한 사건조차도 오래 기억하기 어려울 것이다. 더욱이 당장 나의 일상에 영향을 주지 못할 것으로 예측하는 일은 더더욱 그럴 것이다. 그래서일까, 하나의 국가적 사건이 벌써 대중들의 기억에서 일상의 무게에 묻히는 듯하다. 그럼에도 역사는 2023년 8월 24일 벌어진 일을 중대한 사건으로 기억할지 모른다. 이날 일본 정부는 후쿠시마 제1 원전 부지 탱크에 보관 중이던 방사능 오염수를 바다에 방류하기 시작했다.

참으로 역사의 아이러니다. 일본은 인류 최초이자 유일한 원자폭탄 피폭국이다. 또한, 일본은 1993년 2월 러시아가 1960년대부터 1993년까지 핵폐기물을 "오래된 관행"처럼 동해에 버렸다는 사실이 밝혀졌을 때 그해 11월 앞장서서 핵폐기물 해양투기를 전면금지하는 국제협약(런던협약)을 끌어냈다.[171] 그랬던 일본 정부가 오염수 방류는 정치적 논쟁의 대상이 아닌 '과학의 문제'이며 국제사회에서 "과학적으로 국제 안전기준에 따른 것으로 문제가 없다"라는 인정을 받았다고 주장하고 있다.[172] 그렇지만, 방사능 오염수가 미래에 어떤 피해를 초래할 것인지 과학적으로 100퍼센트 입증하는 것은 불가능에 가깝다. 그건 가해자를 감별해낼 수 없는 일종의 '느린 폭력slow violence'이다.

강원대 문화인류학과 오은정 교수는 후쿠시마 원전 사고이후 부흥을 꿈꾸던 일본 사회는 방사선 피폭을 우려하는 자국민들에게 "피해망상에 걸린 이기주의자"라는 딱지를 붙였다고 지적한다.[173] 즉, 합리적 의심의 내용이 아닌 그 사람을 공격하는 것이었다. 또한, 2020년 7월 29일 히로시마에 원자폭탄이 투하된 지 무려 75년이 되어서야 일본의 지방법원은 당시 원자폭탄의 '검은 비'-폭탄 구름에서 생긴 비-를 맞은 생존자들을 피폭자로 인정했다.[174] 과학적으로 검은 비를 맞은 지역은 방사선량 노출이 극히 적다며 국가는 오랜 기간 이들을 외면해 왔다. 당시 원자폭탄 피해자들의 생애 수명조사는 아직도 진행 중이라고 한다. 하물며, 후쿠시마 원전 사고로 인한, 그리고 오염수 방류로 인한 인체의 피폭 영향을 '과학적으로' 입증하는 일은 수세대에 걸쳐 이루어져야 할지 모른다.

일본이 이처럼 각종 재난에도 불구하고 원자력발전을 포기하지 않는 배후에는 도쿄전력, 즉 원자력 산업계가 있다. 원전 산업은 아직 손실보다 이윤이 더 많다고 판단하는 것이다. 여기서 이윤의 향유자는 누구이고, 손실의 대상은 누구일까. 확실한 건 손실의 대상이 피해자이고, 이윤의 향유자가 피고가 되었을 때 법은 과학(적 입증)을 빌미로 피고의 편에 서 왔다는 역사적 사실이다. 불행히도 막대한 이윤 앞에 이러한 역사적 사실은 미래에도 지속될 전망이다. 원전 산업의 파괴력에 대한 우려로 이어졌던 탈원전 정책들이 AI에 대한 장밋빛 전망들로 인해 전 세계에 걸쳐 속속들이 중단되고 있는 현실이다. 이를 두고 AI가 열어젖힌 "신 원전 르네상스"라 부르기도 한다.[175] 미국, 일본, 핀란드, 프랑스, 스웨덴, 중국 등의 나라에서 AI를 발전시키기 위해 필요한 막대한 전력 수요를 충당하기 위해 원전 축소에서 유지 및 확대로 선회하고 있기 때문이다. 인류는 역사로부터 도대체 무엇을 배우고 있는 것일까.

과학이 이윤을 추구하는 피고의 편에 선 역사에서 한국도 예외가 아니다. 가장 대표적 사례가 바로 가습기 살균제 참사라 할 수 있다. 가습기 살균제는 1994년 최초의 출시 이래(2011년 8월 31일 판매 중지) 사회적 참사 특별조사위원회에 의해 집계된 것만 1,553명(2020년 7월 17일 기준)의 사망자를 초래했다. 아직 파악되지 않은 사망피해자만 1만 4천 명, 건강피해경험자의 경우 67만 명에 달할 것으로 알려져 있다.[176] 2023년 6월 8일 서울고등법원에서는 SK케미칼·애경산업·이마트의 가습기 살균제 항소심이 진행됐다. 이날 피고인(세 기업의 전직 임원 13명) 모두 2021년 1심에서 무죄를 선고받았다. 이유는 가습기 살균제와 폐 질환·천식 간의 인과관계를 "과학적으로" 인정할 수 없다는 점이었다. 피고인들의 변호사들-60명의 대형 로펌 소속-은 모든 연구조사의 한계를 집요하게 따지며 물었다. 그 속에서 피고인들은 항상 반증의 가능성을 열어두는 '과학'과 합리적 의심이 완전히 제거되어야만 확정판결을 내릴 수 있는 '법'의 차이로 인해 법의 보호를 받았다. 관련된 기사는 이에 대해 명확히 지적하고 있다.

> "유해 물질 소송에서의 '법과 과학'을 둘러싼 마지막 과제는 **지향하는 가치에 대한 합의**다. 인과관계 입증을 엄격하게 요구할수록 유독한 생활 화학제품을 만든 기업에 철퇴를 가하기는 힘들어진다. 결국 현시점에서 '어느 정도 수준의 과학적 입증이면 충분하다'는 합의가 필요해질 수밖에 없다."[177](굵은 글자는 필자 강조)

이렇듯 과학과 법의 차이가 피고인인 기업을 보호하는 데 엄격히 활용되고 있다. 이에 대해 한국 사회는 무엇을 우선해야 되는지에 대한 '가치 합의'가 없는 듯 보인다. 이러한 현상은 산업재해의 심판 과정에서도 수없이 반복됐다. 광반도체 제조업체에서 2년간 일했던 30대 노동자가 퇴직 6년 만에 파킨슨병이 발병하여 뒤늦게 산업재해를 신청했다. 하지만 사용했던 화학물질에 대한 자료조차 남아 있지 않아 산재를 인정받기까지 3년이란 시간이 걸렸다. 설상가상으로 피고인 업체가 항소를 제기했다. 한편, 2014년 삼성전자 화성사업장에서 1년 8개월 근무한 노동자 역시 퇴직 5년 후 급성백혈병에 걸렸고, 산업재해를 신청했다. 하지만, 근로복지공단은 근무환경이 개선되었다며 거부했고 2년간의 소송 끝에 승소했다. 하지만 이미 그가 사망한 뒤였고, 공단은 항소를 제기하였다.[178]

완벽히 통제된 실험실이 아닌 이상 방사능 및 화학물질이 인체에 미치는 해로움을 완벽히 입증하는 것은 불가능에 가깝다. "의심스러울 때는 피고인의 이익으로"라는 잘 알려진 법 격언이 있다. 무죄 추정의 원칙으로 죄를 짓지 않은 사람을 처벌하지 않도록 하는 근거일 테다. 그런데 만일 피고인이 거대한 권력과 부를 지닌 대상이고 원고가 이들의 이익 때문에 질병을 얻은 피해자라면, 과연 법은 누구의 이익을 우선해야 할까. 더욱이 원고가 과학적 입증 가능성의 난제 앞에 불리한 상황이라면 말이다. 도대체 얼마나 많은 사람이 삶의 현장에서, 노동의 현장에서 상처받고 쓰러져야만 인권에 대한 올바른 가치에 합의하는 시절이 도래할 것인가.

지금이라도 법은 이러한 상황과 맞닥뜨렸을 때 과학을 '피고인의 이익이 아닌 피해자의 이익을 위해' 우선 적용해야 하지 않을까. 일본 정부도, 가습기 살균제 제조업체와 반도체 제조업체 그 누구도 지금껏 피해가 아닌 이윤만을 얻어 왔다. 무고한 죽음을 초래하는 그 모든 일상의 상처들을 치유하기 위해 필요한 조건이 무엇인지 우리는 이미 알고 있다. 사회는, 법은 약자의 편에 서야 한다는 사실 말이다. 이것이 진정 법이 추구해야 하는 합리적 의심일 것이다.

지불되지 않는 사회

인간보다 더 '사람'다운 이태원, 사람의 조건을 묻다

인간은 과연 사람인가? 바보 같은 질문 같지만, 지구상의 다양한 인간들을 만날 수 없던 시절, 피부색과 외모, 언어가 다른 종족을 만나면 사람의 자격을 묻고는 했다. 비서구 지역을 탐방한 인류학자의 기록 속에는 '사람'의 의미가 '인간'을 초월한 사례가 많다. 실제로 바위, 나무, 곰, 그리고 번개마저도 '사람'이라 불리기도 했다. 즉, 사람이 되기 위해 반드시 인간과 닮아야 하는 것은 아니었다.

그렇다면, 사람은 무엇을 의미할까.『애니미즘과 현대세계』를 쓴 생태철학자 유기쁨 박사의 표현을 빌리자면, "사람이 아닌 것에서 사람을 애써 발견하려는" 자세가 사람의 중요한 특성이다.[179] 상호작용하며 자극을 받고 관계를 맺은 대상을 '사람'이라 상상하고 반응하는 존재가 곧 사람으로 여겨졌다. 즉, 사람의 조건은 스스로가 사람임을 주장하는 것으로 충분하지 않았다. 오히려 나 이외의 다른 대상을 사람으로 상상하고 대우할 때 그때 비로소 사람의 자격이 주어지는 것이었다. 음식도, 옷도, 집도 그리고 다른 인간 모두가 사람이 될 수 있다고 받아들이며 관계를 맺을 때, 나 역시 비로소 사람의 자격을 얻게 되는 셈이다.

이처럼 생명이 없는 대상에게조차 생명을 불어넣어 주는 종교적 상상력을 '애니미즘'이라 불러왔다. 『원시문화』의 저자인 영국 사회인류학자 에드워드 타일러는 비서구 지역에서 관찰되었던 이러한 종교적 특징을 미개한 원주민만의 독특한 문화적 산물로 치부하지 않았다. 그는 이것을 종교의 본질이라 여겼다.[180] 즉, 인간의 생명을 지속시킬 수 있게 해주는 그 모든 대상을 인간과 같은 존재로 상상할 수 있는 능력이야말로 인간이 사람으로서 생존할 수 있는 근간이라 보았다.

그동안 인류학자들은 인간 이외의 존재들에게 '사람'이란 칭호를 붙인 사례들을 기록해 왔다. 일례로, 인류학자 어빙 할로웰Irving A. Hallowel은 캐나다 중남부에 거주하는 오지브와Ojibwa 부족에 대해 연구했다. 그는 오지브와 부족은 '사람'이라는 개념을 인간과 동의어로 사용하지 않고 있음을 확인했다. 부족민은 '인간 사람' 이외에도 '인간이 아닌 사람other-than-human persons'의 존재를 인정했으며, 여기에는 '바위 사람', '나무 사람', '곰 사람', '벼락 사람' 등이 있었다. 그런데, 여기서 중요한 점은 오지브와 부족이 인간 아닌 존재에서 사람다움을 발견하는 것은 단순히 인간과 닮은 점을 찾았기 때문이 아니다.[181] 그들에게 사람은 오늘날 우리의 개념보다 훨씬 폭넓은 개념이었고, 그 밑바탕에는 '관계적 존재론'이 깔려있다. 즉, 그 어떤 자연 속 존재도 홀로 고립된 채 살아가지 않는다는 믿음이다.

지금까지 소개한 이야기가 너무 멀고 오래된 것처럼 들릴지 모른다. 그렇지만, 타일러의 지적처럼 이것은 '인류의 정신적 동일성'에 속하는 것으로 이해할 수 있다.[182] 오래된 부족이나 고립된 부족에게만 해당하는 원시적인 종교의 행태가 아니라는 뜻이다. 단지 서구식 문명화의 과정에 익숙해지면서 점차 그 관계성을 부정하고, 나아가 비인간을 '파괴'하며 공생의 가치를 잊어버린 것이다.[183] 한국도 예외는 아닐 것이다. 이제부터 애니미즘에서 강조했던 사람의 조건을 지금 이곳, 한국 사회에 적용해 보자.

159. 어느덧 이 세 자리 숫자가 수많은 이들의 마음속에 새겨진 지 벌써 2년이라는 시간이 다 되어간다. 2022년 10월 29일 직전까지 이태원이라는 공간은 그곳을 찾는 젊은 세대들에게 인간보다 더 '사람'다운 곳이었을지 모른다. 2000년 전후에 태어나 이미 2014년 세월호 참사와 2020년 코로나 팬데믹을 겪어온 젊은 세대는 '재난 세대'라 불릴 정도로 부모 세대와 다른 삶을 살아왔다. 그런 이들에게 이태원은 불안한 미래와 끝 모를 경쟁 구도에서 짐을 내려놓고 편견 없이 '사람들' 속에서 '사람답게' 숨 쉴 수 있는 축제의

공간이었을 것이다. 학벌과 능력으로 인간을 등급화하는 장소에서 벗어나 서로의 사람됨을 애써 찾아내려는 환대의 공간. 이태원은 그렇게 사람답지 않은 인간사회보다 더욱 사람다운 곳이었을지 모른다.

그럼에도, 일부에선 159명의 안타까운 희생을 여전히 개인 탓으로 바라보고 있다. 그들의 눈에는 '이상적인' 희생자다움의 기준선이 존재한다. 그렇기에 희생자 모두를 나이, 성별, 국적, 방문 목적을 구별하지 않고 애써 사람을 발견하려는 자세가 상실되어 있다. 차별 없이 모두를 환대했던 이태원, 반대로 자신들만의 잣대로 희생자를 구별했던 인간들! 이 둘 중 누가 더 사람다운 것인가 되묻고 싶다.

인류학은 정상과 비정상이라는 기준의 사회적 기능에 대해 오랫동안 질문해 왔다. 영국 의료인류학자 세실 헬만은 인간의 사회적 행동을 평가할 때 정상과 비정상을 가르는 선(x축)과 '통제됨'과 '통제되지 않음'을 가르는 선(y축)이 함께 존재한다고 보았다. 이 분석에 의하면, 인간의 사회적 행동은 네 개로 구분된다. 첫째, 정상적이며 통제되는 '정상적인' 행동, 둘째, 정상적이나 통제되지 않는 '나쁜' 행동, 셋째, 비정상적이나 통제되는 '상징적 반전' 행동, 넷째, 비정상적이며 통제되지 않는 '미친' 행동이 있다.[184]

여기서 세 번째에 해당하는 상징적 반전 행동이 나타나는 대표적 사례가 바로 축제와 카니발이다. 평상시에는 비정상적 행동도 축제의 시공간에서는 통제 속에 허락된다. 인류 역사상 이와 같은 '통제된 비정상성'의 시공간은 사회적 긴장감을 해소하는 치유 역할을 수행해왔다.

"반전의 의례 혹은 상징적 반전이라고 부르는 것⋯⋯. 통상적으로 받아들여지는 문화적 규정, 가치, 규범을 반전시키거나, 반박하거나, 철폐하기 위한 것 혹은 대안을 제시하기 위해 어떤 방식으로든 나타내는 모든 행동을 총칭하며, 이는 언어로, 문학 등의 예술로, 종교적으로, 사회적으로, 정치적으로 나타난다. 이들은 때로 '긴장 풀기'와 같은 기능을 하는데, 이를 통해 사람들은 자신을 표출하고, 사회적 억제로부터 자유로워짐을 느끼게 되나, 단 통제하에서 일어나는 행동이다."[185]

이태원이라는 공간과 매년 그곳에서 개최되는 핼러윈 축제가 바로 여기에 해당한다. 그런데, 2년간의 코로나 팬데믹 격리에서 벗어나 다시금 핼러윈 축제가 개최되었을 때 그곳에 모인 대규모 인파가 경험한 통제란 무엇이었는가. 과연 그 통제가 상징적 반전을 위한 배려로서의 통제였을까.

분명 그날 그곳에는 통제가 있었다. 경찰력은 정상적 시민들이 통제 불가능한 '나쁜 사람'이 될 수 있다며 불법 근절을 위해 통제력을 행사했다. 실제로 당시 참사가 발생하고 15분이 지난 시간에도 인근 파출소는 '마약 단속' 회의를 진행하고 있었다.[186) 소위 성범죄, 마약 등 범죄 예방에만 혈안이 되어 있었고, 안전을 위한 통제는 턱없이 부족했다.[187) 누군가의 눈에 축제 인파가 정상적이지도, 통제가 가능하지도 않은 '나쁜' 인간(앞에서 언급한 두 번째 범주), 소위 미친 인간들로 여겨졌을지 모른다. 즉, 그들은 죄를 짓지 않았음에도 이미 범죄자였던 셈이다. 그들은 전통적으로 사생아, 마약중독자, 동성애자 등이 분류되었던 영역에 속해 있던 것이다.[188) 사람임에도 사람으로서의 대우를 받지 못했던 참사 희생자들, 그리고 그 모든 오명을 함께 받아낸 이태원이라는 환대의 공간. 이태원과 그곳을 방문한 모든 이들로부터 '사람됨'을 빼앗아 간 지금, 다시금 사람의 조건을 되묻고 싶다.

◆

치유로서의 의례,
새해를 위해 진정 필요한 것

인간이 동물과 다른 것이 무엇이냐는 오래된 질문이 있다. 보통 인간은 '이성'의 동물로 추앙받아 왔다. 인류학자 로이 라파포트Roy Rappaport(1926~1997)는 조금은 다른 각도에서 그 '이성'을 해석한다. 인간의 가장 큰 진화적 특징은 언어이며, 그 언어의 핵심은 '상징'이라고 보았다. 그리고, 그 언어의 상징이 지닌 가장 첫 번째 악으로 '거짓말'을 꼽았다. 인간이 동물과 다른, 아니 동물보다 훨씬 뛰어난 차별적 능력이 바로 '거짓말'을 할 수 있는 능력이라 본 것이다.[189]

해마다 새해 첫날 동해안에서 떠오르는 해를 보기 위해 수많은 인파가 몰린다. 그런데, 생각해보면 어떻게 어제 뜬 해가 오늘 뜬 해와 다른 '새' 해일 수 있겠는가? 어제까지는 평범해 보이던 자연의 태양이 어떻게 다시 떠오를 때 희망의 기운을 가져다주는 기원의 상징물이 될 수 있을까. 어린아이의 눈에는 온통 거짓말처럼 들릴지 모른다. 라파포트가 지적했듯 어른이 만든 최고의 거짓말일 수 있다. 물론 어른의 눈으로 보아도 어제까지 해결되지 않던 다툼의 현장이 해가 바뀐다고 없던 것으로 삭제 버튼이 눌러지는 것도 아닐 테다. 어제도 차가웠던 갑의 얼굴도, 그리고 차가운 시멘트 바닥의 냉기도 1월 1일이 밝았다고 거짓말처럼 바뀔 리 만무하다.

그렇다면, 우리에게 어제의 해를 특정 시점이 되었다고 '새' 해의 상징으로 받아들이는 것은 어떤 의미일까? 그저 작심삼일을 위한 자기기만의 시작을 알리는 것일까? 라파포트는 인간의 첫 번째 악인 '거짓말'을 인간 스스로 극복해 낸 해독제로 '의례'를 지목한다. 그는 '의례'를 지구-사회를 지탱할 수 있는 버팀목으로 보았다.[190] 인류만큼 오래된 이 의례라는 상징적 행위가 어떻게 언어에 내재한 거짓말 문제를 해결할 수 있을까? 의례란 고루한 절차주의적 전통이라고도 하는데 과연 어떤 힘을 발휘한다고 볼 수 있을까 반문할지 모른다. 그리고 그러한 주장마저 또 다른 거짓말처럼 들릴 수도 있다.

여기서 내가 주목하는 의례의 핵심은 바로 '문지방limen'이라는 상징이다. 문지방 혹은 경계선으로 번역되는 limen은 의례의 시작과 끝을 알리는 특정한 시간과 장소를 말한다. 입학식장 안에 들어가는 순간, 즉 문지방을 통과한 순간 입학식이라는 의례는 시작된다. 그리고 식이 종료되고 식장 밖으로 나오는 순간 의례는 종결된다. 그 의례의 시공간 안에서는 모든 이들이 의례에 참여한 전인적 인간으로 서로를 성스럽게 미주한다. 새해라는 상징도 결국 커다란 문지방에 속한다. 1월 1일 새해가 떠오르는 동해안 수평선에서 그곳, 그 순간에 참여한 모두가 함께 희망을 기원하는 의례의 참여자가 된 것이다. 그것이 헛된 기대로 판명된다고 할지라도 말이다. 즉, 의례란 문지방이라는 상징에 대한 믿음과 그에 따른 공동의 퍼포먼스를 뜻한다.

우린 이러한 의례적 행위를 문화의 영역으로 해석한다. 문화를 구성하는 핵심 요소는 그 사회의 규범이다. 규범은 영어로 norms다. 쉽게 이해하면 '기준standard'의 집합이다. 한 사회가 옳다고 믿는 것들의 집합이 곧 규범이다. 의례적 행위 역시 그 사회에서 옳다고 믿는 것들의 실천이다. 즉, 새해 첫날 함께 모여 떠오르는 '새' 해를 목격하며 희망을 기원하는 행위는 우리에게 옳은 행위다. 거짓된 행위나 말이 아니다. 오히려 온갖 거짓말들이 초래한 아픔과 실패를 극복하고자 하는 공동의 기원에 가까울지 모른다. 이것이 라파포트가 주목한 의례의 가치일 것이다.

그런데, 여기서 핵심은 상호 믿음이 기반이 되어야만 상징이 의례로서의 가치를 지닌다는 사실이다. 그 거짓말 같은 상징이 또 다른 거짓말들을 해결하는 해독제가 되기 위해서는 약속과 신뢰가 바탕이 되어야 한다. 그럼, 결국 새해라는 우리의 상징이 전정 힘을 갖기 위해서는 믿음의 회복이 선행되어야 할 것이다. 즉, 상호신뢰가 의례를, 의례가 상호신뢰를 회복시키는 해독제인 셈이다.

상징은 의례의 핵심이다. 상징은 어원상 적이 아니라는 표식이다. 철학자 한병철은 『리추얼의 종말』에서 의례를 적이 아닌 사람을 '집 안으로 들이는 일'이라 했다.[191] 그는 리추얼 종말의 시대에 사람들이 서로를 집 안으로 들이는 일을 중단했다고 지적한다. 그 상징의 힘을 차단한 채 가상의 스크린에 홀로 머물러 있는 시대로 본 것이다. '다시' 떠오른 해를 '새'해로 우리 마음 '안'으로 들이기 위해서 우리에게는 어떠한 상징의 힘이 필요할까? 그건 아마 '어제의' 해를 잊지 않는 기억에서부터 출발해야 하지 않을까.

그렇다면 우리가 잊지 말아야 하는 기억은 무엇일까. 당장 "해피 뉴 이어!"라는 말처럼 해가 바뀌었다고 사회의 모든 영역이 일순간 '해피'하게 전환될 수는 없다. 오히려 각종 지표는 그 반대로 향해 왔다. 최근 5년 사이(2018~2022) 정신질환자가 37퍼센트 증가했고, 2022년에는 처음으로 연간 우울증 환자가 100만 명 시대에 진입했다.[192] 즉, 이제 50명이 모이면 그중 한 명꼴로 우울증 진료를 받고 있는 셈이다. 이것과 더불어 지난 5년 사이 초·중·고 학생의 우울증이 60.1 퍼센트가 증가했다는 점, 2022년 10대·20대·30대 사망원인 1위가 자살이라는 점 역시 눈을 뗄 수 없는 지표들이다.

이처럼 부정할 수 없이 한국인은 과거 어느 때보다 우울한 상태로 새해를 맞이했다. 2023년에 자살률이 소폭 하락했디고 절대로 안심할 수 없다. 여전히 한국인의 자살률은 OECD 평균의 2배 이상으로, 최고 수준에 머물러 있다. 2023년 3월 유엔 산하기관에서 발표된 행복지수만 보아도 한국은 137개국 중 57위, OECD 38개 회원국 중에서는 35위에 해당한다.[193] 전문가들은 한국인의 높은 자살률 원인 중 하나로 '현저히 낮은 우울증 치료율'을 꼽는다. 중등도 이상의 우울증만 따져도 우울증 치료율이 미국의 30분의 1 수준이라 한다.[194] 요컨대, 삶의 의미를 상실하고 무기력해진 한국인들이 증가하고 있는 반면, 이들이 제대로 치료받지 못하고 있는 셈이다.

심리학자 김태형은 이런 한국 사회를 '풍요 중독사회'라 칭한다. 이것은 기본적으로 경제학자 리처드 이스털린이 주창한 '풍요의 역설'처럼, 경제적 수준이 향상되었음에도 삶의 질과 행복이 비례는커녕 반비례하는 현실에 대한 지적이다. 나아가 그는 풍요와 함께 동반되어야 할 '화목'이 부재함을 꼽는다.[195] 여기서 무엇이 '화목한 것인지'에 대해 기준이 다를 수 있지만, 최소한 자신의 우울함과 같은 고통을 주변에 말할 수 있는 사회이어야 하지 않을까. 하지만 안타깝게도 현실은 자신의 고통을 말하는 것도, 듣는 것도 또 다른 고통의 시작으로 받아들이고 있는 듯하다. 관련해서 철학자 한병철은 현대인이 일명 '고통 없는 사회', 즉, 고통을 유발할 수 있는 상황을 극도로 두려워하며, 타인의 고통을 듣는 것조차 거부하는 등 '만성 마취' 속에서 살고 있다고 지적한다. 그 결과 고통은 쉽게 개인적 문제, 의학적 문제로 치부된다고 보았다.[196]

저널리스트이자 임상심리학 교수인 앤드루 솔로몬은 『한낮의 우울The Noonday Demon』에서 우울이라는 심리적 고통을 치유하는 법을 소개한다. 그중 그린란드에 거주하는 이누이트족에 대한 이야기는 한국의 현실에 큰 울림을 준다. 솔로몬에 따르면, 이누이트족의 80퍼센트가 우울증을 앓고 있으며, 자살률도 높아 일부 지역에서는 매해 인구의 0.35퍼센트가 자살한다고 전해진다. 이유가 무엇일까? 이누이트족은 북극권의 혹독한 기후와 어두운 계절 탓에 좋든 싫든 온 가족이 한데 모여 장기간 생활을 해야만 한다. 그로 인해 불평을 하거나 자신의 문제를 털어놓는 것이 금기시되었으며, 타인의 문제를 알아도 간섭하지 않는 것이 전통이 되었다. 즉, 허물없이 지내기에는 '너무 가깝고', 각자 너무 많은 짐을 지고 살기 때문에 남에게 '짐이 되고' 싶어 하지 않았다.[197]

이누이트족에게 혹독한 자연 속 개인의 고통은 그저 안으로 삭히는 것일 뿐이었다. 왠지 '고통 없는 사회', '풍요 중독사회'로 불리는 한국 사회와 많이 닮아 있는 듯하다. 차이라면 그들은 자연적 재난에, 한국인은 사회적 재난에 더 많이 노출되었다는 점이지 않을까. 솔로몬은 그곳에서 심리상담을 이끄는 세 명의 여성 원로로부터 어떻게 주민들의 우울증과 자살 문제를 도울 수 있었는지 듣게 됐다. 그들의 답변은 간단명료했다. 슬픔의 진정한 치료제는 "다른 이들의 슬픔을 듣는 것"이었다. 안으로만 삭였던 고통을 '들어줄 사람'이 있다는 것을 알리고, 그렇게 "다른 사람에게 말하는 것이 얼마나 쉬운 일인지, 그리고 얼마나 좋은지 깨닫게" 했다.[198]

결국, 말하는 것보다 '듣는' 것이 선행되어야 할 것이다. 한국 사회는 과연 얼마나 타인의 고통을 들어줄 준비가 되어 있을까. 새해가 밝자마자 서로의 행복을 기원하는 말들을 수없이 교환했지만, 정작 언제든 들어줄 수 있다고 덕담을 나누진 않았을 테다. 이누이트족 원로는 듣는 것이 곧 자신의 아픔을 치유하는 것이라 했다. 듣지 않으면, 다른 사람도 나도 바라던 행복에 도달하기 힘들지 모른다.

◆

대립의 시대, 새로운 은유가 필요하다

은유란 인류의 역사에서 생존의 필살기다. 인지언어학자인 조지 레이코프와 언어철학자인 마크 존슨은 『삶으로서의 은유』(1980)에서 인간의 사고 과정이 은유적 개념들로 가득 차 있음을 일찍이 강조했다.[199] 레이코프는 미국의 전쟁 서사에 "은유가 사람을 죽일 수 있다"라는 섬뜩한 현실을 폭로한 것으로 유명하다. 미국은 약자를 구원하는 영웅으로, 이슬람 국가는 악마화하는 식으로 말이다. 물론 역사와 정치뿐 아니라 우리의 일상에서도 은유적 표현을 찾기란 어렵지 않다. 시간은 금이고, 타고난 부는 금수저로, 반대는 흙수저로, 모든 입시와 취업은 소위 '전쟁'이다.

한때 인류의 진화에 대한 과거 인류학자의 상상력도 은유적 개념에 근거했다. 미국 인류학자 루이스 모건은 『고대사회』(1877)에서 문화가 야만, 미개, 문명의 단선적 과정으로 진화한다고 상상했다.[200] 여기에는 문화가 마치 동식물종처럼 생명체와 같다는 은유적 사유가 밑바탕이 된다. 즉, 원주민은 야만적인 유아적 단계로, 서구의 백인은 문명화된 성

　　　　　　　　　　　　　　지불되지 않는 사회

숙힌 단계로 상상했다. 반면, 프랑스 과학기술학 연구자로 유명한 브뤼노 라투르 역시『우리는 결코 근대인이었던 적이 없다』(1991)에서 서구 근대인들의 시간에 대한 은유적 사고, 즉 "시간을 비가역적 화살, 자본화, 진보"로 이해하고 있음을 비판했다.[201] 시간은 날아가는 화살처럼 오직 진보를 향한 전진만이 있을 뿐 과거로의 퇴행은 상상 불가인 셈이었다. 뒤처진 것은 손실과 실패로, 앞서간 것은 이득과 성공으로 받아들여 왔다.

이렇듯 은유의 역할이란, 레이코프의 표현을 빌리자면 개인과 국가, 그리고 지구 전체의 생사를 결정하는 '프레임'이다. 관련하여 식민지배와 은유를 기반으로 한 통치는 프란츠 파농(프랑스 정신과 의사·알제리 독립운동가)의『대지의 저주받은 사람들』(1961)에 잘 묘사되어 있다. 식민지 피지배 국가(알제리)는 악마와 질병으로, 지배 국가(프랑스)는 이를 저지하고 치유하는 존재로 비유되었음을 지적했다. 즉, 선과 악이라는 뚜렷한 이분법적 은유가 식민지 지배의 구체적 수단이 되었다. 백인은 백인이었기 때문에 선하고 부자였던 것이다. 반면, 원주민은 '악의 본질'이기에 반드시 "윤리 의식이 없어야 하는" 존재였다.[202] 파농의 글 속에서 마치 조선과 일본의 식민통치 시절을 떠올리게 되는 건 우연이 아닐 것이다.

파농은 이러한 식민지 통치의 은유에 원주민이 동화되면서 이들의 열등감이 뿌리 깊게 자리잡힐 것이며, 독립 이후에도 지속될 수 있음을 예견했다. 실제로 그는 제3세계 국가들이 유럽을 모든 문제의 답을 찾아줄 '거인'처럼 대하고 있음을 비판했다. 또한, 그는 그 거인을 쫓아 잃어버린 시간을 따라잡아야 한다는 이유로 자신의 인간성과 이성을 파괴할 수 있는 "리듬을 강요하지 말자"고 당부했다.

"현재 제3세계는 **유럽을 마치 거인처럼 대한다**……하지만 논점을 명확히 하자. 생산량, 일의 강도와 리듬 따위를 이야기해서는 안 된다. 자연으로 돌아갈 필요는 없다. 다만 인간을 손상시키는 방향으로 가지 말자는, 두뇌를 금세 파괴할 수 있는 **리듬을 강요하지 말자**는 아주 구체적인 문제다. 따라잡는다는 구실로 인간을 압박한다든가, 자기 자신이나 사생활로부터 소외시키거나, 인간을 파괴하고 죽이는 수단을 써서는 안 된다. **우리는 어느 누구도 따라잡고 싶지 않다.**"[203] (굵은 글자는 필자 강조)

그렇다면, 한국은 지금 식민시절의 그 은유로부터 온전히 독립한 것일까. 중흥, 발전, 성장, 극복, 전환, 노선 등의 표현들이 통용되는 현실을 보자면, 파농의 우려가 가장 뚜렷하게 실현된 나라가 아닐는지. 만일 우리가 아직 충분히 성숙하지 못한 국민이고, 바삐 앞서가는 거인을 쫓아가지 못했다고 상상하고 있다면, 파농의 지적처럼 탈식민에 실패한 것은 아닌지 숙고해 보아야 한다. 또한 그가 콩고의 수도에서 발긴된 신문 기사를 인용하며 지적했던 냉소적 비판처럼 높은 지위에 있는 사람들이 "재산이라는 단단한 껍데기로 자신을 둘러싸고 주변의 빈곤을 보려 하지 않는" 것은 아닌지 살펴보아야 한다.[204]

최근 영국 인류학자 팀 잉골드의 『모든 것은 선을 만든다』(2015)가 번역되었다. 잉골드는 '선으로서의 삶'에 대한 철학-인류학적 탐구를 통해 새로운 은유로의 전환-을 제시한다. 여기서 선은 화살과 같은 직선을 상징하는 게 아니다. 그것은 프랑스 화가 앙리 마티스(1869~1954)의 작품 「춤」(1909~1910)에서 5명이 댄서가 손과 손을 매듭처럼 이어 만든 '원 안의 선in-between'을 뜻한다. 그리고, 세상을 바다로 비유하며 서로 매듭처럼 한순간이라도 연결되지 않는다면 급류에 휩쓸려 갈 것이라 말한다.[205]

오늘날의 한국을 바다 생태계로 비유한다면, 우리가 그 안에서 목격하는 것은 과연 어떤 풍경일까. 모두가 직선을 형성하며 파농의 지적했던 것처럼 앞선 자를 거인으로 숭배하며, 뒤처진 자를 압박하고 거인의 리듬을 따라가라며 채찍질하고 있지는 않은가. 혹은 잉골드의 비유처럼 매듭으로 이어진 원을 형성하며 서로를 지지해 주고 있는가. 부정할 수 없는 것은 다수의 일상에 시기별 주제만 다를 뿐 여전히 크고 작은 대립과 갈등, 그에 따른 긴장과 불안이 달라붙어 있다는 사실이다. 잉골드가 제시한 선이라는 은유가 지나치게 형이상학적이라 생각하는가. 그렇지만 적어도 파농의 식민지 역사로부터 목격한 직선적인 삶의 방식은 무시할 수 없는 현실이다.

직선적 은유가 압도하는 사회에는 앞선 사람과 뒤처진 사람, 옳은 사람과 그렇지 못한 사람이 항상 존재하기 마련이다. 그래서일까. 잉골드가 제시한 인류학적 사유는 단순한 은유의 전환이 아니다. 그것은 한국 사회를 수십 년, 수백 년간 지배해온 극단적 이분법의 역사와의 단절을 대면하게 해주는 구체적인 반사판이다. 레이코프의 지적처럼 인류의 전쟁사를 통해 은유가 사람을 죽일 수 있음을 목격했듯, 정녕 그 반대의 은유가 만든 기적과도 같은 미래를 꿈꿔볼 수 있다.

이제 우리에겐 새로운 리듬과 비록 낯설지만 새로운 평화의 은유가 절실히 필요하다. 대립과 갈등의 프레임 속에서 천사의 탈을 쓴 악마와, 악마로 낙인찍힌 천사가 구분이 불가능할 정도로 너무 뒤엉킨 세상이다. 잉골드의 책은 이렇게 시작한다. "우리 생명체는 정처 없이 떠돈다. 역사의 물결에 내던져진 우리는 뭐라도 붙잡아야 한다."[206] 그는 지금 인류가 붙잡고 달라붙어 있는 것들을 '빌딩, 블록, 체인, 컨테이너'와 같은 덩이로 비유한다. 이러한 '덩이적 존재론'에서 벗어나 새롭게 붙잡을 은유로 선을 제시한 것이다.

"선으로서의 삶에 관한 우리의 탐구에서 주어진 도전은 블록, 체인, 컨테

이니기 사고의 최저화된 형상으로 남아 있던 한 시대가 저문 후 매듭으로의 회귀가 우리 자신, 우리가 만들고자 하는 것들, 우리가 살아가는 세상에 대한 이해에 얼마나 영향을 미칠 수 있는지를 헤아려 보는 것이다."[207]

나와 너, 우리와 그들, 과거와 현재, 서구와 비서구, 남성과 여성, 인간과 비인간 등 모든 언어화된 사유는 잉골드의 은유처럼 모두 '덩이'들이다. 그런데, 그 덩이들은 덩이 밖 존재들과 단순히 구별 짓기만을 하지 않는다. 파농의 지적처럼 덩이들을 둘러싼 경계선은 '단단한 껍데기'들이다. 그 껍데기들은 온갖 부와 권력의 전리품들이며, 철옹성처럼 거대한 벽의 블록을 형성한다.

하지만, 이 덩이들의 생명은 대기 속에서 끊임없이 흡기와 호기를 반복해야만 유지될 수 있으며, 그것은 곧 매듭과도 같은 휘감고 휘감기는 존재임을 반증하는 것이다.[208] 우리의 인식과 지각이 여기까지 닿지 못하는 것은 내 안에도 스스로가 쌓아 놓은 껍데기가 존재하기 때문일 터이다. 만일 잉골드의 제안처럼, 우리가 분리되어 있지 않다면(않음을 받아들인다면), 차별과 대립은 설 자리가 없다. 대립의 시대, 진정 필요한 것은 새로운 은유를 통한 사람다움으로의 복귀가 아닐까. 이것이 우리 시대의 상처가 치유되기 위한 가장 시급한 조건일지 모른다.

6)

디지털 자본주의
시대 노동,
그 끝의 정동·

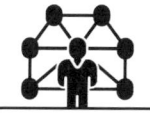

지금까지 살펴본 우리 사회의 그 모든 상처는 결국 매섭게 굴러가는 현실 속 거대한 굴레 바퀴를 벗어나서 사유할 수 없다. 따라서, 상처와 치유에 대한 모든 대안적 논의들도 그 굴레 바퀴 속 위태로운 발걸음일 수밖에 없다. 멈추지 않는 그 거대한 굴레 바퀴의 이름은 오늘날 디지털 자본주의라 부를 수 있을 것이다.

디지털 자본주의. 이 명칭부터 많은 이들에게 낯설지 모른다. 개념이 어려울 수도 있지만, 반대로 너무나 익숙한 일상이기 때문에 새삼스럽게 느껴질 수도 있다. 이제 우리는 매 순간 디지털이라는 플랫폼을 떠나서는 삶을 영위할 수 없는 시대에 놓여 있다. 단순히 손안의 스마트한 세상을 말하는 것이 아니다. 디지털 기기를 제조하는 과정에서 발생하는 셀 수 없는 산재에서 일상을 지배한 디지털 중독에 이르기까지 그 예는 이루 말할 수 없을 정도로 가득하다.

그렇지만, 바로 그 디지털 자본주의의 그물망인 플랫폼 경제를 제대로 들여다볼 여유와 기회는 허용되지 않는 세상이다. 2022년 말 챗GPT 출시 이후 전 세계가 인공지능 시대를 천명한 요즘 그러한 시간은 더더욱 희박하다. 하지만, 더 많이 연결되고 편리해질수록, 더더욱 고립되고 분열되는 모순적인 시대이지 않은가.

특히, 일상의 영역이 아닌 노동의 영역에선 이러한 소외는 더욱 악화되는 실정이다. 인간 속 디지털 기기가 존재하는 것이 아닌 인간이 기계 문명 속에서 부품처럼 굴러가고 있는 것은 아닐까 의문이다. 그 편리한(?) 노동의 시간 속에서 왜 우리는 소위 이중 빈곤에 허덕이는 삶을 살아내고 있는 것일까.

노동하는 몸은 망가진 기계의 수리처럼 쉽게 복구하고 대체할 수 있는 것이 아니다. 신체와 정신, 나아가 영혼까지 병들어가고 있는 지금, 우리에게 진정 필요한 것은 무엇일까. 우리의 육감은 어떠한 세상을 견뎌내고 있으며, 또 원하고 있을까. 6장에서는, 이러한 질문들에 답하기 위해 디지털 자본주의라는 거대한 바퀴의 속성을 최대한 섬세하게 분해해 볼 것이다.

<hr>

● 해당 글은 2023년 9월 1일 '정의로운 전환을 위하여: 다중재난 시대의 새로운 길 찾기' 특집으로 기획된 『황해문화』 2023년 가을 120호(새얼문화재단)에 실린 필자의 글 "디지털 자본주의와 노동: 그 성격, 의미, 건강 그리고 정동"(102~127쪽)을 재수록한 것임을 밝힌다.

◆

디지털 자본주의 시대 속 풍경,
그리고 매듭 풀기

늦은 밤 집에 귀가하니 초등학생 아들은 엄마의 잔소리를 등지고 컴퓨터 화면에 빠져 있다. 키득키득 웃는 아들의 눈동자에는 게임 유튜버의 영상이 재생 중이었다. 아내는 잔소리를 멈추고 다시금 무선이어폰을 가다듬으며 태블릿 화면 속 플레이 버튼을 터치했다. 익숙한 OTT 드라마 화면이 재생되고 아내의 설거지가 시작됐다. 조금 있다 야간자율학습을 마치고 딸이 귀가했다. 짜증과 함께 방으로 들어가 곧장 침대 위에 몸을 던진 딸은 늘 그랬듯 스마트폰을 켜고 아무도 건드릴 수 없는 자신만의 세계로 빠져들었다. 딸의 손가락이 바삐 움직이고 있었다. 아내는 딸의 하루를 묻고 기분을 풀어주려 딸이 좋아하는 치킨을 시켜주고자 핸드폰 앱을 열고 가장 평점이 높은 가게를 선택해 주문을 완료했다. 치킨 배달을 기다리는 동안 나 역시 머리를 식히려 습관적으로 핸드폰 화면을 열고 아껴두었던 드라마를 OTT 앱을 통해 이어서 보기 시작했다. 눈앞에 드라마 영상이 쏟아진 지 몇 분 지나자 내 얼굴에는 웃음과 눈물이 교차했다. 각자 자신만의 물리적 플랫폼(스마트폰, 태블릿, 컴퓨터) 속에서 각기 다른 디지털 플랫폼에 접속해 있었다.

그리고 이내 배달 기사의 초인종 소리가 울리고 치킨이 건네졌다. 문 앞에는 내가 오전에 주문한 책이 배송되어 놓여 있었고, 맞은편 집 앞에는 새벽 배송용 프레시 백이 쌓여 있었다. 나는 치킨을 한 손에 들고 다른 손으로는 오늘 채 읽지 못한 소셜네트워크 속 친구들의 사연을 확인하며 '좋아요'를 클릭했다. 이 모든 상황이 벌어지는 데 채 30분도 걸리지 않았다.

내가 경험한 이 같은 일상의 풍경들이 바로 '디지털 자본주의' 시대로 일컬어지는, 익숙한 우리 삶의 한 단면일 것이다. 삶의 모든 행동이 각종 디지털 인프라에 의존하며, 시간과 공간의 물리적 제약을 클릭 한 번으로 손쉽고 편리하게 극복하고 있다. 그리고 이 모든 과정이 결국 누군가의 이윤과 노동과 깊이 결부되어 있을 것이다. 그러나 이러한 일상을 '디지털'과 '자본주의'라는 언어로 깊이 이해하며 손가락 '터치'를 이어가는 현대인은 많지 않을 것이다. 숨 쉬듯 당연하게 받아들여지는 일상을 낯설게 바라보기에는 가족의 모든 구성원이 수행해야 할 매일의 과업이 적지 않아 보인다. 디지털 인프라가 확보해준 잉여의 시공간은 여유로 남겨지

　지불되지 않는 사회

기보다 이미 극도로 압축되어버린 일상의 스케줄을 유용하는 데 소모되는 듯하다. 즉, 사유, 또는 성찰보다는 사용의 대상으로만 경험되기 쉬운 현실이다. 하지만 이 익숙한 풍경에서 조금만 거리를 두고, 이른바 인류학적 시각으로 '낯설게 바라보기'[209]를 시도하지 않는다면, 내 손안에 디지털이 들어와 있는 것인지, 거대한 디지털 회로 안에 내가 들어가 있는 것인지 뚜렷이 구별되지 않을 것이다.

이런 디지털 '호접지몽胡蝶之夢'을 깨우는 것은 바로 이 익숙한 풍경이 누군가의 삶을 앗아갈 때이다. 2020년 10월 8일 오후 4시경 서울 강북구에서 택배를 배송하던 40대 택배 기사가 갑작스러운 흉통이 닥쳐 심장마비로 사망했다. 2020년 10월 12일 새벽 6시경 칠곡 쿠팡 물류센터에서 작업을 마친 20대 후반의 노동자가 욕실에서 흉통으로 쓰러졌고 응급실 이송 후 한 시간이 지나 사망했다. 공교롭게도 두 명 모두 그해 추석 연휴가 끝나고 얼마 되지 않은 시점에 흉통에 이은 심장마비로 사망에 이르렀다. 그리고 이 일이 발생하기 약 10년 전 2010년 한 해 동안 애플 제품 제조의 중심지인 중국의 폭스콘 전자공장의 노동자 18명이 잇따라 투신자살을 시도해 그중 14명이 사망했다. 이 사건을 다룬 책 『아이폰을 위해 죽다』[210]의 제목처럼 애플의 제품들이 스마트한 모바일 시대를 선도했다는 영예 뒤에는 젊은 노동자의 과로 자살이라는 그늘이 따라다녔다.

한편, 그 스마트폰을 통해 활동하던 한 여성 유튜버가 악성 댓글과 이를 재생산한 유튜브 방송-일명 '사이버렉카cyber-wrecker'라 불리는-에 힘들어하다 2022년 2월 극단적 선택으로 세상을 떠났다. 그리고 2022년 4, 5월 우울증 온라인커뮤니티를 통해 만난 사람들이 동반 자살을 계획하고 이를 소셜네트워크를 통해 생중계하는 사건도 발생했다. 이른바 '디지털'이 바꿔놓은 세상의 모습은 단순히 편리와 효율이라는 말로 가릴 수 없는 참혹한 부작용을 초래하고 있다.

그런데, 우리가 나아가는 미래의 모습은 어떠한가. 2020년 2월 코로나 19 팬데믹이 전 세계를 휩쓸기 시작할 때 비대면 중심의 생태계가 형성되며 디지털 인프라의 의존도와 중요도가 급격히 증가했다. 2020년 7월 제7차 비상경제회의는 5년간 160조 원을 투입해 190만 개 일자리를 창출하겠다는 '한국판 뉴딜' 정책을 발표했는데, 그 핵심 목표는 '디지털 및 그린'으로의 전환이었다. 이른바 4차 혁명의 디지털 시대에 발맞춰 그린바이오 산업과 IT산업의 융합-즉, B.I.G 산업으로 불리는 바이오테크, 인포메이션테크, 그린테크-을 미래 비전으로 제시한 것이다. 나아가 2022년 12월 인공지능 챗봇인 챗GPT가 출시되자 그 충격을 알리는 소식이 미디어를 점령했고, 2023년 3월 정부는 이에 대응하기 위한 '초거대 AI 산업 발전'을 다짐하기에 이르렀다. 그 여파일까? 이미 '100만 디지털 인재 양성'을 선포했던 현 정부의 청사

진에 따라 대학미디 AI·SW·반도체 관련 신설 학과 개설에 박차를 가하고 있다.

그렇지만 디지털 콘텐츠가 의식주 자체를 대체할 수는 없다. 밥상 위 거의 모든 음식은 이제 이주노동자 없인 먹을 수 없으며, 콜센터 상담사의 '필수' 노동 없이는 그 어떤 공공기관 및 민간기업 그리고 시민과 고객이 일상을 유지할 수 없는 시절이 되었다. 또한 각종 건설 현장과 물류·유통 현장의 노동자 없이는 그 누구도 생존할 수 없다. 선망의 직업인 보건의료 영역은 물론이고, 갑질의 주된 피해자인 경비와 청소 노동 영역까지 한순간도 없어서는 안 된다.

그럼에도 미래의 디지털 산업화 경쟁 시대의 논의에서는, 이들이 감내해야 하는 일상의 고통은 매주 등장하는 OTT 드라마 스토리보다 주목받지 못하는 듯하다. 이들의 노동이 현실에서 사라지지 않았지만, 분명 디지털 생태계 거주자들의 사유 속에서는 쉽사리 휘발되어 버린다. 오직 그림자(노동자)처럼 배경에 머물다 집단감염의 온상지가 되거나 도로를 점거하는 집단시위자가 될 경우에만 비난의 시선을 던질 뿐이다. 일례로 2020년 3월 온 나라를 떠들썩하게 만들었던 수도권 최초의 코로나 19 집단감염이 발생한 콜센터 상담사 대책은 부적절했고,[211] 일 년 뒤 감염상담사의 28.4퍼센트가 외상후스트레스 장애까지 앓고 있다는 사실은 미래의 비전에 가려져 버렸다.[212] '도대체 왜'와 '그 이후'의 일에 대해서는 시간을 투자하지 않는다.

　나에게는 각자의 삶의 현장에서 벌어지는 이 모든 현상이 별개의 일처럼 보이지 않는다. 서두에서 제시한 나의 일상과 이름 없이 사라져간 수많은 산업 현장의 생명들, 그와 상관없는 듯 부르짖는 디지털 시대의 비전들, 이 모두가 거대한 모빌 조각품의 일부를 차지하고 있는 듯 느껴진다. 모두가 손안의 스마트폰으로 '모바일mobile 시대'의 혜택을 누리고 있다고 생각하지만, 결국 거대한 '모빌mobile'의 일부에 그치는 것은 아닐까. 마치 여성주의 활동가 페더리치[213]의 표현처럼 온 세상이 디지털 인프라의 확산과 함께 일종의 '사회적 공장'처럼 변한 것은 아닐까 싶다.

　그 공장의 소유주가 누구인지는 중요하지 않다. 중요한 건 각자의 삶의 매 순간을 디지털 공장에 접속한 채 살아가고 있다는 점이다. 퇴근도 없이, 잉여의 시공간도 없이 말이다. 이번 글은 이 같은 어지러운 모빌에 대한 다양한 관점의 지도를 그려보고 그중 놓치고 있는 모빌 조각은 무엇인지, 그리고 모빌을 끊임없이 움직이게 하는 힘은 어떻게 작동하는지를 다루어보고자 한다. 디지털 커뮤니티에서 확산된 '누칼협'(누가 칼 들고 협박했냐?) 같은 표현처럼 모빌의 엉킨 매듭을 지적하는 사람을 이른바 '매듭 자르기의 오류'로 폄하하는 것과 달리 엉켜버린 매듭을 차근히 풀어헤쳐 보려 한다.

구제직으로 나는 다음과 같은 순서로 매듭을 풀어보고자 한다. 우선, 디지털 자본주의에 대해 그동안 국내외에 소개된 사회과학 분석을 통해 관련된 노동의 '성격'–플랫폼–알고리즘–정체성–로그 노동–을 알아보고자 한다. 이어서 디지털, 자본주의, 그리고 노동이 지닌 현시대의 '의미'(메시아–인클로저–사이버타리아트)에 대해 인류학을 포함해 여러 인문사회과학자의 논의를 중심으로 이해를 돕고자 한다. 이후 디지털 공장 속 노동자 건강–짓눌린 가슴heart부터 분열된 가슴mind까지–에 대해 다각도로 살펴보고자 한다. 마지막으로, 앞의 모든 논의를 종합하면서 그동안 디지털 자본주의 및 노동 논의에서 깊이 다루어지지 않았던 '정동affect'[214)]의 역할에 관해 이야기하고자 한다. 즉, '지루함'과 '희망'이 교차하는 현시대의 모습과 그 속에서 현장 노동자가 경험하는 일상 속 '모멸감', '긴장'에 대해 다루면서 글을 마치고자 한다.

◆

디지털 자본주의 속 노동의 성격:
플랫폼-알고리즘-정체성-로그 노동

디지털 자본주의는 그 현상만큼 그에 대한 해석도 엉킨 매듭처럼 복잡해 보인다. 공유경제sharing economy에서부터 긱gig 노동, 온-디맨드on-demand 노동, 크라우드crowd 노동 그리고 고스트워크ghostwork 등에 이르기까지 새로운 용어가 난무한다.

우선, 오랜 기간 진행되어온 정보통신기술의 지속적 확산과 함께 이른바 FAGAFacebook, Amazon, Google, Apple로 불리는 다국적 디지털 기업의 활동이 세계 경제의 주요한 축을 형성하는 추세이다. 이 같은 이른바 디지털 정보통신기술에 의한 자본주의 체제의 중대한 변화를 반영하여 '디지털 자본주의' 시대라 칭한다. 물론, 여기에 디지털 네트워크화로 인한 세계화와 국제금융시장의 확장까지 포함한다.[215] 이 같은 디지털 자본주의 시대의 총아라 할 수 있는 기업으로 대표적 스타트업 기업인 우버Uber와 에어비앤비Airbnb를 꼽는다. 이들은 수요와 공급의 만남을 조직하는 플랫폼을 기반으로 한다. 여기서 '플랫폼'이란 쉽게 "복수의 집단이 교류하는 디지털 인프라 구조"[216]를 말한다. 이때 플랫폼의 핵심은 데이터에 기반하고 있으면서, 데이터에 최적화된 유사시장-일명 '데이터 채굴의 장치'[217]-이라는 점이다.[218] 디지털 자본주의 속 기업 전략의 핵심은 결국 플랫폼 구축 및 이를 통한 시장생태계 형성 및 확장에 있다. 즉, 플랫폼이 디지털 자본주의의 구체적 상징이라 할 수 있다.[219]

그렇다면 국내에서 디지털 자본주의는 어떤 모습일까? 일단 플랫폼을 중심으로 디지털 자본주의의 지형은 크게 ① 광고 플랫폼(예: 구글, 페이스북), ② 클라우드 플랫폼(예: 아마존 웹서비스), ③ 산업 플랫폼(예: 제조업 분야에 산업인터넷 활용), ④ 제품 플랫폼(예: 스포티파이 등 음원 사이트), ⑤ 린lean 플랫폼(예: 우버)으로 나뉜다.[220] 국내의 경우 새로운 플랫폼 기반 노동 양식의 출현에 주목하며 분류하기도 한다. 즉, 고용계약 없이 웹 사이트 또는 모바일 앱 등 디지털 플랫폼을 통해 일감을 거래하는 것에 초점을 맞춰 '호출형'(예: 대리운전, 음식배달 등), '관리형'(예: 가사, 청소, 컴퓨터 출장 수리 등), '중개형'(예: 디자인, 번역, 문서 작성 등), '전시형'(예: 유튜브, 웹툰, 웹소설 등), '미세작업'(예: 자료 수집, 검수와 검증 등) 플랫폼 노동으로 구분한다.[221] 이러한 구분에 따르면 국내 플랫폼 노동의 규모는 2018년 기준 2퍼센트 정도에 그치지만, 미래 노동의 최첨단 양상을 대변한다는 측면에서 간과할 수 없는 수치이다.[222]

국내의 플랫폼 노동 현실이 보여주는 디지털 자본주의의 미래란 '경쟁의 가시화, 통제의 비가시화, 노동시간의 불명확화'로 특징지어지는 극단적인 노동 유연화이다.[223] 문제는 고용 형태 변화를 넘어 노동 통제 양식까지 변한다는 점이다. 그것은 인공지능, 빅데이터, 자동화를 중심으로 한 알고리즘 중심의 업무 통제이다. 일명 '알고리즘 통치algogratic'[224]로 불리는 노동의 특징은 노동의 모든 과정을 수치화하며 임금을 인센티브로 책정하고, 높은 수치를 쫓도록 게임화시키는 전략까지 취한다.[225] 이광석[226]은 오늘날 "지능형 첨단 기술의 등장이 노동의 대체 효과보다는 파편화하고 위태로운 노동이 대거 증식하고 있음"을 강조하며 디지털 자본주의 시대에 오히려 '고용 없는' 질 낮은 단기 일자리의 확산을 강도 높게 비판한다. 그는 자본주의 기업이 저렴한 노동력을 활용하면서 "인공지능 알고리즘의 대중화된 소비 시장을 활성화하는, 이른바 위태로운 노동과 지능 기계의 절충주의적인 노동 인력 시장을 도모"[227]하고 있다고 지적한다. 즉, 인공지능을 앞세운 디지털 경제의 찬양은 "값싼 노동력을 찾으려는 자본의 욕망과 짝패"[228]라는 것이다.

디지털 생태계 안에서는 생산과 소비, 그리고 노동의 경계선이 이제 무의미해 보인다. 오히려 디지털 미디어를 통해 소비자를 넘어 직접 상품화되는 일명 '생산소비자prosumer'로서 디지털 노동에 연루되고 있다.[229] 이것은 단순히 '좋아요'를 누르고 '댓글'을 달며, '조회 수'를 올려주는 수준을 넘어선다. 김영욱은 인터넷에 기반한 기업의 상업 활동을 '디지털 감시'라 지적하며 소비자의 개인정보 및 플랫폼 내 활동을 이윤 창출 도구로 활용하고 있음에 주목한다. 소비자가 이것을 '감시'로 인식하지 못하는 이유는 그것이 "형체를 알아보기 힘들고, 사회 곳곳에 스며들어" 있는 등 '유동적 감시', 또는 액체 감시liquid surveillance의 성격을 지녔기 때문이라 지적한다. 이러한 인식하에 김영욱은 디지털 시대에 인터넷 이용자는 결과적으로 콘텐츠를 '시청'하고, '감시'당하는 것을 넘어 자발적으로 "인터넷상에 자신을 드러내고 정체성을 확인받기 위해 엄청난 노력을 쏟아" 붓는 '정체성 노동labor of being identified'에 참여하고 있다고 강조한다.

지금까지의 논의를 정리해 보면, 디지털 자본주의 시대 노동의 성격은 '플랫폼 노동', '알고리즘 노동', '정체성 노동'으로 진화 중이다. 이것은 디지털 자본주의에 대한 성찰이 단지 스마트폰 앱을 열고 실시간 '일감'을 찾는 2퍼센트 정도의 노동자에 국한되지 않음을 말해준다. 나는 이 모든 변화의 모습이 국제노동 연구자 휴즈[230]의 '로그 노동logged labour' 개념으로 종합할 수 있다고 본다.

그녀는 오늘날 노동의 모든 영역에서 다음 세 가지 특징을 공유하는 새로운 패턴의 노동 조직화가 이루어지고 있다고 지적한다. 첫째, 노동자가 표준화된 업무에 통나무 잘려

나가듯 분산되고, 둘째, 지속적으로 고용주와 고객에게 감시와 모니터링을 당하며, 셋째, 일감을 얻기 위해 온라인 플랫폼에 항상 연결되어 있다. 휴즈는 이 세 가지 의미-cut down, record, log on-를 포함하는 영어 단어 'log'를 활용하여 디지털 자본주의 체제의 노동을 '로그 노동'이라 부른 것이다. 즉, 잘게 쪼개진 업무에 홀로 배치되고, 실시간으로 감시받고 평가받으며, 항상 웹에 접속해 대기해야 한다.

휴즈는 이렇게 노동이 정형화되고 있음에도, 역설적으로 노동의 기회와 지위는 더욱 예측 불가능하고 위태롭다는 사실에 주목한다. 휴즈의 지적[231]처럼 노동자가 피부로 경험하는 디지털 자본주의의 실체는 미디어가 재생산하는 '무게 없는 경제'-즉, 거리 없는 지리학, 시간 없는 역사, 무게 없는 가치, 현금 없는 거래-가 아니라 이것이 은폐하는 이른바 '산노동'[232]의 결과인 흉통과 심장마비의 무게일 것이다. 그 무게에 대해 좀 더 알아보기 위해 '디지털', '자본주의', 그리고 '노동'을 세분화하여 각각의 의미에 관해 이야기해 보려 한다.

지불되지 않는 사회

◆

디지털, 자본주의 그리고 노동의 의미:
메시아, 인클로저, 그리고 사이버타리아트

팬데믹을 거치면서 디지털 자본주의 시대의 변화된 사회상이 더욱 명료해진 듯하다. 특히, 전 미국 노동부 장관 라이시 Reich의 노동계급 분화에 대한 지적은 주목할 만하다.[233] 그는 코로나 19 확산이 형성한 비대면 시기 계급을 'Remotes', 'Essentials', 'Unpaid', 'Forgotten'으로 구분지었다. 'Remotes'는 감염 위험에서 벗어나 노트북 등으로 근무할 수 있는, 교수·경영자·기술자 등 약 35퍼센트의 전문직을 말하며, 'Essentials'는 보건의료인, 식료품 및 유통업자, 경찰 및 군인 등 대면 활동을 해야만 하는 30퍼센트의 이른바 필수노동자를 뜻한다. 그리고 'Unpaid'는 식당 종업원 등 비대면 시기 직장을 잃은 약 25퍼센트의 노동자를 뜻하며, 'Forgotten'은 사람들의 시선에서 보이지 않는 죄수, 불법 이주민 수감자, 농장의 이주노동자들을 뜻한다. 라이시는 'Remotes'를 제외한 나머지 세 계급이 주로 흑인과 라틴계 시민들이며, 빈곤과 감염에 더욱 취약하다고 강조한다.

라이시의 이 같은 분류는 누가 디지털 자본주의 시대의 혜택을 최대한 향유하고 있으며, 그들의 안전한 노동을 위해 누군가의 위험한 노동-필수노동을 포함하여 다수의 플랫폼 노동자들-이 동반되어야 하는지를 명확히 보여준다. 그럼에도 팬데믹 초기 한국의 '디지털'은 감염자의 동선을 명확히 추적할 수 있는 K-방역기술과 문 앞까지 안전하게 배달되는 안전망으로만 부각된 면이 있다. 여기서 나는 4차 산업혁명의 핵심으로 손꼽는 '바이오·IT·그린'에 대한 시대의 극단적 선망이 자본주의와 결합한 메시아적 추종일 수 있음을 지적하고자 한다. 그것은 팬데믹에 의해 디지털 및 바이오 산업에 미래 성장의 희망을 건 모습이 2000년 밀레니엄을 통과하며 인류, 특히 서구가 희망을 걸었던 게놈 프로젝트에 대한 선망과 닮았기 때문이다.

인류학자 라잔[234]은 『생명 자본』에서 밀레니엄을 맞아 미국의 공공기관과 민간기업에서 앞다투어 '게놈 프로젝트'를 성공시키려는 현장의 모습을 가감 없이 보여준다. 인간 DNA 서열에 대한 생명과학은 이제 '정보'과학으로 전환되었고, 누가 먼저 그 정보를 '소유'하는지에 따라 이윤을 창출할 수 있다. 이때 라잔이 기업의 연설 및 의례 현장에서 목격한 것은 생명과학과 자본주의의 결합, 즉 생명 자본에 있어 '종교적' 요소의 개입이었다. 그것은 일종의 '구조적 메시아주의structural messianism'로서 눈부신 생명과학기술 발전이 인간을 질병과 죽음으로부터 구원해줄 것이라는 믿음이었다.[235] 라잔은 이것이 단순히 자본주의에 덧붙여진 것이 아니라 자본주의 역시 "종교에 의해 조건 지어지는 구조물일 뿐 아니라, 하나의 종교적 현상"이라고 지적한다.[236] 기업의 파티 현장에서 라잔이 목격한 것은 기업의 가치 창출에 대한 열광과 충성심이었다.[237] 과학기술의 기적과 그에 따른 엄청난 자본의 기적에 대한 광적인 열광은 그 후 20년이 지나 팬데믹이 휩쓸고 간 지금 한국에서도 어렵지 않게 목격된다. B.I.G(바이오테크·정보테크·그린테크) 산업에 대한 정부의 투기적 수준의 '몰빵' 투자와 너무 닮지 않았는가.

B.I.G 산업에 대한 정부의 집중 투자는 사실 한국만의 현상은 아니다. 이른바 '지속 가능한' 경제성장을 주창하는 모든 국가의 열광적 지지를 받고 있다. 인류학자 히켈[238]은 이러한 상황에서 자본주의의 500년 역사가 보여준 가장 큰 특징, 즉 '지속적인 성장 추구'라는 정언명령에 주목하며, 가장 중요한 공식과 자본축적 방식을 소개한다. 그것은 "자연으로부터 그리고 노동으로부터 주는 것보다 더 많이 가져간다는 공식"과 함께 삶에 필수적인 모든 자원에 대한 접근권을 빼앗는 '인클로저', 즉 '본원적 축적', 또는 '시초 축적'에 대한 지적이다.[239] 이때 자본가의 인클로저 대상은 단순히 공유지를 넘어 가치를 뽑아낼 수 있는 모든 것들—노예의 신체에서부터 의회와 식민지까지도—이 포함된다. 이런 맥락에서 히켈

은 자본주의를 "본질적으로 식민주의적"이라 강조한다.[240] 여기서 그는 경제의 성장이 곧 인류에 이익을 가져올 것이라는 자본주의의 신조가 알리바이일 뿐이라 지적하며, 엄청난 생산력 증가에도 노동자는 항상 "인위적 희소성" 상태에 내몰려왔다고 지적한다.[241] 그는 이 희소성과 굶주림의 위협이 자본가의 성장 동력으로 작용해왔음을 강도 높게 비판한다.

히켈의 주장은 앞서 '알고리즘에 의한 노동'에서 지적했듯 노동자에게 최적의 시공간 동선을 만들어 이윤을 창출하는 최근의 노동 통제 방식을 떠올리게 한다. 노동자에게 잉여의 시공간은 자본이 개입되는 순간 곧바로 '희소한' 시공간으로 전환되고, 그렇게 창출된 이윤은 노동자가 '충분히' 여유로운 삶을 영유할 수 있는 임금으로 되돌려지지 않는다. 이러한 현상이 이른바 '이중 빈곤', 경제적 빈곤과 시간의 빈곤의 열악한 한국 비정규직 노동자의 삶을 초래하는 것이다.[242]

한국 사회에서는 단 한 번도 진지하게 배달 플랫폼 노동자가 한 건당 얼마를 받는 것이 적정한 수준인지 공론화된 적이 없다. 임금을 논할 대상으로도 여기지 않는 것은 아닌지 모를 일이다. 인클로저의 시각을 개별 노동자에서 좀 더 시야를 넓혀 본다면, 인공지능과 각종 디지털 장비들을 운용하는 데 요구되는 엄청난 전력 역시 결국 자연으로부터 그 에너지를 착취함으로써 얻어지는 것이다. 그 결과는 인류세의 예견된 수순을 밟는 것이나.[243] 시선을 국내로 돌리면 도시의 전력 자급률 부족을 메우기 위해, 즉 도시의 밤을 밝히기 위해 시골의 자연과 주민의 건강을 착취하는 것 또한 자본주의가 초래한 인클로저의 연장선일 것이다.[244]

한편, 디지털 자본주의 시대가 변환시킨 노동의 지형도는 고스트워크, 긱 노동, 크라우드 노동, 플랫폼 배달 노동, 데이터 무급노동 등 다양한 노동유형들로 채워져 있다.[245] 그렇지만, 노동의 형태가 바뀌었다고 자본이 이들을 대하는 근본적 방식이 바뀐 것은 아닌 듯하다. 아담스-프라슬[246]이 "해 아래는 새것이 없나니"라 지적했듯, 이미 과거 산업자본 시기에도 '외주노동Out work', '착취 작업Sweated trades'은 물론이고 "강력한 중개자와 그에 따른 저임금, 불안전 노동" 방식이 인터넷 등장 훨씬 이전부터 근대 노동시장의 특징으로 자리잡았었다.

오랜 기간 서구 여성의 착취 노동에 대해 연구한 휴즈[247] 역시 그녀의 책 『싸이버타리아트』를 통해 정보통신기술이 발달하면서 여성이 가사노동이라는 '부불노동否拂勞動' 위치에서 정보노동자로 옮겨가는 과정에서 언제나 '가장 싼 노동력'으로 착취당해왔고 그 역사는 "충격적이리만치 뿌리 깊은 것"이라 강조한다. 그녀의 지적은 과거 영국 식민지 인도의 가난한 일용직 노동자 '쿨리coolie'가 오늘날 영어권 국가들의 외주를 받은 다국적 기업 콜센터 인도 여성, 즉 '사이버

쿨리cyber-coolie'로 전환되었다는 현실에서 재차 확인할 수 있다.[248]

휴즈는 다국적 기업의 세계화 진출 대상으로 한국도 예외가 아님을 지적한다. 한국 역시 이미 "세계적 규모의 복잡한 정보처리 업무 거래망의 한 접속점으로 자본이 자리 잡는 지역"이 되었다고 말한다.[249] 그녀의 지적처럼 한국 콜센터 상담사들은 외국계 기업의 한국 진출의 주요한 '사이버타리아트cybertariat'로 이미 활용되고 있었다. 그것도 '충격적이리만치 뿌리 깊은 방식'으로 저임금 고강도 노동에 노출되면서 말이다.[250] 그리고 그 노동의 취약성은 결국 팬데믹 시기에 '구로 콜센터 상담사 집단감염'이라는 질병으로 이어졌다. 당시 구로 콜센터로 알려진 곳은 외국계 보험회사의 하청업체였다. 휴즈의 예견처럼 이미 한국의 영세 하청업체는 다국적 기업의 디지털 접속점이었고, 그 속에서 경력 단절의 한국 중년 여성들이 전형적인 '로그 노동'을 수행하고 있었다. 이처럼 우리는 자동화가 위험한 노동으로부터 인간을 해방해줄 것이라는 기술낙관론적 주장들[251]과 정반대의 현실을 마주하고 있다. 현실은 자동화된 기계 안에 기계 부속품 대신 '사람'이 들어간 채 혹사당하는 모습이 오히려 현실에 가까울지 모른다.[252] 그렇다면, '메시아-인클로저-사이버타리아트'로 번역될 수 있는 '디지털-자본주의-노동'의 현실 속에서 노동자의 건강은 어떤 미래에 놓여 있을까.

◆

디지털 공장 속 노동자의 건강:
짓눌린 가슴_{heart}부터 분열된 가슴_{mind}까지

우리는 스마트폰 화면의 배송 앱을 터치하며 현관 앞에 상품이 신속히 배달될 것만을 기대한다. 그 터치 이후 몇 명의 노동자가 어떠한 알고리즘의 통제하에 숨 쉴 틈 없이 일해야 하는지는 상상하지 못한다. 윤리적 성찰은 그렇게 스마트폰 액정을 넘어서기 어렵다. 최근에 출간된 『마지막 일터, 쿠팡을 해지합니다』[253)]는 디지털 플랫폼을 기반으로 한 대표적 업체의 물류센터 노동자와 배송기사의 과로사를 다루고 있다. 그들은 작업장에서, 센터 화장실에서, 집 욕실에서, 집 화장실에서, 배송 중 계단과 거리에서 가슴을 짓누르는 통증을 호소하며 또는 증상을 호소조차 하지도 못한 채 갑작스러운 사망에 이르렀다. 부검 결과에서 심근경색으로 밝혀진 27세 남성의 사례가 보여주듯 '로켓'처럼 빠른 배송 속도를 맞추기 위해 노동자는 '손해'를 감수해야 했고, "손해를 감수하고 일하던 이는 사망"에 이르렀다.[254)] 이렇게 쓰러진 이들의 사망원인은 대부분 허혈성 심장질환, 급성 심근경색, 심근경

색, 다발성 뇌출혈 등이었다. 모두 다 과로사 질병이라 할 수 있다.[255]

기업이 주문과 동시에 빠른 물류 준비와 배송까지 이어질 수 있는 데에는 첨단 디지털 기술이 개입된다. 물류센터에는 '랜덤 스토우Random Stow'(상품을 인공지능에 의해 주문 빈도, 물품 특성, 재고량 등에 따라 수시로 보관할 위치를 정해주는 시스템) 방식과 '라스트 마일Last Mile'(물건이 소비자에게 제공되는 마지막 동선을 소비자에 따라 최적화하는 시스템) 방식을 활용하여 노동자의 동선을 최소화하고 쉴 틈 없이 빠르게 업무가 진행되게 만들며, 소비자가 요청하는 시간 및 장소(새벽, 집 문 앞)까지 착오 없이 전달하게 만든다.[256] 배송기사의 경우 배송 차량에 GPS 추적 장치가 붙어 있어 만일 차량이 7분 이상 정차해 있을 경우 기사에게 연락을 취해 쉬지 못하게 하는 구조였다고 한다.[257] 그리고 여기에는 또 하나 '수치와 모욕'이 추가된다. 그것은 노동자 1인당 생산 속도UPH(Unit Per Hour)를 측정하여, '하위 5명에 3번 이상 속한다' 등 기준에 따라 실적이 낮은 사람들은 공개적으로 호명하여 엄포를 놓는 등 수치와 모욕감을 준다고 한다.[258]

전주희[259]는 쿠팡 기업이 개발한 '알고리즘'이 한국 사회가 외환위기 이후 "꽤나 광범위하게 모아놓은 (양질의 값싼) 불안정노동자의 사용을 전제로 하고 있다"고 지적한다. 그녀는 과학사회학자 주디 와츠먼의 표현을 빌려 "발명을 포함한 모든 기술은 기술이 배태되어 나온 사회적 관계의 특징과 모순, 갈등을 표현"하고 있음을 강조한다. 쿠팡이 그동안 한국에서 보여준 모든 과로사 사례들은 한국 사회의 불안정 노동 현실의 결과이자 또 다른 원인인 셈이다. 스스로를 '시간 연구자'로 부르는 김영선[260]은 책『존버 씨의 죽음』을 통해 플랫폼 기업 알고리즘의 전제가 되는 한국 사회의 "갈아넣고 쥐어짜고 태우는 과로+성과체제"에 대해 '존버 씨'라는 냉소적 표현으로 비판한다. 신자유주의 시대에 노동자는 더 많이 생산하고, 더 많이 소비하는 삶의 '리듬'에 공명하기를 강요받고 있다.[261] 여기에 정보통신망이 만들어놓은 디지털 생태계는 '기계적 시간'을 분초 단위까지 활용하게 압박하며, 이제는 GPS에 위치 정보까지 연동시키는 이른바 '네트워크 시간'에 리듬을 맞추게 하고 있다.[262]

철학자 한병철[263]은 심장이 짓눌릴 정도의 강도 높은 알고리즘의 압박하에 생긴 현대 사회의 피로를 "분열적인 피로"라 부르며 그것이 "근본적인 피로"와 차별된다고 강조한다. 그는 피로가 '분열적'일 때는 성과 사회에서 자신은 물론이고 공동체와 친밀함, 나아가 언어마저 파괴하는 '폭력'이 된다고 강조한다. 그에 반해 '근본적' 피로는 휴식과 안정, 그리고 무위에서 오는 영감의 기회를 제공해주는 '생존과 공존'의 피로다. 한병철[264]은 이 같은 분열적 피로가 위태로운 것은 "스스로를 착취하는 노동자"가 되게 하며, 계급투쟁을

"자기 자신과의 내적 투쟁"으로 만들기 때문이라고 강조한다. 즉, 끊임없이 자신을 '예속'하고 '기획'하면서 "파괴적 강박"에 빠지게 만들고, 그 같은 자기 공격적 특성은 결국 우울증과 같은 정신질환으로 연결된다고 보았다.[265] 그의 이 같은 지적은 디지털 테크놀로지가 초래한 기호와 정보 그리고 접속의 과잉을 특징으로 하는 '기호 자본주의' 시대의 정신병리에 대한 베라르디[266]의 지적과 맥을 같이한다. 그는 기호 자본주의하에서 사람들은 "정신적 에너지의 끊임없는 착취에 의존하며 경쟁은 불안정노동의 영역에 존재"함으로써 정신적 고통이 유행병이 되어버렸다고 지적한다. 이 두 학자의 분석이 지나친 기우일까. 하지만, 적어도 한국의 노동자들이 일터에서 "불안감+쥐어짜임+타들어 감+짓눌림+무력감+고립감 상태"에 휩싸여 스스로 목숨을 끊는 일명 '과로자살'이 발생하고 있다는 점에서 외면할 수 없는 사실들이다.[267]

그나마 다행인 건 최근 플랫폼 노동자에 대한 대규모 건강실태조사가 이루어지고[268], 웹툰 작가에 대한 정신건강 실태조사도 이루어지고 있다는 사실이다.[269] 하지만 한편에서는 노동자의 건강 문제를 해결하는 방식마저 디지털 자본주의의 통치 방식을 따르는 흐름도 지속되고 있다. 이른바 건강 연구의 '구글화Googlization of health research' 경향으로 불리는 것으로 이것은 애플 손목시계 앱을 통해 획득한 심박수 등 대중의 생체성보 빅데이터를 활용한 새로운 건강 연구 흐름을 말한다.[270] 이것은 일명 '디지털 치료제'로 불리는 소프트웨어 및 앱의 개발을 목표로 한다.[271] 즉, 불면증과 우울증을 치료하기 위해 스마트폰의 '앱'을 처방하고 이를 사용하게 만드는 것이다. 국내에서는 작업장 내 노동자의 건강 상태를 웨어러블 디지털 기기를 통해 실시간으로 데이터화하고 건강의 위험 신호를 파악하는 것으로 활용되고 있다.[272] 그런데 이러한 변화가 진정 노동자의 건강을 위한 것인가, 또는 이들의 건강까지 소비재 및 생산재로 만드는 데 활용하는 것일까. 디지털 체제-알고리즘 및 플랫폼-가 노동자의 건강을 악화시키고 있는 상황에서 바로 그 체제를 활용해서 노동자의 건강을 관리한다는 이 모순을 어디까지 받아들여야 할까. 당장 해결책은 그 알고리즘의 작동을 중지하면 될 문제를 쉼 없이 업무를 해야만 하는 노동자의 몸에서 건강 정보를 추출하여 '심장마비의 위험 신호'를 조기에 확보하는 것이 정말로 건강을 보호하는 것일까. 분명한 건 그 디지털 건강 관리의 대가로 노동자의 월급에서 비용이 차감될지 모른다는 사실이다. 오히려 언젠가 심장이 멈추지 않을 만큼 일할 수 있는 업무 알고리즘을 만들지도 모르며, 그럴 위험이 있는 노동자는 사고 직전에 해고당할 수도 있을 것이다.

◆

디지털 시대, 왜 매듭을 풀기 위해
정동을 말해야 하는가

지금까지 디지털 자본주의 시대의 노동의 성격(플랫폼-알고리즘-정체성-로그 노동)과 그 의미(메시아-인클로저-사이버타리아트)에 대해 살펴보았다. 또한, 그러한 노동 속에서 심신이 짓눌리며 고통받고 있다는 것도 검토해보았다. 그런데, 왜 마지막에 조금은 낯선 '정동'을 말하려 하는 것일까. 그 이유를 다음과 같은 비유를 통한 질문에서부터 시작하려 한다. "호랑이굴에 잡혀가도 정신만 차리면 산다"는 오래된 속담이 있다. 그렇지만 호랑이굴에서 두렵고 떨리는 마음은 오직 정신만으로 다잡기 힘들 것이다. 그런데 정작 사회는, 기업은 개인의 정신을 강조하면서도 점점 더 호랑이굴에 투자하는 모습이다. 디지털 인프라를 구축해서(플랫폼 노동) 각자가 자신을 감시하고(알고리즘 노동) 또 그런 모습을 전시하게 만드는(정체성 노동) 디지털 호랑이 속으로 개인을 몰아넣는다. 마치 노동 통제를 위해서 중요한 건 정신교육이 아니라 그들을 계속 호랑이굴 '속'에 머물게 하는 것이라는 듯 말이다. 여

지불되지 않는 사회

기서 나의 질문은 이렇다. 그럼, 왜 그 두렵고 무서운 굴 안에서 그들이 한 발짝도 나오지 못하는 것일까. 무엇이 그들을 붙잡고 있는 것일까.

많은 학자가 그 힘에 대해 고민해 왔다. 그리고 그것은 이성에 의해 조절할 수 있다고 믿는 '감정emotion'과 달리 개인적 차원을 넘고 의식적 통제의 영역이 아닌 '정동'에 대한 관심으로 이어졌다.[273] 정동은 쉽게 "특정화되지 않은 '단순한' 느낌feeling의 영역"[274]이며 보통 '육감gut feeling'[275]으로도 소개된다. 그리고 그 육감은 곧 '몸의 능력'을 지배한다고 여겨진다.[276] 내가 특히 주목하는 정동은 신자유주의 시대가 만든 '희망'과 '지루함'의 공존, 그 모순 가득한 분위기이다.[277] 벌랜트[278]의 유명한 표현인 '잔혹한 낙관주의'처럼 말이다. 메시아와도 같은 디지털 미래에 대한 선망은 과연 우리에게 '희망'일까 또는 도달할 수 없는 희망 고문으로 일상의 '지루함'을 달래고 있는 것일까. 민주주의의 바탕인 진실에 대한 열망은 지루한 논쟁이라 폄하하는 조롱들로 둘러싸여 있지는 않은가. 내가 인류학자로 십 년간 한국의 대표적 '사이버타리아트'인 콜센터 여성 상담사들을 만나며 목격한 것은 '긴장'과 '모욕'의 정동이 팽배한 현실이었다.[279] 그 결과 스스로를 지키기 위한 방법은 '얼굴 없이, 가슴이 뻥 뚫린 채' 일하는 것이었다.[280] 즉, 감정노동자가 생존을 위해 감정 '없는' 노동자가 되는 모순된 현실이었다.

물론, 디지털 자본주의 시대에 목격되는 해결책들도 존재한다. 그런데, 그 해결책이란 것도 헉슬리의 소설 『멋진 신세계』에 등장하는 행복을 조장하는 약물 '소마soma'를 넘지 못하는 듯하다. 가장 대표적인 것이 '도파민 네이션Dopamine Nation'이라는 관점이다.[281] 이것은 쾌락과 고통의 교집합인 '도파민'에 빠진 현대인들에게 건강한 '도파민' 균형점을 제시한다. 이른바 도파민 디톡스를 처방하는 것이다. 이와 유사한 개인적 차원의 해법들-'도둑맞은 집중력', '회복 탄력성' 등-이 베스트셀러로 주목받고 있다. 그렇지만, 이 또한 개인들의 정동적 경험들이 분자 수준의 데이터로 환원된 채 처리되고 있는 것은 아닐까. 총알 배송으로 이 해법을 손안에 쥐고 싶은 소비자들은 과연 호랑이굴에서 벗어난 것일까. 이 또한 또 다른 '잔혹한 낙관주의'의 산물에 지나지 않은가 싶다.

디지털 시대 정보의 과잉이 사람들을 병들게 하고 있다고 본 이탈리아의 이론가 베라르디[282]가 책을 통해 전달한 나름의 해법은 기존의 의사소통을 넘어선 언어 '시'의 가능성이었다. 그는 시가 "타인의 존재, 타인의 신체를 감각할 수 있는 우리의 능력을 되돌려"줄 것이라 믿었고, 그래서 연대의 새로운 가능성을 발견할 수 있기를 바랐다.[283] 그런 그도 점차 대중에게 희망을 말하기 힘들어졌다. 서구에서 발생하는 '묻지 마 총기 살인'과 '자살'의 스펙터클을 보며 인류의

미래에 대해 점차 비관수의에 빠져늘었기 때문이다.[284]

그래서일까. 서울에 초청 강연을 받았을 때 오기 싫었다고 고백한 베라르디. 그럼에도 결국 서울에 도착해 강연을 한 후 오히려 희망을 느끼고 돌아간 그였다. 그가 서울에서 목격한 것은 "종말 뒤에 이어질 르네상스의 조건"이었다.[285] 그것은 바로 자율적 연구공동체의 구성원들이 보여준 우정으로 연결된 편안함과 여유였다. 그곳에서 베라르디는 아마도 잠시 잃어버렸던 타인의 신체를 감각할 능력을 되살린 것은 아닐까. 내가 디지털 시대의 매듭을 풀기 위해 정동에 주목하는 이유가 여기에 있다.

팬데믹 시기 사회적 거리 두기 정책으로 폭주하는 업무에 짓눌린 노동자 중에는 콜센터 상담사도 포함된다. 보건의료 종사자가 '코로나 의인'으로 치켜세워질 때 상담사는 '집단감염의 온상지'라는 비난까지 받아야 했다. 업무가 평소보다 180퍼센트 증가해도 월급이 인상되지도, 휴식 시간이 충분하지도 않았다.[286] 이런 부당함에 참지 못해 한여름에 원청회사 본부 로비에서 점거 농성을 단행한 여성 상담사들이 있었다. 난 그녀들이 왜 온갖 비난과 예견된 고난 속으로 뛰어들었는지 알고 싶었다. 현장 속 그녀들의 답변은 "무언가 하려는" 조합원들 때문이었다. 사회도, 가족도, 기업도, 그리고 시민도 제대로 돌봐주지 않는 서로의 참혹한 모습을 목격●[287]하며 그 무엇이라도 하기 위해서였다. 베라르디가 강조했던 타인의 신체를 감각할 수 있는 그 잃어버린 능력이 그녀들 사이에서 솟구친 것이었다.

서로의 고통 앞에 '아무것도 하지 않으려는' 마음과 '무엇이라도 하려는' 마음의 차이는 단지 개인 간 성격의 차이가 아닐 것이다. 단 한 명의 사람이라도 조금씩 타인의 아픔에 감응할 수 있는 방향으로 사회를 변혁시킬 수 있다면, 디지털 자본주의가 만들 미래는 전혀 다른 모습일지 모른다. 물론, '테크빛' 희망을 쫓는 사회 안에서 홀로 비참함을 감내하는 것보다 비참한 현실에 '로그인'한 상태에서도 서로의 희망을 위해 움직이길 선택한다는 것은 분명 쉽지 않을 것이다.

일본 사회의 심리조작 문제를 파헤친 정신과 의사 오카다 다카시는 불안하고 위축된 상태에 놓인 현대인일수록 타인의 말에 쉽게 반응하고 휩쓸릴 수 있다고 지적한다.[288] 소위 '분열적인 피로'[289]에 지친 디지털 노동자들은 누군가에 의해 좋은 방향이든 나쁜 방향이든 쉽게 이끌려갈 위태로운 상황에 놓여 있는 것이다. 만일 그렇다면, 우리가 그들에게

• 필자가 들었던 가장 가슴 아픈 사연은 '미진행'을 진행했던 여성 상담사의 죽음이었다. 그녀는 홀로 키우는 아이와 저녁 식사라도 함께하기 위해 미진행, 즉 오전 9시부터 오후 5시까지 식사와 휴식(화장실 이용 포함)을 포함해 단 10분만 쉬는 팀에서 일을 했다. 그렇게 2년 넘게 식사 한 번 제대로 하지 못하던 그녀는 결국 대장암으로 쓰러진 뒤 사망에 이르렀다. 이 사연을 전해준 여성은 그때 그 동료의 죽음 앞에 "너무나 억울한 심정이었다"고 했다. 그 억울함이 그녀를 '무엇이라도 하게' 만들었고, 그렇게 코로나 시기 로비 점거 시위의 현장에 함께하게 되었다.

건네줄 이야기는 명확하다. 그들이 자본가의 감언이설에 이끌려 끝없는 노동 속에 불나방처럼 달려들기 전에, 희망의 암시로 새로운 날갯짓을 시도하게 만들어 주어야 한다.

베라르디는 타인의 신체에 감응하기 위한 훈련으로 일상적 언어가 아닌 '시'의 언어를 경험하기를 요구한다. 그렇지만, 나는 그 시가 비유와 은유, 풍자와 해학, 상징과 절제가 아닌 아주 구체적인 희망의 메시지로 채워지길 소망한다. 불안한 노동의 일상에서 필요한 암시는 무거운 시집이 아니라 희망의 가곡일 것이다. 그래서일까. 그 막막했던 상담사들의 로비 시위 현장을 한때나마 가득 채웠던 것은 힘찬 몸짓을 동반한 희망찬 노래들이었다.

공정한 노동 끝 우울 : 공정의 정동 병리학

● 해당 글은 2024년 3월 1일 '사회적 우울' 특집으로 기획된 『문화과학』 2024 봄 117 호(문화과학사)에 실린 필자의 글 "어떻게 노동이 우울증이 되었는가: 공정의 정동 병리 학"(64~100쪽)을 재수록한 것임을 밝힌다.

오늘날의 디지털 자본주의 속 모든 노동은 언제나 '공정'하다는 전제를 강요한다. 그렇지만, 그 공정은 더욱 섬세하게 노동자의 감정을 특정한 방향으로 내몰고 있다. 겉으로는 고통의 인내 뒤 달콤한 행복을 말하지만, 마음속에는 그 달콤한 환상 대신 오래된 상처와 그것이 쌓여 만든 고름들이 차오르고 있다.

그것은 무력하고 절망적인 일상을 점차 확산시키고 있는지도 모른다. 그러기에 더욱더 많은 노동이 곧 우울증으로 귀결되고 있는 것은 아닐는지. 그리고, 그 대상이 성인이 되기 이전인 청소년에서부터 청년, 그리고 중년과 노년에 이르기까지 광범위하게 확산된 것은 아닐지 의심된다. 그렇게 어느덧 우울증 진료환자 100만의 시대에 돌입해 버렸다.

하지만 우리는 어떻게 노동이 곧 마음을 병들게 하는지 모르고 지낸다. 나아가 그것이 왜 개인의 성격과 능력 탓이 아닌 엄연한 산업재해임을 알지 못한다. '태움'이 '태움'인지도, 그리고 그것이 분명 부당한 노동이자 재해임을 모른다.

그렇게 노동의 현장에서 온갖 무력감과 절망감은 우울증의 얼굴로 어느새 일상을 뒤덮는다. 학생에게 희망과 꿈을 가르치던 교사가 스스로 생을 마감하는 현실 앞에서 우린 어떤 미래를 제시할 수 있을까. 정말 공정이라는 말을 입에 담을 수 있을지 의구심이 든다. 공정이라 쓰고 희생이라 읽어야 하는 것은 아닐까. 7장에서는 이렇듯 노동의 현장에서 마음속에서부터 커져 가는 생채기들을 섬세히 추적하는 작업을 시행하려 한다.

◆

마음을 다친 시민, 그리고 노동자

얼마 전 중학교에 재학 중인 지인의 딸 얼굴 사진을 보았다. 입술과 입안이 온통 물집과 함께 빨갛게 부어있었다. 이유인 즉슨, 학업 경쟁이 치열한 지역으로 전학 간 후 학업 스트레스로 인해 면역력이 저하되어 입 주변으로 심한 포진이 발생한 것이었다. 다른 학생보다 선행학습이 많이 뒤처진다며 평상시 불안과 불면에 힘들어했다고 한다.

이것은 단순히 이 학생 '만'의 문제는 아닐 것이다. 국민건강보험공단 자료에 의하면 지난 5년 사이(2018~2022) 초중고 청소년의 우울증이 60.1퍼센트가 증가했다고 한다. 또한, 10대 사망 원인 1위도 우울증과 밀접하게 관련된 자살이었다. 그런데, 이것이 오로지 학창시절 '만'의 문제일까. 좋은 사립고에 가면, 좋은 대학에 가면, 또 좋은 직장에 가면, 전혀 다른 삶이 기다리고 있을 거라고 누가 아이들에게 장담할 수 있을까.

2022년 한국은 우울증 환자 100만 시대에 돌입했다.[290] 50명이 모이면 1명이 우울증으로 진료를 받는 셈이다. 연령별로는 20대가 가장 많았고, 그다음이 30대, 40대 순이다. 그래서일까. 10대와 같이 20대·30대도 사망 원인 1위가 자살이다. 흔히 '연예인병'이라고 불리던 공황장애 환자도 2021년 20만 명을 넘어섰다. 이 또한 4년 사이 44.5퍼센트가 증가한 수치이다.[291] 우울증의 주된 감정이 '슬픔'이고, 공황장애의 주된 감정은 '불안'이라고 하니, 점점 더 많은 한국인들이 병적인 슬픔과 불안에 잠식되고 있는 셈이다. 여기에 과중한 업무로 만성피로까지 덮칠 경우 소위 '번아웃 증후군'[292]에 빠지는 것이다. 고령이라고 다를까. 노인 자살률이 OECD 회원국 평균의 2~3배에 달하는 1위라는 사실만으로 다른 설명이 필요 없다.[293]

이 같은 상황이 한국 사회에 일종의 '사건'으로 대두된 것은 1995년 이후부터 2010년 이전까지 약 15년 동안의 시기였다. 이 시기 자살률이 2배 이상 급증했다. 1986년부터 10만 명당 10명 안팎의 자살률이 1995년 11.8명에서 2008년 26.4명까지 급격히 상승했다. 가장 큰 이유로 지목된 것은 1998년 아시아 외환위기로 인한 대량해고 및 실직이었다. 특히, 2005년 및 2006년의 통계자료를 검토한 결과 당시 고용 상태-정규직, 비정규직, 실업-가 열악해질수록 우울감 수치가 커지는 뚜렷한 상관관계가 있었다.[294] 즉, 불안정한 일자리는 개인의 정서마저 불안정하게 만들었고, 최악의 선택에까지 내몰았던 것이다.

지불되지 않는 사회

이처럼 노동은 단지 생계를 위한 도구적 가치를 넘어 정신건강의 안전망이다. 한국사회의 우울과 불안은 노동을 떠나 생각할 수 없다. 그렇지만, 아이러니하게도 노동은 안전망일 뿐만 아니라 때론 살갗을 옥죄어 오는 거친 철조망이 되기도 한다. 과로사와 과로 자살이 그 증거다.

2018년부터 2022년 상반기까지 3,167건의 과로사 산업재해 신청(2021년 한 해만 739건)이 있었다. "죽도록 열심히 일한다"는 표현은 단순한 비유적 서사가 아닌 시절이 되었다. 그럼에도 그 죽음이 산업재해라고 인정받은 것은 39.7퍼센트에 그쳤다.[295) 과로 등 업무상 정신질환에 관한 산업재해 신청도 2014~2018년까지 966명이었으며, 그중 35퍼센트가 자살이었다. 이중 산업재해로 인정받은 것은 약 54퍼센트에 머물렀다.[296)

코로나 19 팬데믹은 이 같은 불편한 진실을 재확인시켜 주었다. 특히, 사회적 거리 두기로 인해 택배 물류량이 급증하면서 2020년 한 해에만 택배 노동자 15명이 과로사 등으로 목숨을 잃었다.[297) 특히, 주목할 점은 팬데믹이 시작되자 2020년 상반기에만 20대 여성의 자살 시도가 전년 대비 32.1퍼센트나 증가했으며(총 3005명), 같은 기간 20대 여성 자살사망자는 전년 대비 43퍼센트(총 296명)나 증가했다. 전체 성인 여성의 경우도 자살자가 7.1퍼센트 증가했다(같은 기간 남성은 오히려 6.1퍼센트 감소했다). 가장 직접적인 원인으

로 대면 서비스산업에 대한 팬데믹의 타격으로 인한 여성들의 주된 일자리 감소가 지목됐다.[298]

2010년경 어느 20대 여성은 "졸업해봤자 월 2백만 원짜리 직장 얻기 힘들어요"라며 대학 졸업 대신 일찍이 전화 상담사 업무를 택했다. 학자금 대출 등 시작부터 '빚진 인생'의 그늘이 따라다녔다.[299] 그리고 10년이 지난 2020년 어느 20대 여성은 "죽고 싶은 마음을 가져본 적 있는가"라는 질문에 "어떻게 죽고 싶지 않을 수가 있어요?"라며 답했다. 중고등시절부터 시작된 경쟁 구도 속 심리 압박, 그 속에 가족과의 갈등 및 친구로부터 소외 등이 초래한 우울증의 결과였다.[300] 생각해보면, 10년 전에는 '헬조선', '흙수저' 이야기가 청년들 사이에 주된 안줏거리였다. 하지만, 이제는 '갓생 살기', '워라밸'이 그 자리를 대체한 듯하다. 이 십 년 사이의 변화에 대해 한국 사회는 과연 어떠한 질문을 던져야 할까.

이 글은 바로 이에 대한 의료인류학자의 응답이다. 우선, 내가 던진 질문은 '어떻게 노동이 우울증이 되었는가'이다. 그리고 이에 답하기 위해 '공정'이라는 화두를 중심으로 노동이 어떠한 정동* 속에서 구체적 질환으로 전환되는지를 추적하려 한다. 나는 이를 '공정의 정동 병리학'이라 일컫고자 한다. 여기서 정동은 끊임없는 마주침과 관계 속에 형성되고 변화하는 느낌의 뭉치이다. 이는 특정한 감정으로 이름표가 붙기 전 느낌의 원재료이자, 쏠림이며, 각자의 몸을 움직이는 동력이라 힐 수 있다. 이번 글에서는 노동자 정신건강의 실태와 대표적 정신질환인 우울증의 주요한 정동(무력감, 절망감)을 살펴본 다음 노동현장 속 다양한 정동적 마주침, 예를 들면, 혐오, 모멸, 수치 등을 교환하는 부대낌이 어떻게 정신적 아픔들을 초래하는지 다루어 볼 것이다.

● 정동은 감정, 정서, 감응, 느낌 등과 혼재되어 사용되기도 한다. 이번 글에서 정동은 기본적으로 '일상의 지배적인 마음의 상태'를 지칭한다. 일면 mood(기분)와 유사해 보이지만, 내가 정동 개념을 통해 강조하고자 하는 바는 다음 네 가지이다. 첫째, 그 '마음의 상태'가 형성되는 데 있어 개인적 요인보다 외부의 사회문화적·정치경제적 요인들이 더욱 주된 형성요인임을 강조하기 위함이다. 둘째, 정동 개념은 이성에 의해 통제 가능하다고(혹은 통제해야 하는 하위적 요소라고) 여기는 감정과 구별되며, 통제 불가능한 '전' 의식적 느낌임을 강조하고 위함이다. 셋째, 정동이 단순히 '개인 안'에 국한된 것이 아니며, 항상 외부와의 마주침의 과정에서 형성, 변화, 유지되는 '관계적'인 특징을 지닌다는 것을 강조하기 위함이다. 마지막으로, 감정 대신 정동 개념을 강조한 이유는 누군가의 마음 상태를 특정한 감정 이름표를 붙여 '미리' 규정짓고, 여타의 느낌 가능성을 제한하는 담론에서 벗어나기 위함이다.

◆

노동자의 마음을 병들게 하는 산업재해의 현실

지금까지 어떻게 노동이 정신적 아픔이 되는지에 대해 많은 연구가 있었다. 물론, 노동자의 자살이 개인적 문제가 아닌 다양한 직무 스트레스가 초래할 수 있는 산업재해라는 인식이 한국에서 대두되기 시작한 것은 2000년 초반으로 그 역사가 길진 않다.[301] 한국의 자살률은 세 번의 급증기가 있었다. 1998년 외환위기, 2003년 카드대란, 2009년 글로벌 금융위기 직후 급격히 증가했고, 2011년은 역대 최고치(10만 명당 31.7명/년)를 기록했다. 이 시기 특히 주목해야 할 사태는 바로 2009년 쌍용차 구조조정에 따른 정리해고다. 사태이후 2018년까지 약 10년 동안 자살 등으로 사망한 노동자와 그들의 가족이 총 30명에 달한다. 부당한 정리해고가 그들에게 얼마나 큰 정신적 고통-우울증, 수면장애 등-을 유발했는지 역시 밝혀졌다.[302] 바로 이 시기에 노동자의 자살에 대해 '직장 내 괴롭힘', '갑질', '과로 자살' 등과 같은 해석이 등장하기 시작했다.[303]

　구체적 수치를 들여다보자. 2018년 업무상 사고와 질병으로 산업재해를 승인받은 노동자가 102,305명이라 한다. 그런데 그중 정신질환으로 산업재해를 승인받은 수는 166명(0.16퍼센트)에 그친다. 1퍼센트는커녕 0.1퍼센트를 겨우 넘는다. 또한, 2010~2017년 기간 통계청에 집계된 취업자 자살자 수는 36,676명이다. 당연히 모든 사례가 업무 관련성이 있겠냐마는 산업재해를 신청-승인이 아니다!-한 건수가 353건, 즉 0.01퍼센트라는 것은 지극히 비현실적으로 보인다.[304]

흥미로운 것은 기업이 노동자의 자살에 대응하는 방식의 시대별 변화이다. 1990~2020년까지 금융노동자 자살 109건을 분석한 결과 10년 주기로 기업의 대응이 변했다는 것을 확인할 수 있었다. 90년대에는 기업 측 진술 자체가 없었는데, 2000년부터 직원의 죽음이 "업무와 관련이 없다"라는 발언이 기사화되기 시작했다. 그런데, 2010년대부터 업무 관련성을 부정하는 것을 넘어 직원 개인의 '우울증'을 언급하기 시작했다.[305]

물론 유가족들을 중심으로 이루어진 자살사망자에 대한 '심리 부검psychological autopsy'에 대한 연구 결과(2018년 103명 시행)[306] 정신건강 문제(84.5퍼센트)가 가장 주요한 자살의 원인으로 지목되었다. 그런데, 그다음이 직무 스트레스(68퍼센트)였다. 하지만 정신건강이 훼손된 가장 큰 이유가 직무 스트레스였는지 여부에 대해서는 파악되진 않았다.

반면, 직무 스트레스와 노동자 자살의 연관성을 분석한 연구에서는 크게 다섯 가지 유형으로 원인을 제시하고 있다.[307] '위험 노출형 교대근무자', '책임 부담형 화이트칼라', '고객 부담형 감정노동자', '직장폭력형 사회초년생', '고용 불안정형 단순노동자'가 그것이다. 각각의 명칭은 그 자체로 직업 유형에 따른 대표적 자살 원인을 뚜렷하게 보여주고 있다. 이를 통해 어떤 업무가 어떻게 노동자의 정신건강을 파괴할 수 있고, 최악의 선택으로 내몰 수 있는지 대표적 사례들을 확인할 수 있다.

그렇지만, 직무 스트레스 발생 원인은 생각보다 매우 다양하다. 근로복지공단에서 제공한 「일상적 업무상 스트레스 유형」*에 따르면, 자살의 가장 큰 원인으로 지목되는 우울증의 경우 '높은 직무 요구도', '낮은 사회적 지지', '노력-보상의 불균형', '직무 불안정성', '위험 및 폭력', '불공정성', '장시간 근로', '해고의 경험'이 직무 관련 위험 요인들이다.[308] 이렇게 수없이 많은 요인 속에서 자신의 '정신건강'**을 온전히 유지한다는 것은 어찌 보면 그 자체만으로 큰 '일'일 수 있다. 그나마 다행스러운 건 2019년 7월 직장 내 괴롭힘 금

● 해당 유형은 다음과 같다; 직무 요구도, 직무 자율성, 노력-보상 불균형, 직업 불안전성, 사회적 지지, 물리적 환경, 고객 응대 업무, 업무 긴장이 높은 업무, 업무 관련 사고, 폭언·폭행·성희롱, 업무의 양과 질 변화, 업무상 실수·책임, 회사와의 갈등, 일터 내 갈등, 일터 괴롭힘·차별, 업무 부적응, 배치전환 등 인사명령.

시가 법으로 규정되면서 이와 관련된 산업재해 인정의 근거가 마련되게 됐다는 점이다.

물론 이 모든 요소에 대한 입증 책임은 여전히 노동자 개인에게 있다. 특히, 직무와의 인과·상관관계는 물론이고 직무 이외에 기존 질병력, 가족력, 이혼, 채무 등 다른 원인이 없다는 것 또한 밝혀야만 한다. 한편, 아직도 많은 이들이 원래 발병 가능성이 큰 기질이나 성격을 지니고 있다 하더라도 산업재해 신청을 할 수 있다는 사실조차 모르는 경우가 많아 애초에 신청조차 하지 않는 경우가 적지 않다. 산업재해 인정 기준은 "사회 평균인이 아니라 재해 당사자의 건강과 신체조건"이다.[309] 또한 자신의 과실에 의해 회사가 손해를 보고 그로 인해 과도한 정신적 스트레스로 정신질환이 발생했어도 산업재해가 될 수 있음을 아는 이도 많지 않은 현실이다.

반대로 노동자가 알고 있는 사실도 있다. 예를 들면, 아무리 근로기준법에 근거하여 직장 내 괴롭힘을 신고하여도 회사가 조사를 진행하지 않거나, 하더라도 부실 조사 혹은 은폐, 또는 가해자와의 화해 종용 등으로 귀결될 가능성이 크다는 현실 말이다. 이것은 병원 내 간호사의 '태움' 자살에 대

●● 세계보건기구에 따르면, 정신건강의 정의는 다음과 같다. "개인이 자신의 고유한 능력을 자각하여 정상적인 일상의 스트레스를 처리할 수 있으며 생산적으로 일할 수 있고, 자신이 속한 지역사회에 공헌할 수 있는 상태"이다. WHO, "Promoting mental health: concepts, emerging evidence, practice", Geneva: World Health Organization, 2004.

한 제도민족지institutional ethnography 연구에서 죽음을 '숙명론적 자살'로 개념화한 것도 같은 맥락이라 할 수 있다.[310] 해당 논문은 언제 바뀔지 모르는 과도한 업무량 및 열악한 인력 구조, '복종'만을 요구하며 마치 '병동 병사ward soldier'처럼 불리는 현실, 충분한 교육 없이 환자 간호에 투입되는 막연함과 공포감, 선임의 '눈초리'에서 오는 두려움과 압박감 등 스스로 탈피할 수 없는 '지나친 규제' 속 자살의 희생자들이 발생했다고 전한다.

앞서 언급한 것처럼, 이제 노동과 정신질환의 상관관계는 구체적 유형들이 정립될 정도로 잘 알려져 있다. 그렇지만 관련 통계가 보여주듯 왜 이토록 많은 노동자가 정신적 아픔을 경험하고 있는 것일까. 가장 중요한 이유는 직장 내 괴롭힘 등 오래된 문제들이 여전히 해결되지 못하고 있기 때문일 것이다. 또한 고용 불안정성과 돌봄에 대한 젠더 불평등도 주요 원인일 테다. 그런데, 인류학자로서 주목하고자 하는 바는 바로 이 같은 상황을 지속시키며, 나아가 이렇게 지속될 수밖에 없다고 여기게 만드는 문화이다.

의료인류학자 이현정은 20대 여성 사이에서 자해 및 자살 시도가 하나의 '문화'처럼 확산되었다고 지적한다. 자해를 통해서만 "자기 자신이 살아 있다"는 인식을 할 수 있으며, 그것만이 자신의 몸에 대해 "자신이 무언가를 할 수 있다"라는 인식을 가지게 만든다고 한다.[311] 여기서 자해와 자

지불되지 않는 사회

살이 '분화'라는 것은 집단 내에서 그것이 자연스러운 '선택지'로 인식된다는 사실이다. 이제부터 내가 쫓고자 하는 것은 그 같은 문화를 뿌리내리게 만든 힘의 계보이다. 즉, 개인의 몸에 국한되지 않고 쉽게 전염되고 확산되지만, 그 경계를 파악하기 어려운, 그렇지만 엄연히 존재한다는 것을 느끼고 있는 슬픔과 불안의 응어리진 감각들, 소위 '정동적 사실 affective fact '312)을 통해 문화를 탐구하려 한다.

우울증, 무력감과 절망감의 정동

우선, 한국 사회의 대표적 정신질환인 우울증에 대한 이해를
돕기 위해 대표적 심리학 이론들을 짧게 다루려 한다. 정신
분석 이론, 행동주의 이론, 생물학적 이론, 인지 이론 등 여러
이론이 있지만, 그중에서도 가장 유력한 설명체계로 여겨지
는 인지 이론의 설명은 다음과 같다.

인간은 기본적으로 주변 환경에 능동적으로 의미를 부여
하는 존재이며, 우울증은 고통을 주는 사건 그 자체보다 그
것에 대한 견해 때문에 발생하는 것이다.[313] 그중 가장 많이
알려진 이론이 1975년 셀리그만Seligman의 '학습된 무기력 이
론learned helplessness theory'이다. 이것은 좌절 경험을 반복 경험한
사람은 자신이 어떤 행동을 하더라도 절망스런 결과가 돌아
올 뿐이라는 무기력감을 학습하여 상황을 변화시키기 위한 어
떤 노력도 하지 않는다는 관점이다.

그런데 아브람슨Abramson과 그 동료들은 1978년 이것을
보완한 '개정된 학습된 무기력 이론reformulated learned helplessness
theory'을 제시한다. 그것은 동물과 달리 인간은 자신이 통제할

수 없는 상황에 놓이게 되면 '그 원인에 대한 질문을 한다'는 점이다. 즉, 통제 불능의 원인이 자신인지 혹은 외부 상황 때문인지 판단 여부에 따라 무기력의 양상이 달라진다는 것이다. 이를 가리켜 '우울증의 귀인 이론attributional theory of depression'이라 부른다. 아브람슨은 1988년 기존 이론에 부정적 생활사건의 발생을 전제로 추가한 '무망감 이론hopelessness theory'을 제시한다. 이를 종합적으로 도식화하면, '부정적인 생활사건 +역기능적 신념' → '인지적 오류' → '자동적 사고' → '우울 증상'으로 정리할 수 있다.●314)

이 같은 일련의 심리학적 탐구는 우울증에 대한 주된 정동적 사실을 이해하게 해준다. 그것은 바로 '어떤 것도 해결할 수 없다는 무력감', 그리고 '어떤 것도 기대할 수 없는 절망감'이다. 여기서 또한 중요한 핵심은 이것들이 '학습'되고 '인지'된 결과라는 점이다. 앞서 소개했던 20대 여성의 "어떻게 죽고 싶지 않을 수가 있어요?"라는 답변을 떠올려 보자. 그녀는 삶이 무의미함을 경험을 통해 파악하고 있었다. 그렇다면 이 20대 여성은 90년 후반부터 2020년 초반에 이르기까지 무엇을 경험하고 학습한 것일까. 그것이 무엇이었

● 여기서, '역기능적 신념dysfunctional belief'이란, 경직된 완벽주의적 신념이 오히려 실패를 초래하는 역기능을 초래한다는 것이며, '자동적 사고automatic thoughts'란 특정 생각을 반복하게 되면 습관화되어 의식적 자각 없이 자동적으로 진행된다는 뜻이다. Richard T. Liu, et al., "The hopelessness theory of depression: A quarter-century in review", Clinical Psychology: Science and Practice no. 22.4, 2015, pp. 345~365.

길래 무력감과 절망감이라는 우울한 정동이 자동적으로 느껴지게 만드는 것일까. 이것이 그녀만의 경험을 넘어설 때 곧 문화가 되는 것이다.

우선, 팬데믹 시기 20대 여성들의 자살 증가 현상에 대해 청년 여성들이 공유한 생각이 무엇인지에 대한 의료인류학자 이현정의 분석은 다음과 같다. 첫째, 학창시절부터 지속되어온 만성적인 우울, 자책, 그리고 '죽고 싶다'는 마음, 둘째, 코로나 19 이후 임금 삭감 및 퇴출과 돌봄 노동의 문제, 셋째, 미디어와 젠더 폭력(여성 혐오, 사상검증), 넷째, 가족 간 대면 시간의 증가로 인한 갈등과 폭력 증가, 다섯째, 사회적인 지지 결핍(고립감, 외로움)을 꼽는다.[315] 그런데 누군가는 '그 나이대에는 다 그래'라고 쉽게 생각할지 모른다. 그렇지만 지금의 20대 청년은 부모 세대의 20대 시절보다 정신적으로 더욱 아프다. 실제로 1951년생 여성의 청년 시절 자살률보다 1997년생 청년 여성의 자살률은 7배나 높다. 즉, 오늘날 청년 여성들이 자살을 선택하게 만드는 삶의 조건들이 7배나 더 증가했다는 의미이다.[316]

이것을 학술적으로 '코호트 효과'(특정 연령집단이 다른 연령대와 뚜렷이 구별되는 양상일 때 부르는 용어)라 부른다. 그런데, 청년의 절망은 청년만의 문제가 아니라 '세대 간 전염되는 재난'의 연장선이라 할 수 있다. 즉, 부모 세대가 외환위기로 받은 고통이, 그리고 그 위 부모 세대가 한국전쟁으로 받은 고통의 흔적이 쌓여 소위 "여러 세대에 걸친 재난multi-generational disaster"을 20대 청년 여성들이 마주하고 있는 셈이다.[317] 관련해서 심리학자 김태형은 한국인들이 세대마다 각자의 트라우마–'마음의 병'–를 짊어지고 있다 지적한다.● 이 모든 윗세대의 트라우마는 각자가 따로, 또 함께 공유하며 다음 세대로 축적되어 전달될 수 있다. 2024년을 맞이한 지금, 20대 청년의 마음에는 한국 근현대사를 가로지르는 모든 트라우마의 흔적들이 쌓여 있을 수 있다. 부모의 실직과 가난, 폭력과 폭언, 잦은 다툼 등 그 어떤 통로를 통해서든 자녀는 그 트라우마의 영향권에서 완전히 자유로울 수 없을 것이다.

다시 '어떻게 죽고 싶지 않을 수 있나?'라 반문했던 20대 여성으로 돌아가 보자. 그녀의 개인사 속에 어떠한 다세대 재난과 트라우마가 얽혀 있고 숨겨져 있는지는 알 수 없다. 그렇지만, 이들이 구직할 때 단기 계약직이거나 단순 서비스 업종 등 저임금에 고강도 업무를 강요당하기 일쑤고, 이조차도 많지 않다는 것은 공공연한 사실이다. 즉, 노동의 영역에 발을 들이는 순간 청년 여성이 또다시 재확인하고 학습하는

● 구체적으로, 50년대생은 '좌절 세대', 60년대생은 '민주화 세대', 70년대생은 '세계화 세대', 80년대생은 '공포 세대'로 칭하며, 각각 좌절 트라우마(유년기부터 반복된 좌절의 경험), 미완성 트라우마(포기할 수 없는 청년기의 꿈), 혼돈 트라우마(세계관과 인생관의 혼돈을 경험), 공포 트라우마(공부 기계에서 삼포 세대로 이어진 누적된 공포감)으로 설명한다. 김태형, 『트라우마 한국 사회』, 서해문집, 2013.

것은 피할 수 없는 무력감과 절망감일지 모른다. 우울증의 병리학적 계보를 쫓아가 보면 이처럼, 부정적일 수밖에 없는 인지적 오류의 크고 작은 순환고리 혹은 덫을 어느덧 마주하게 된다.

공정의 정동병리학

"모든 게 다 썩어도/ 뻔뻔한 얼굴은 썩지 않는다"

– 최승호, 『방부제가 썩는 나라』, 2018, 16쪽.

2023년 6월 한국 사회를 슬픔에 젖게 만든 안타까운 죽음이 발생했다. 20대 초등학교 교사가 자신의 교실에서 숨진 채 발견된 것이다. 언론에 소개된 그의 일기장에는 출근해서 교실로 들어가는 것이 얼마나 큰 공포였는지를 보여준다. "가슴이 너무 답답하다. 어디론가 추락할 것만 같은 기분이다. 내가 어디 있는지조차 모르겠다."[318] 수 개월간 학부모들의 민원에 시달렸다는 사실이 언론에 보도됐다. 일기에 담긴 내용은 그가 직무 스트레스로 인해 심각한 정신적 고통에 시달리고 있음을 어렵지 않게 알 수 있다. 이 사건은 결국 수만 명의 교사들이 교권 보호를 외치며 거리로 나오게 만들었다.

여기서 내가 주목하는 것은 무엇이 수많은 교사를 교실 밖 길 위로 이끌었는지이다. 물론 복합적 요인들이 얽혀 있겠지만, 2023년 상반기까지 지난 6년간 '교권침해'-특히,

교원에 대한 모욕, 명예훼손 등-의 영향으로 우울증 등을 앓다가 자살한 초등학교 교사가 57명에 달한다는 사실이 주요한 원인이었을 것이다.[319] 그렇지만 해당 교원들은 죽기 직전까지 부당한 '피해자'가 아니라 일부 학부모들에게 자신의 자녀를 제대로 돌보지 못하는 '가해자'로 내몰렸을지 모른다. 피해자인데 되레 가해자로 몰릴 때 어떤 심정일지 가늠이 되지 않는다.

내가 한국 사회에서 '노동이 어떻게 우울증이 되었는지' 탐구하며 가장 주목한 부분이 바로 이 상황에서 발생하는 정동이다. 즉, 당연히 직장 내 '피해자'로 여겨지며 보호받아야 할 사람이 오히려 제대로 역할을 수행하지 못하는 '가해자'로 쉽게 뒤바뀔 수 있는 상황 속 정동 말이다. 과로 자살이 발생했을 때, 주변에서 자살의 원인을 개인의 탓으로 돌리며 수동적 부적응자, 우울한 기질과 소극적 성격의 소유자, 인내심과 사교성이 부족한 동료 등으로 쉽게 규정할 수 있다. 하지만 사망한 직원을 업무상 '피해자'가 아닌 '가해자'로 전환시키는 것은 전혀 다른 차원의 문제이다. 즉, 회사의 '불명예'를 가져온 '가해자'로, '실적'에 피해를 끼친 '가해자'로 둔갑하는 경우 당사자와 그 주변인들이 마주쳐야 하는 정동은 분명 무력감과 절망감에 가까울 것이다.

여기서 나의 현장연구 경험을 살펴보자. 한 고객센터 상담사들이 업무조건의 악화 및 부당대우에 맞서 직접 노동조합을 만들어 원청회사에 끊임없이 교섭을 요청해 왔지만, 원청회사는 하청업체에 책임을 떠넘기며 대화를 거부해 왔다. 결국 노동조합은 근본적 해결책으로 원청회사가 직접 책임을 질 수 있는 직접고용 형태로의 고용전환을 요구했다. 그런데, 뜻밖에도 원청회사의 정규직 직원으로부터 공격을 받게 되었다. 핵심은 하청회사 소속 상담사들이 파업 등을 통해 정규직 전환을 시도하는 '채용 비리'라는 지적이었다. 더 적나라하게는 "떼써서" 정규직 되려는 파렴치한 인물들로 묘사되었다.[320] 상담사들은 부당한 처우에 육체적·정신적으로 고통받아 왔던 '피해자'에서 졸지에 '공정한 채용' 과정을 훼손하는 '가해자'로 규정되어 버렸다.

바로 이때 상담사들이 휘말린 정동은 무엇이었을까. 평소 과도한 감정노동 스트레스로 인해 학습된 무기력과 절망감에 빠져 있었다면, 채용 비리자로 낙인찍혔을 때 치솟은 감정은 바로 '모욕감'이었다. 그리고 자신들을 혐오스런 집단으로 바라보는 사람들의 모멸적 시선 앞에서 '수치심'도 느꼈다. 내가 공정의 정동 병리학으로 쫓고자 했던 것이 바로 이 모욕감과 수치심이라는 정동적 사실이다.

페미니스트 독립연구자인 영국의 사라 아메드는 바로 이 같은 응축된 감정, 특히 혐오감과 수치심의 교환 속에서 점차 '정치적 영향력'의 가치가 증가한다고 말한다. 마치 상품이 생산되고 교환되면서 가치가 증식되듯 이렇게 특정한 감정의 가치가 상승하는 것을 가리켜 아메드는 '정동 경제'라 부른다. 그녀는 "정동은 기호나 상품에 실증적으로 내재하는 것이 아니라 기호나 상품의 순환에 따른 효과로 생산된다"고 강조한다.[321] 즉, 험담을 주고받는 사이 혐오의 정동이 교환되고, 어느 순간 그 혐오의 크기가 눈덩이처럼 커져 버리는 것이다.

여기서 아메드가 주목하는 것은 "정동적인 속성이 대상에 내재하고 나면 대상은 역사가 없는 것처럼 여겨진다"라는 사실이다.[322] 이것은 매우 중요한 지적이라 할 수 있다. 즉, 업무상 스트레스로 우울증 혹은 공황장애를 앓고 있는 직장인, 안타까운 죽음을 선택한 교사, 파업을 선택한 상담사들 그리고 세상에 제대로 적응하지 못하는 20대 여성들에게 그들 모두의 슬픔과 불안, 무기력과 절망감이 '학습된' 것이 아니라 애초에 '내재된' 것이라고 받아들여질 때 가장 큰 문제가 바로 그 같은 편견을 키워온 혐오 정동의 역사가 감춰진다는 것이다. 이렇게 정동의 역사성이 소실되고 특정 개인에게 내재된 것으로 여겨지는 순간 피해자가 일순간 가해자로 전락될 수 있는 조건이 갖춰지는 셈이다.

오늘날 노동이 어떻게 그렇게나 많은 우울증을 발생시키냐고 묻는다면, 어떻게 답할 수 있을까. 앞서 소개한 인지 이론을 통해 세대를 넘어 축적되어온 '학습된' 무기력과 절망감 때문이라 답할 수 있을지 모른다. 그런데 나는 이것과 달

지불되지 않는 사회

리 아메드의 정동 경제를 바탕으로 한 '공정의 정동 병리학'으로 설명을 시도한다. 공정의 정동 병리학에서 핵심은 노동 현장에서의 피해자를 일순간 가해자로 전환시키는 혐오, 모멸, 수치라는 정동의 교환이다. 그런데, 이것이 왜 질병으로까지 확산될까. 그것은 이 같은 특정한 부정적 감정들이 누군가에게 더욱 더 폭력적인 고통을 초래할 수 있음을 알면서도, 그것이 어찌할 수 없는 현실이라고, 혹은 나아가 이것이 '공정'하다고 받아들이기 때문이지 않을까. 피해자를 가해자로 공격해도, 그것이 부당한 공격이 아닌 '공정'한 비판으로 받아들여진다고 느껴질 때, 진짜 피해자는 삶의 가치와 방향성을 상실해 버릴지 모른다.

◆

시대에 걸맞은 공정한 노동은 누가 만드는가

다른 나라의 사례로 눈을 돌려보자. 핀란드의 과로사에 대한
미국 인류학자 대나 후나하시Daena Funahashi의 민족지 연구는
왜 복지국가로 손꼽히는 나라에서 2000년 후반 과로사가
사회적 문제로 대두되게 되었는지를 추적한다.[323] 후나하시
는 50대 과로사 직원에 대한 동료들의 평판 속에서 유난히
눈에 띄는 단어를 발견한다. 그것은 바로 'untimely'였다. 그
직원은 자신이 하지 않아도 되는 일임에도 어떤 부탁도 거절
하지 않고 과로를 하던 사람이었다. 그런 그는 고마운 동료
로 평가받기보다는 전후 핀란드에서 복지가 부족하던 시절
모든 시민에게 강한 책임감을 요구했던 것이 몸에 밴 '옛날'
사람, 즉, 시대에 뒤처진 사람으로 평가되었다. 그렇게 '시대
에 맞지 않는 희생untimely sacrifice'을 하다가 심장마비로 사망한
것이었다.

후나하시는 오늘날 핀란드 젊은이들은 자신에게 합당한
이유가 제시될 때에만 희생을 감수한다고 말한다. 그것이 바
로 '제정신sanity'을 지닌 사람들의 규범인 셈이다. 오히려 이

지불되지 않는 사회

를 벗어난 사람이 곧 제정신이 아닌 것이며, 따라서 '시대에 맞지 않는 희생'을 하며 과로사로 죽은 사람에 대해 슬퍼할 이유가 없었던 것이다.[324] 하지만, 후나하시는 핀란드의 사람들이 순교자처럼 자신을 희생하며 일하는 사람의 노력을 '호혜성에 기반한 선물'과 같은 자발적 행위로 보아야 할지, 과거 전후 역사의 흔적에 따른 비자발적 행위로 보아야 할지 여전히 혼란스러워한다고 지적한다.[325]

그렇다면 한국은 어떠한가. 어떤 거절도 없이 쉬지 않고 헌신적으로 일하는 사람을 어떻게 바라볼까. 적어도 핀란드처럼 "시대에 맞지 않는다"고 무시하지는 않을 듯하다. 오히려 그 반대일지 모른다. 헌신적으로 일하지 않고 오직 자기 일만 하려는 사람을 "시대에 맞지 않는다"고 비난할지 모른다.

그렇다면 우리 시대에 '공정한 노동'이란 과연 무엇일까. 또한 그것의 기준은 누가 정하는 것일까. 이와 관련해서는 일본의 과로사와 과로 자살을 오랫동안 추적해온 의료인류학자 기타나카 준코의 민족지 연구를 참고해 보자. 준코는 1980년대부터 2000년 후반까지 일본 내 자살 사망률과 전체 실업률의 변화 그래프가 거의 하나의 곡선처럼 겹쳐지고 있음을 지적한다. 이를 통해 실업과 그로 인한 경제적 어려움, 이것과 맞물린 과다한 업무량의 강요 등이 일본 사회의 과로사 및 과로 자살의 원인임을 이해하는 것은 그리 어렵지 않다. 하지만 준코가 주목한 지점은 노동자의 우울증이 단지 개인적 기질 및 성격의 탓이 아닌 과도한 업무 스트레스에 의해 발생할 수 있다는 담론이 2000년 전후를 기점으로 정신의학 전문가들에 의해 자리 잡았다는 사실이다.[326]

실제로 우울증은 일본 사회에서 21세기로 접어들면서 '국민병'이 되었고, 그 결과 정신의학은 새로운 교정 수단으로서 널리 받아들여졌다. 이때 정신과 의사들이 우울증을 사회화하는 언어를 정착시키면서 동시에 '노동자 해방의 대리인'이 되었다고 한다.[327] 특히 정신과 의사들은 과로 자살을 '의지적 자살', 자신의 과오에 대한 책임 있는 행위로 받아들이던 오래된 풍토에서 탈피하여 우울증에 동반된 '병리적 자살'임을 알리는 데 기여했다.[328]

이처럼 일본에서는 정신과 의사들이 '노동 정신의학' 분야를 개척하고, 과로에 의한 사망과 자살을 과학의 언어로 규명함으로써 이를 국민과 기업이 받아들이게 만드는 데 중대한 역할을 했다. 그렇다면, 한국 사회에서 누가 그와 같은 역할을 수행하고 있을까. 이것에 답하기란 쉽지 않겠지만, 적어도 누가 공정하지 못한 노동환경의 개선을 가로막고 있는지는 언론을 통해 어렵지 않게 파악할 수 있다. 누가 노동자를 다치게 만들고, 또 그와 같은 사건 사고가 재발하지 않도록 만드는 예방조치를 방해하는지 보고 들을 수 있다.

오히려 오늘날 한국 사회에서 공정하고 건강한 노동환

지불되지 않는 사회

경을 이끌어갈 사람은 혐오와 수치의 대상인 아픈 사람들일지 모른다. 단순한 예측과 기대가 아니다. 최근 잘 아플 권리, '질병권'을 요구하는 목소리[329]와 취약한 몸들이 서로를 돌보는 세계를 요구하는 목소리[330]가 커지고 있다. 특히, 유튜브 브이로그를 통해 아픈 몸의 실제 모습을 그대로 보여주고, 투병 과정 역시 몸의 언어를 통해 보여주는 등 '몸말 실천'을 통해 일종의 시청공동체를 형성해나가는 모습도 관찰된다.[331] 또한, 20~30대 우울증을 앓고 있는 여성들이 트위터와 같은 디지털 플랫폼을 통해 서로의 아픔에 대해 단순한 '고백'이 아닌 구역감, 혐오감, 우울감, 고통 등을 적나라하게 전달하는 '폭로'를 시도함으로써 서로의 정동을 전염시키기도 한다.[332] 이처럼 한국 사회는 특정한 전문가가 아니라 아픔을 겪고 있는 당사자들이 새로운 공감의 방식들을 시도하고 있다. 그 과정에서 일하며 아픈 사람들도 스스로 무엇이 '공정한 노동'인지를 말할 수 있는 풍토 또한 형성할 수 있다는 가능성을 엿볼 수 있다.

♦

우리에게 필요한 건 가해자가 아니라는 위로다

오늘날 한쪽에서는 과다한 업무량에 '번아웃_{burn out}'으로 무력감에 빠져 있고, 다른 한쪽에서는 지루하고 무가치한 '가짜 노동' 때문에 '보어아웃_{bore out}'에 빠져 있다.[333] 그런데, 두 개의 공통점은 과도하게 긴 노동시간이다. 이미 오래전에 기술발전과 자동화로 노동시간의 단축과 여유시간의 증가를 달성했어야 했지만, 현실은 정반대로 흘러왔다. 그렇지만, 일의 실질적 가치와 무관하게 현대인은 너무나 많은 시간을 노동에 빼앗긴다. 그런데, 아이러니하게도 필수노동이 아닌 쓸모없는 일일수록 더욱 임금이 높아지는 현실이다.[334]

다시 한번 되묻는다. 지금, 이곳 한국에서 어떻게 노동이 우울증이 되었을까. 일을 할수록 마음이 병들어가는 사람들이 왜 그토록 많은 것일까. 오래된 역사의 굴곡과 재난의 대물림으로 여러 세대의 트라우마가 자녀들에게까지 이어져왔기 때문일까. 아니면, 헬조선에서 금수저가 아닌 이상 끊임없이 자신의 가치를 입증해야만 하기 때문일까. 어떤 질문과 대답을 꺼내 놓아도 정답은 없을지 모른다. 정말로 오늘

지불되지 않는 사회

날 노동은 무언가 잘못됐다.

그중에서도 가장 큰 문제는 일하다 마음을 다친 사람들이 한순간 '피해자'가 아닌 '가해자'로 둔갑하는 장면을 너무 쉽게 자주 목격할 수 있다는 사실이다. 나아가 그러한 현상이 어쩔 수 없는 현실이거나, 혹은 되레 '공정한 처사'라고 여겨지기도 한다는 점이다. 나는 앞서 이러한 상황이 발생한 이유를 혐오와 모멸, 수치심 등이 직장 안팎에서 너무나 쉽게, 일상적으로 교환되기 때문이라고 지적했다. 그리고, 이것을 '공정의 정동 병리학'이라 일컬으며 짧게나마 그 계보를 추적해 보았다.

이와 같은 이해를 바탕으로 지금 당장 우리에게 필요한 것이 무엇인지를 고민해 본다. 그것은 아마도 일하다 마음을 다친 사람들에게 절대로 당신이 '가해자'가 아니라는 위로일지 모른다. 그리고 그 시작은 앞서 언급했듯 아픔을 수치로 여기며 감추는 것이 아닌, 있는 그대로 드러낼 수 있도록 마음의 빗장을 푸는 것에서 시작해야 하지 않을까. 이제 기쁨의 정동도 슬픔만큼 그 전염성이 크다는 것을 다시금 떠올릴 시기이다.

능력만큼 '일하고', 필요한 만큼 '가져가는' 사회

지금 우린 능력만큼 '가져가고', 필요한 만큼 '일하는' 사회에 살고 있다. 능력주의, 혹은 공정 담론으로 이야기되는 현실이 그러하다. 일면 당연한 말일 수 있다. 노력한 만큼 공평하게 성과를 가져가야 하고, 필요한 것이 있으면 그것을 위한 일을 해야 하는 건 당연한 규범이어야 할 것이다. 하지만, 앞서 소개했던 모든 질문은, 앞의 문장에서 두 개의 단어 위치를 바꾸어 읽어보길 요구한다. 즉, 능력만큼 '일하고', 필요한 만큼 '가져가는' 사회로 말이다.

물론 자칫 무위도식하는 인간처럼 오해받고, 파렴치한 인간처럼 들릴 수도 있다. 그렇지만 책 읽기를 마친 뒤 여유를 갖고 천천히 그 의미를 곱씹어 보기를 부탁드린다. 왜 우리는 각자가 지닌 능력 이상을 강요하지 않고 일을 하기를 요청하고, 부끄럼 없이 필요하다면 좀 더 가져가라고 아량을 베풀지 못하는 것일까. 우리는 언제부터 그러한 삶을 잊고 살아왔는가.

내가 이런 질문을 스스로 던지게 된 계기는 경제인류학자 제이슨 히켈의 책 『적을수록 풍요롭다: 지구를 구하는 탈성장』(2021)을 읽은 후였다. 히켈은 '성장'을 정언명령처럼 따르는 자본주의의 잊힌 역사에 대해 설명하는 데 책의 상당 부분을 할애한다. 나는 그 부분을 여러 번 반복하며 읽고 또 읽었다. 그가 던진 이야기들은 이 책의 중심을 이루는 주요한 화두가 되었고, 언제나 그가 던진 뜨거운 질문들을 곱씹으며 한국 사회를 들여다보려 했다. 그처럼 현실에 답을 제시할 수는 없었지만, 적어도 그의 질문을 다양한 현실 앞에서 구체화하려 시도했다.

히켈은 16세기 자본주의의 기반이 형성되던 시기 이원론적 철학-대표적으로 프랑스 철학자 르네 데카르트-이 성장을 위해 생명의 가치를 떨어뜨리는 역할을 했으며, 결과적으로 우리의 생태 위기에 책임이 있다고 지적한다. 이원론은 이성을 본능·감정보다 우위에 놓으며, 그 대비를 만물과 인간사회로 확장했다. 이성과 감정, 남성과 여성, 인간과 자연으로 말이다. 이때 노동자의 몸 또한 자연처럼 무한히 착취가 가능한 원료로서 받아들여졌다. 히켈은 이렇듯 자본주의는 "무언가를 착취하려면 먼저 그것을 인간보다 열등한 것, 즉 객체로서 간주해야 한다"는 사유의 기반 위에 발전했다고 말한다.[335]

그는 이 지점에서 자신의 인류학 동료들의 주장을 소개한다. 인류학자들은 인류의 역사 대부분에서 애니미즘이라는 존재 이론으로 세상을 바라보았다고 말한다. 즉, 인간과 나머지 생명 세계 간에 근본적인 차이가 없고, 나아가 "모든 존재는 도덕적으로 인간과 동등하다"고 보았다. 계몽주의 사상가들은 이러한 애니미즘을 후진적이고, 비과학적이라고 경시하며 자본주의 확장에 장애물로 여기며 "필사적으로 애니미즘 사상을 근절"하려 했다. 일명, "자연으로부터 정령을 제거"하려 했다. 하지만, 유럽의 프롤레타리아의 황금기(1350~1500)라 불렸던 시기에 애니미즘 사상이 1,200여 개에 달했다고 한다. 그렇게 노동자 사이에서 창발한 그 많던 애니미즘이 자본주의의 출현과 함께 빛을 잃은 것이다.[336]

이와 관련하여 히켈의 책에서 나의 뇌리에 가장 오랫동안 남았던 문구가 있다. 그는 독일 프랑크푸르트학파로 잘 알려진 막스 호르크하이머와 테오도어 아도르노의 말 "애니미즘이 사물에 영혼을 부여했다면, 산업주의는 영혼을 사물로 만든다"를 인용한다.[337] 정녕 한국 사회는 영혼마저 상품으로 만들고 있지 않은가. 노동자의 영혼은 이제 그만큼의 임금이 매겨진 듯싶다. 이런 사회에서 히켈이 꿈꾸는 미래는 "애당초 성장이 필요 없는 경제로의 전환"이다. 그리고 이러한 사유는 이제는 삭제되어 버린 애니미즘의 정신이다. 그는 이것을 "생태계가 재생 가능한 범위 이상을 취하지 않고, 땅을 보호, 복원하여 되돌려주려는 일에 주의를 기울이는" 사유로 해석한다.[338] 노동자의 몸이 곧 착취 가능한 생태계인 만큼, 애니미즘의 정신 안에서 그들의 몸은 재생 가능한 휴식이 필요하며 보호되어야 할 것이다. 즉, 몸이 지닌 '능력만큼'만 일하도록 해야 하며, 회복을 위해 '필요한 만큼' 원하는 것을 주어야 한다.

인간은 정녕 '통속의 뇌brain in a vat'가 아니다. 엄연히 지치고 피로할 수 있는 몸을 지녔다. 나아가 인류 역시 무균 실험실 속이 아닌 지구라는 엄연히 한계를 지닌 생태계 속에서 살아가고 있다. 인류학자 윌킨슨과 클라인먼은 오늘날 인간 사회에서 필요한 '열정'이란 지쳐버린 인간의 '고통'에 대한 사유라 강조한다. 즉, 최근 인공지능에 대한 열망처럼 피로를 모르는 자동화 첨단기술에 의한 인간의 편리함의 추구가 아니다. 이들은 그러한 사유의 가치를 깨닫고 삶의 지혜를 획득하는 실천으로 '돌봄'을 꼽는다.[339] 능력만큼 일하게 배려하고, 필요한 만큼을 허락하는 것, 그것이 곧 돌봄이지 않던가.

질문만 많은 나에게 항상 답을 제시해 주는 학자가 있다. 나를 '공정 이후의 세계'로 초대해 준 김정희원 교수다. 김정희원은 『공정 이후의 세계』(2022)에서 '변혁 정의transformative justice'를 외친다. 즉, 정치공학적 계산에 따라 지금은 아니라는 '유예의 정치the politics of deferment'가 아니라 "우리가 원하는 미래를 우리 손으로 만들자"라는 운동 말이다. 그것은 법과 제도가 우리를 보호하지 못할 때 스스로 안전망을 만들어 지키자는 공동체적 문화실천을 가리킨다.[340] 능력을 초월해 일을 해도, 그것조차 제대로 '지불되지' 않는 사회에서 진정 필요한 것은 김정희원의 말처럼 우리의 손으로 만들어 갈 용기, 변혁 정의에 대한 다짐일지 모른다. 이를 위해선 먼저 능력도, 필요도 무엇이 자신의 것인지 생각해 낼 수조차 없는 타인의 고통에 대한 돌봄이지 않을까.

나에게 이 모든 돌봄의 힘을 온몸으로 전해준 이가 있다. 그분은 나에게 실재하는 종교였다. 2012년 1월 2일 작고하신 나의 할머니. 가장 왜소했지만, 가장 거대한 호수 같던 분. 그 어떤 혼돈도 그 호수 안에서 고요하게 진정됐다. 할머니와 함께했던 일상은 수많은 폭풍을 견뎌냈던 순간들이었다. 굽어진 허리를 어렵게 세우며 미소를 짓던 모습은 나에게 우주였다. 무엇도 요구하지도, 소유하지도 않았던 할머니가 손을 내민 모든 이들에게 필요한 것보다 넘치는 돌봄을 주었다는 사실을 이제서야 뒤늦게 깨달았다. 그리고 그 모든 것이 수많은 학자가 외쳤던 돌봄의 실체였음을 알게 됐다. 그렇게 어떤 혼란 속에서도 고요했던 그의 삶의 자세가 이제는 잊어버린 애니미즘적 삶이 아니었을까. 이것이 지불되지 않는 사회 앞에 내가 독자에게 전해주고픈 마지막 이미지이다.

1. 박미숙 외, 『마지막 일터, 쿠팡을 해지합니다』, 민중의 소리, 2022.

2. 희정, '1장 장덕준', 박미숙 외, 앞의 책, 31쪽.

3. 희정, '1장 장덕준', 박미숙 외, 앞의 책, 41쪽.

4. 희정, '1장 장덕준', 박미숙 외, 앞의 책, 43쪽.

5. 희정, '1장 장덕준', 박미숙 외, 앞의 책, 47면쪽.

6. 전주희, '3장 야간노동사회', 박미숙 외, 앞의 책, 137쪽.

7. 전주희, '3장 야간노동사회', 박미숙 외, 앞의 책, 139쪽.

8. 실비아 페데리치, 황성원 옮김, 『혁명의 영점: 가사노동, 재생산, 여성주의 투쟁』, 갈무리, 2020, 65~70쪽.

9. 캐슬린 린치 외, 강순원 옮김, 『정동적 평등: 누가 돌봄을 수행하는가』, 한울, 2016, 67~82쪽.

10. 캐슬린 린치 외, 앞의 책, 93쪽,

11. 제이슨 히켈, 김현우·민정희 옮김, 『적을수록 풍요롭다: 지구를 구하는 탈성장』, 창비, 2021, 70·71·87쪽.

12. 제이슨 히켈, 앞의 책, 76·77쪽.

13. 제이슨 히켈, 앞의 책, 78·79쪽.

14. 고병권, 『고병권의 「자본」 강의』, 천년의 상상, 2022, 967~973·1015쪽.

15. 제이슨 히켈, 앞의 책, 116쪽.

16. 제이슨 히켈, 앞의 책, 91쪽.

17. 제이슨 히켈, 앞의 책, 93쪽.

18. "덕성여대 청소노동자 '시급 400원 인상' 합의… 투쟁 389일 만에", 『한겨레』 2023년 4월 10일 자, 출처: https://www.hani.co.kr/arti/society/society_general/1087238.html

19. 실비아 페데리치, 황성원 옮김, 『혁명의 영점: 가사노동, 재생산, 여성주의 투쟁』, 갈무리, 2020, 17·254·269·270·273쪽.

20. 용혜인 기본소득당 국회의원 보도자료(2022년 7월 18일). 출처: https://www.basicincomeparty.kr/news/briefing?mod=document&uid=1623

21. 김영선, 『존버 씨의 죽음』, 오월의 봄, 2022, 139~141쪽.

22. 김영선, 앞의 책, 67쪽.

23. 김영선, 앞의 책, 141~144쪽.

24. 김영선, 앞의 책, 68~69쪽.

25. 한병철, 김태환 옮김, 『피로사회』, 문학과지성사, 2012, 68·69쪽.

26. 한병철, 앞의 책, 66쪽.

27. 뻐라짓 뽀우 외 34명, 모헌 까르끼·이기주 옮김, 『여기는 기계의 도시란다: 네팔 이주노동자 시집』, 삶창, 2020, 77~79쪽.

28. 김영선, 앞의 책, 76쪽.

29. Livingston, Julie. Improvising medicine: an African oncology ward in an emerging cancer epidemic, Duke University Press, 2020, pp. 133~141.

30. Gov UK. "PM to overhaul benefits system and tackle Britain's 'sick note culture' in welfare reform speech."(2024년 4월 19일), 출처: https://www.gov.uk/government/news/pm-to-overhaul-benefits-system-and-tackle-britains-sick-note-culture-in-welfare-reform-speech

31. Parris M. "Our disability benefits system invites abuse." 타임(2024년 5월 8일 자), 출처: https://www.thetimes.co.uk/article/our-disability-benefits-system-invites-abuse-rxgrhp73w

32. 가디언지(2024년 4월 19일 자 기사), "Sunak to cite Britain's 'sicknote culture' in bid to overhaul fit note system," 원문 출처: https://www.theguardian.com/politics/2024/apr/19/sunak-to-cite-britains-sicknote-culture-in-bid-to-overhaul-fit-note-system

33. Melvin Ember·Carol R. Ember, 양영균 옮김, 『문화인류학』(13판), 피어슨에듀케이션코리아, 2012, 18쪽; 바바라 밀러, 홍석준 외 옮김, 『글로벌시대의 문화인류학』, 시그마프레스, 2017, 12쪽.

34. Sophie Day, "Waiting and the Architecture of Care", in Das, Veena and Clara Han(eds.), Living and Dying in the Contemporary World: A Compendium, University of California Press, 2015, pp. 167~184.

35. Martin, Sarah. "'Sick note culture' doesn't exist, it's toxic politics and our NHS that are failing us", BMJ 385, 2024.

36. 이창근, 『이창근의 해고일기』, 오월의 봄, 2015, 26쪽.

37. "7월 15일, 우리는 아직 그날에 머물러 있습니다", 『충북인뉴스』, 2023년 12월 20일 자. 출처: https://www.cbinews.co.kr/news/articleView.html?idxno=206810

38. 이주노동자의 산재 사망과 관련하여 이러한 현실을 잘 보여주는 사례는 다음의 책에서 다루었다. 김관욱, "죽음의 땅에 온 이주노동자들", 『아프지 않았으면 좋겠습니다: 무감각한 사회의 공감 인류학』, 인물과사상사, 2018, 170~184쪽.

39. 마사 C. 누스바움, 조계원 옮김, 『혐오와 수치심: 인간다움을 파괴하는 감정들』, 민음사, 2015.

40. 서보경, 『휘말린 날들: HIV, 감염 그리고 질병과 함께 미래 짓기』, 반비, 2023, 10~18쪽.

41. 데이비드 그레이버, 김병화 옮김, 『불쉿잡-왜 무의미한 일자리가 계속 유지되는가?』, 민음사, 2021, 330~358쪽,

42. 김대식·챗GPT, 김민정 외 옮김, 『챗GPT에게 묻는 인류의 미래』, 동아시아, 2023.

43. 송성수. "인공지능은 인간의 일자리를 얼마나 대체할 것인가: 인공지능 시대의 기술과 노동에 관한 시론", 『코기토』 96, 2022, 7~37쪽.

44. 한국은행 조사국 고용분석팀, 『AI와 노동시장 변화』, 2023년 11월 20일. 출처: https://www.bok.or.kr/portal/bbs/B0000347/view.do?nttId=10080585&menuNo=201106

45. 피에르 부르디외, 『자본주의의 아비투스』, 동문선, 1995, 103쪽.

46. 피에르 부르디외, 앞의 책, 92쪽.

47. 데이비드 그레이버, 앞의 책, 347~348쪽.

48. 피에르 부르디외, 앞의 책, 128쪽.

49. 장하준, 김희정 옮김, 『사다리 걷어차기: 앞선 나라는 따라잡고 뒤쫓는 나라는 따돌리던 선진국 경제 발전 신화 속에 감춰진 은밀한 역사』, 부키, 2020.

50. 이광석, "CRITIC 비평 I: 아마추어 리믹스 문화의 레퀴엠: AI 합성 미디어 자판기를 있는 힘껏 발로 걷어차라!", 『퍼블릭아트』, 2024년 7월.

51. 김건우(LG경영연구원), "인공지능에 의한 일자리 위험 진단"(2018년 5월 15일). 원문 출처: https://www.lgbr.co.kr/report/view.do?idx=19620

52. 선한별, "일자리 뺏는다던 AI 상담원…콜센터 퇴직률 30% 줄였다", 한경 인터넷 기사 (2022년 8월 8일). 출처: https://www.hankyung.com/article/2022080872721

53. 박지영, "콜센터 상담원 '나 대신할 AI, 회사가 나한테 훈련시키라고…'", 『한겨레신문』, 2024년 6월 26일 자. 출처: https://www.hani.co.kr/arti/economy/economy_general/1143336.html

54. 황기돈. "독일의 노동 4.0 백서: 디지털 시대의 '좋은 노동'에 대한 청사진", 『경상논총』 35.4 , 2017, 85~105쪽.

55. 케이트 크로퍼드, 노승영 옮김, 『AI 지도책: 세계의 부와 권력을 재편하는 인공지능의 실체』, 소소의책, 2022.

56. 케이트 크로퍼드, 앞의 책, 25쪽.

57. Vallor, Shannon, Technology and the virtues: A philosophical guide to a future worth wanting, Oxford University Press, 2016.

58. "그것이 알고 싶다, 죽음 부른 특성화고 현장실습 '빨간 조끼 징계' 충격", 『전자신문』 2017년 3월 18일 자. 출처: https://www.etnews.com/20170318000042

59. "Asia Is Loosening Rules on Masks. Here's Why People Still Wear Them", The New York Times, 2023. 2. 1. 출처: https://www.nytimes.com/2023/02/01/world/asia/covid-masks-asia.html; "한국 청년들이 감염 우려가 아닌 외모 때문에 마스크를 쓰는 이유", BBC News 코리아, 2023. 2. 2. 출처: https://www.bbc.com/korean/articles/cek3z32pk90o

60. 강영안, 『타인의 얼굴: 레비나스의 철학』, 문학과지성사, 2024, 148·149쪽.

61. 강영안, 앞의 책, 227쪽.

62. 에드워드 홀, 최효선 옮김, 『생명의 춤: 시간의 또 다른 차원』, 한길사, 2000, 77~97쪽.

63. 에드워드 홀, 앞의 책, 68쪽.

64. 노혜진, "시간 빈곤과 이중 빈곤의 실태와 영향 요인-다양한 시간 빈곤 개념 적용", 『사회복지정책』 46.4, 2019, 65~90쪽; 신영민·김희강, "돌봄 관점에서 본 이중 빈곤 연구의 의의와 한계", 『한국사회정책』 26.1, 2019, 35~59쪽.

65. Kim, Taehwan and Sophia Seung-Yoon Lee, "Double poverty: class, employment type, gender and time poor precarious workers in the South Korean Service Economy", Journal of Contemporary Asia 54.3, 2024, pp. 412~431.

66. 곽용희, "최저임금 처음으로 '1만 원' 넘겼다⋯1.7% 오른 1만 30원", 『한국경제 신문』 2024. 7. 12. 출처: https://www.hankyung.com/article/202407128605i

67. 에드워드 홀, 앞의 책, 136쪽.

68. 에드워드 홀, 앞의 책, 138쪽.

69. 김관욱, "애도의 시간은 흘러가지 않고 반복된다", 의료인류학연구회 기획, 『달라붙는 감정들』, 아몬드, 2024, 177쪽.

70. 산재 사망자 수와 사망률은 국가에서 운영하는 '지표누리' 사이트에서 확인 가능하다. 출처: https://www.index.go.kr/unity/potal/indicator/IndexInfo.do?clasCd=8&idxCd=8102

71. 나상현·이우림, "한 줌 재가 된 '코리아 드림'⋯산재 사망, 열에 한 명이 외국인", 『중앙일보』 2024. 6. 25. 출처: https://www.joongang.co.kr/article/25258912#home

72. 김영선, 『존버 씨의 죽음』, 오월의봄, 2022, 73쪽.

73. 로런 벌렌트, 박미선·윤조원 옮김, 『잔인한 낙관』, 후마니타스, 2024, 9쪽.

74. 제이슨 히켈, 김현우·민정희 옮김, 『적을수록 풍요롭다: 지구를 구하는 탈성장』, 창비, 2021, 70·71·93쪽.

75. 로런 벌렌트, 앞의 책, 12~25쪽.

76. 로런 벌렌트, 앞의 책, 101쪽.

77. 로런 벌렌트, 앞의 책, 38·215쪽,

78. 정우준 노동건강연대 사무국장, "매년 평균 7명 엘리베이터 작업 도중 사망, 이유

가 있습니다", 『오마이뉴스』, 2023. 6. 30. 출처: https://m.ohmynews.com/NWS_Web/Mobile/at_pg.aspx?CNTN_CD=A0002940527&fbclid=IwAR1Hpof5ggWbKtbKTbydc5rowr_hCOAh6PutyjibKgVC0qRBP_iWL90KTCw_aem_AYVFS8oQWS8OueKQqrXdg6Pk476x8Nm-aIOiTdDhcbkvfgV9M8x5mSJaRZpGylodzA0&mibextid=Zxz2cZ#cb

79. 노동건강연대 기획, 이현 정리, 『2146, 529: 아무도 기억하지 않는 노동자의 죽음』, 온다프레스, 2022.

80. 노동건강연대 기획, 앞의 책, 100쪽.

81. 노동건강연대 기획, 앞의 책, 10쪽.

82. KOSIS 국가통계포털 자료, 근로자 10만 명당 치명적 산업재해 수(OECD 회원국). 출처: https://kosis.kr/statHtml/statHtml.do?orgId=101&tblId=DT_2KAA308_OECD

83. 기타나카 준코, 제소희·이주현·문우중 옮김, 『우울증은 어떻게 병이 되었나?: 일본에서의 우울증의 탄생』, 사월의 책, 2023.

84. 기타나카 준코, 앞의 책, 20~21쪽.

85. 기타나카 준코, 앞의 책, 289쪽.

86. "French unease at telecom suicides", BBC 뉴스, 2009. 9. 12. 출처: http://news.bbc.co.uk/1/hi/8252547.stm

87. 앤 케이스·앵거스 디턴, 이진원 옮김, 『절망의 죽음과 자본주의의 미래』, 한국경제신문, 2021.

88. 정택진, 『동자동 사람들』, 빨간 소금, 2020, 4~6쪽.

89. 의료인류학연구회 기획, 『달라붙는 감정들』, 아몬드, 2024, 166~168쪽.

90. 이연제, "민노총 강원건설지부 간부 법원 앞에서 분신 시도", 『강원도민일보』 2023. 5. 1일. 출처: https://www.kado.net/news/articleView.html?idxno=1181099

91. 김세훈, "경찰, '동료 분신 방조' 고발된 건설노조 간부 '무혐의' 결론", 『경향신문』 2024. 3. 14. 출처: https://www.khan.co.kr/national/national-general/article/202403141503001

92. 에밀 뒤르켐, 황보종우 옮김, 『자살론』, 청아출판사, 2017, 492쪽.

93. 에밀 뒤르켐, 앞의 책, 548~549쪽.

94. 김명희, "한국 사회 자살 현상과 『자살론』의 실재론적 해석: 숙명론적 자살(fatalistic suicide)을 중심으로, 『경제와 사회』, 2012, 288~327·311쪽.

95. 김명희, "5·18 자살의 계보학: 치유되지 않은 5월", 『경제와 사회』, 2020, 78~115쪽.

96. 신승철·이호영·이은설, "한국인의 자살(1965~1988)", 『신경정신의학』 29(4), 1990, 910~932쪽.

97. 박주영·윤재홍·김승섭, 「해고자와 복직자의 건강 비교」, 『보건과 사회과학』 41호, 2016,

61~97쪽.

98. 이유진, "오늘만 주검 5구 봤다…멘탈 버텨주려나 어느 소방관의 고백", 『한겨레신문』 2023년 5월 5일. 출처: https://www.hani.co.kr/arti/society/society_general/1090687.html

99. 이창언, "분신자살의 구조와 메커니즘 연구: 학생운동을 중심으로", 『기억과 전망』 21, 2009, 148~179쪽.

100. 루스 베네딕트, 김윤식·오인석 옮김, 『국화와 칼: 일본 문화의 틀』, 을유문화사, 2019.

101. Litz, Brett T., et al. "Moral injury and moral repair in war veterans: A preliminary model and intervention strategy", Clinical psychology review 29.8, 2009, pp. 695~706.

102. Satre, Lowell J., "After the Match Girls' Strike: Bryant and May in the 1890s", Victorian Studies 26.1, 1982, pp. 7~31; 강남식. "영국의 고한苦汗 노동과 여성 노조 운동, 1870~1914", 『서양사론』 68, 2001, 59~89쪽.

103. 선담은, "'폐암 사망' 급식노동자 첫 산재 인정…12년간 튀김, 볶음", 『한겨레신문』 2021. 4. 8. 출처: https://www.hani.co.kr/arti/society/labor/989862.html

104. 김민제, "'요리 매연' 흡입…폐암 의심 급식노동자, 일반인의 35배", 『한겨레신문』 2022. 12. 1. 출처: https://www.hani.co.kr/arti/society/schooling/1069765.html

105. 하종훈, "與 "민주노총 정치적 파업…정부, 단호 대응해야"", 『서울신문』 2022. 11. 24. 출처: https://www.seoul.co.kr/news/politics/2022/11/24/20221124005006

106. Metzl, Jonathan M., The protest psychosis: How schizophrenia became a black disease, Boston: Beacon Press, 2010.

107. 브라이언 마수미, "정동적 사실의 미래적 탄생: 위협의 정치적 존재론", 멜리사 그레그·그레고리 시그워스 편, 최성희·김지영·박혜정 옮김, 『정동이론』, 서울: 갈무리, 2015, 100~103쪽.

108. 브라이언 마수미, 앞의 책, 100쪽.

109. 브라이언 마수미, 앞의 책, 108쪽.

110. 손고운, "1,500명 먹이는 학교에 정수기 없는 급식실…그들이 찬물 먹는 방법", 『한겨레21』 2024. 7. 20. 출처: https://h21.hani.co.kr/arti/society/society_general/55828.html?fbclid=lwZXh0bgNhZW0CMTEAAR0hiZmyP0Zg

111. 김종진 일하는 시민연구소 소장·사단법인 유니온센터 이사장, "'주4일제 네트워크' 출범 의미와 과제", 『경향신문』 오피니언, 2024. 2. 29. 출처: https://www.khan.co.kr/opinion/column/article/202402292012015

112. 주4일제 네트워크 준비위원회, 『과로 사회와 장시간 노동 해소 및 노동시간 단축, 일과 삶 균형·성평등·기후위기 대응 위한 '주4일제 네트워크' 출범식 자료집』, 2024. 2. 29, 3~5쪽.

113. 전국금속노동조합 홈페이지(2024년 3월 4일), "[보도자료] 삼성_전자계열사 노동 안전 보건실태 조사보고서 발표회", 출처: https://kmwu.kr/bbs/board.php?bo_table=ce_B12&wr_id=219213

114. 김지환, "삼성 전자계열사 노동자, 산재신청 꺼리는 이유…불이익 우려", 『경향신문』 2024. 3. 4. 출처: https://www.khan.co.kr/national/labor/article/202403040600121

115. 주4일제 네트워크 준비위원회, 앞의 자료집, 6~7쪽.

116. 가이 스탠딩, 안효상 옮김, 『공유지의 약탈: 새로운 공유 시대를 위한 선언』, 창비, 2021.

117. 최효정, "[기자수첩] 재수 권하는 입시 제도 이대로 괜찮은가", 『조선일보』 2022. 12. 12. 출처: https://biz.chosun.com/opinion/journalist/2022/12/12/QSWQTBYFDJER5H3PKFMTJ2L2QA/

118. 정규진, "'공부 잘하는' 약으로 둔갑, ADHD 치료제 처방 수능 앞두고 급증", 『경향신문』 2016. 10. 13. 출처: https://www.khan.co.kr/national/national-general/article/201610132249005

119. 김초엽, "3장 장애와 기술, 약속과 현실 사이", 김초엽·김원영, 『사이보그가 되다』, 사계절, 2021, 64~88쪽.

120. 베네딕테 잉스타·수잔 레이놀즈 휘테 엮음, 김도현 옮김, 『우리가 아는 장애는 없다: 장애에 대한 문화인류학적 접근』, 그린비, 2013, 398~399쪽.

121. Mattingly, Cheryl, Moral laboratories: Family peril and the struggle for a good life, Univ of California Press, 2014.

122. Vallor, Shannon, Technology and the virtues: A philosophical guide to a future worth wanting, Oxford University Press, 2016, pp. 118~155.

123. 어빙 고프먼, 윤선길·정기현 옮김, 『스티그마: 장애의 세계와 사회적응』, 한신대학교출판부, 2009, 56쪽.

124. 김현수·이현정·장숙랑 외 3인, 『가장 외로운 선택』, 북하우스, 2022.

125. 김현수·이현정·장숙랑 외 3인, 앞의 책, 82쪽.

126. 김현수·이현정·장숙랑 외 3인, 앞의 책, 130~131쪽.

127. 김현수·이현정·장숙랑 외 3인, 앞의 책, 93쪽.

128. 이소진, 『증발하고 싶은 여자들: 청년 여성들의 자살 생각에 관한 연구』, 오월의 봄, 2023.

129. 일다 엮음, 『가해자보다 피해자가 잘사는 세상을 원해: 젠더 폭력 그 이후의 삶』, 미디어 일다, 2022.

130. 제이슨 히켈, 김현우·민정희 옮김, 『적을수록 풍요롭다: 지구를 구하는 탈성장』, 창비, 2021.

131. 프랑코 '비포' 베라르디, 정유리 옮김, 『프레카리아트를 위한 랩소디: 기호자본주의의 불

안정성과 정보노동의 정신병리』, 난장, 2013.

132. 노리나 허츠, 홍정인 옮김, 『고립의 시대: 초연결 세계에 격리된 우리들』, 웅진지식하우스, 2021.

133. 한병철, 전대호 옮김, 『리추얼의 종말』, 김영사, 2018, 8~26쪽.

134. 디디에 파생·리샤르 레스만, 최보문 옮김, 『트라우마의 제국: 트라우마는 어떻게 우리 시대 고통을 대변하는 말이 되었나』, 바다출판사, 2016, 202쪽.

135. Alexander, J. C., Eyerman, R., Giesen, B., Smelser, N. J., & Sztompka, P., Cultural trauma and collective identity. Univ of California Press, 2004.

136. 송병기, 『각자도사 사회』, 어크로스, 2023.

137. 조장훈, 『대치동: 학벌주의와 부동산 신화가 만나는 곳』, 사계절, 2021.

138. 수잰 오설리번, 서진희 옮김, 『잠자는 숲속의 소녀들: 신경학자가 쓴 불가사의한 질병들에 관한 이야기』, 한겨레출판, 2022.

139. 수잰 오설리번, 앞의 책, 40쪽.

140. 오카다 다카시, 황성종 옮김, 『심리조작의 비밀: 어떻게 마음을 지배하고 행동을 설계하는가』, 어크로스, 2016, 171~180쪽.

141. 오카다 다카시, 앞의 책, 179쪽.

142. 오카다 다카시, 앞의 책, 180쪽.

143. 사라 아메드, 시우 옮김, 『감정의 문화정치: 감정은 세계를 바꿀 수 있을까』, 오월의 봄, 2023, 123~127쪽.

144. 사라 아메드, 앞의 책, 198~204쪽.

145. 사라 아메드, 앞의 책, 453~454쪽.

146. 사라 아메드, 앞의 책, 45쪽.

147. 사라 아메드, 앞의 책, 453쪽.

148. 사라 아메드, 앞의 책, 109쪽.

149. 전지현, "이태원 참사 유가족 '대통령 거부권과 지원책, 유가족을 패륜 댓글 먹잇감 만들어'", 『경향신문』 2024. 2. 4. 출처: https://www.khan.co.kr/national/national-general/article/202402042120005

150. 사라 아메드, 앞의 책, 106~115쪽.

151. 세실 헬만, 최보문 옮김, 『문화, 건강과 질병』, 전파과학사, 2007, 191~192쪽.

152. 세실 헬만, 앞의 책, 192~193쪽.

153. 조기원, "옥스퍼드 사전, 올해의 단어로 '탈진실'(post-truth) 선정", 『한겨레신문』 2019. 10. 19. 출처: https://www.hani.co.kr/arti/international/international_general/770519.html

154. 참고: https://www.oxfordlearnersdictionaries.com/us/definition/english/

post-truth

155. 질리언 테트, 문희경 옮김, 『알고 있다는 착각』, 어크로스, 2022, '7장 트럼프와 레슬링', 195~211쪽.

156. 질리언 테트, 앞의 책, 205쪽.

157. 세실 헬만, 앞의 책, 194쪽.

158. 세실 헬만, 앞의 책, 198~199쪽.

159. 김경필, "방류수 석 달 뒤 덮친다? 정부, 오염수 10가지 괴담 책자까지 냈다", 『조선일보』 2023. 7. 13. 출처: https://www.chosun.com/politics/goverment/2023/07/12/742DL7DYGBEMTBMU637PP6464Y/

160. 손지민, "야당이 발목 잡아 vs 국정 무능 남 탓하나…낮은 지지율, 왜?", 『한겨레신문』 2023. 6. 3. 출처: https://www.hani.co.kr/arti/politics/bluehouse/1094496.html

161. 제임스 클리포드, "1장 부분적 진실", 제임스 클리포드·조지 마커스, 이기우 옮김, 『문화를 쓴다』, 한국문화사, 2000, 17~57쪽.

162. 제임스 클리포드, 앞의 책, 56쪽.

163. 제임스 클리포드, 앞의 책, 56쪽.

164. 한병철, 전대호 옮김, 『정보의 지배: 디지털화와 민주주의의 위기』, 민음사, 2023, 81쪽.

165. 한병철, 앞의 책, 34쪽

166. 한병철, 앞의 책, 67족.

167. 한병철, 앞의 책, 27·74쪽.

168. 한병철, 김태환 옮김, 『투명사회』, 문학과지성사, 2013, 219쪽.

169. 한병철, 『정보의 지배』, 90쪽.

170. 한병철, 『정보의 지배』, 35~37·59쪽.

171. 윤주영, "바다는 방사능 쓰레기장이 아니다…28년 전엔 펄쩍 뛴 일본", 『한국일보』 2021. 4. 17. 출처: https://www.hankookilbo.com/News/Read/A2021041614530003243

172. 우혜림, "[팩트체크] 후쿠시마 오염수 방류, 국제적·과학적으로 문제없다?", 『연합뉴스』 2023. 4. 7. 출처: https://www.yna.co.kr/view/AKR20230406048900518

173. 오은정. "재후災後의 시공간에 울려 퍼지는 '부흥'이라는 주문: 후쿠시마 원전 사고 이후 부흥의 사회 드라마와 느린 폭력", 『한국문화인류학』 53.3, 2020, 339~383쪽.

174. KBS뉴스(2020년 7월 29일), "일 히로시마 원폭 투하…75년 만에 '검은 비' 피폭 인정", 출처: https://news.kbs.co.kr/news/pc/view/view.do?ncd=4505559

175. 송주희, "AI가 열어젖힌 '新 원전 르네상스'", 『서울경제』 2024. 5. 19. 출처: https://www.sedaily.com/NewsView/2D9906E91K

176. 해당 수치는 '사회적 참사 특별조사위원회' 홈페이지에서 확인한 것이다. 출처: https://

web.archive.org/web/20210117144114/http://humidifier-disinfectant.com/
sub-effort03.do

177. 송윤경·김원진, "'연구 한계'만 캐묻는 변호인…법정에 선 과학, 또 '오역' 될까", 『경향신
문』, 2023. 8. 13. 출처: https://m.khan.co.kr/national/national-general/article/
202308130830021?fbclid=IwAR2foJ56KDPv2aZ8-ezOhEqZIZGcu2emSr8FguFy
NsF_9syNIB45juawDvw_aem_ATOPk8-g00l_ETySuACuYZzrTQq_Q7u1lROOEul
HBSzZMwqWMmO03scUbXbW6MbwjEw&mibextid=Zxz2cZ#c2b

178. 이유경, "숨진 뒤에야 '산업재해 맞다'…소송하다 세상 떠나는 노동자들", MBC 뉴스, 출
처: https://imnews.imbc.com/replay/2023/nwdesk/article/6509943_36199.
html

179. 유기쁨, 『애니미즘과 현대 세계』, 눌민, 2023, 163쪽.

180. 유기쁨, 앞의 책, 86~88쪽.

181. 유기쁨, 앞의 책, 174~175쪽에서 소개된 「오지브와족의 존재론, 행동, 그리고 세계관」
(1960) 내용을 재인용한 것임을 밝힌다.

182. 유기쁨, 앞의 책, 69쪽.

183. 유기쁨, 앞의 책, 281~283쪽.

184. 세실 헬만, 최보문 옮김, 『문화, 건강과 질병』, 전파과학사, 2007, 240~245쪽.

185. 세실 헬만, 앞의 책, 241쪽.

186. 김성욱 "이태원 참사 15분 후에도 파출소는 '마약 단속' 회의…상황 몰랐다", 『오마
이뉴스』 2024. 3. 4. 출처: https://www.ohmynews.com/NWS_Web/View/at_
pg.aspx?CNTN_CD=A0003007384

187. 구유나 , "이태원 사고: 112 신고에도 왜 사전조치 못했나", 『BBC 코리아』 2022. 11. 2.
출처: https://www.bbc.com/korean/news-63483409

188. 세실 헬만, 앞의 책, 244쪽.

189. 로이 라파포트, 강대훈 옮김, 『인류를 만든 의례와 종교』, 황소걸음, 2017, 48쪽.

190. 로이 라파포트, 앞의 책, 52쪽.

191. 한병철, 전대호 옮김, 『리추얼의 종말: 삶의 정처 없음을 어떻게 극복할 것인가』, 김영사,
2021, 9~11쪽.

192. 남보라, "우울증 환자 100만 명 시대…20대 여성 가장 많아", 『한국일보』 2023. 10. 4.
출처: https://www.hankookilbo.com/News/Read/A2023100411210002182

193. 최원진, "한국, 행복순위 세계 57위…OECD 회원국 중 최하위권", 『뉴스핌』 2023. 3. 21.
출처: https://www.newspim.com/news/view/20230321000339

194. 최선, "우울증 100만 명 시대…치료율 OECD 꼴찌 원인은?", 『메디컬타임즈』
2021. 9. 14. 출처: https://www.medicaltimes.com/Main/News/NewsView.

html?ID=1142953

195. 김태형, 『풍요중독사회: 불안하지 않기 위해 풍요에 중독된, 한국 사회에 필요한 사회심리학적 진단과 처방』, 한겨레출판, 2020.

196. 한병철, 이재영 옮김, 『고통 없는 사회: 왜 우리는 삶에서 고통을 추방하는가』, 김영사, 2021.

197. 앤드류 솔로몬, 민승남 옮김, 『한낮의 우울: 내면의 어두운 그림자, 우울의 모든 것』, 민음사, 2021, 340~344쪽.

198. 앤드류 솔로몬, 앞의 책, 350~352쪽.

199. 조지 레이코프·마크 존슨, 노양진·나익주 옮김, 『삶으로서의 은유』, 박이정, 2006.

200. 루이스 헨리 모건, 정동호·최달곤 옮김, 『고대사회: 인류 역사 연구의 고전』, 문화문고, 2005.

201. 브뤼노 라투르, 홍철기 옮김, 『우리는 결코 근대인이었던 적이 없다: 대칭적 인류학을 위하여』, 갈무리, 2009, 180쪽.

202. 프란츠 파농, 남경태 옮김, 『대지의 저주받은 사람들』, 그린비, 2010, 39쪽.

203. 프란츠 파농, 앞의 책, 294쪽.

204. 프란츠 파농, 앞의 책, 159쪽.

205. 팀 잉골드, 차은정·권혜윤·김성인 옮김, 『모든 것은 선을 만든다』, 이비, 2024, 22~23쪽.

206. 팀 잉골드, 앞의 책, 16쪽.

207. 팀 잉골드, 앞의 책, 37쪽.

208. 팀 잉골드, 앞의 책, 161쪽.

209. 질리언 테트, 문희경 옮김, 『알고 있다는 착각』, 어크로스, 2022.

210. 제니 챈·마크 셀던·푼 응아이, 정규식·윤종석·하남석·홍명교 옮김, 『아이폰을 위해 죽다: 애플, 폭스콘, 그리고 중국 노동자의 삶』, 2021. 나름북스, 2021.

211. 김관욱, 「과일 바구니, 식혜, 붉은진드기 그리고 벽: 코로나 19 사태 속 콜센터 상담사의 정동과 건강-어셈블리지」, 『한국문화인류학』 제53권 제3호, 2020, 37ˉ83쪽.

212. 전국사무금융서비스노동조합·사무금융우분투재단, 『에이스손해보험 콜센터 코로나 19 집단감염 피해실태 조사 보고서』, 2021.

213. 실비아 페데리치, 황성원 옮김, 『혁명의 영점: 가사노동, 재생산, 여성주의 투쟁』, 갈무리, 2013, 25쪽.

214. 멜리사 그레그·그레고리 J. 시그워스 엮음, 최성희·김지영·박혜정 옮김, 『정동이론』, 갈무리, 2015.

215. 임운택, 「디지털 자본주의의 특성: 시장과 노동 통제의 급진화」, 『경제와 사회』 제133호, 2022, 13쪽.

216. 닉 서르닉, 심성보 옮김, 『플랫폼 자본주의』, 킹콩북, 2020, 50쪽.

217. 앞의 책, 55쪽.

218. 임운택, 앞의 글, 14~17쪽.

219. 임운택, 앞의 글, 26쪽.

220. 닉 서르닉, 앞의 책, 55~90쪽.

221. 장귀연, 「노동 유연화로서 플랫폼 노동의 노동조직 과정과 특성」, 『산업노동연구』 제26
권 제2호, 2020, 183~223쪽.

222. 장귀연, 앞의 글, 184쪽.

223. 장귀연, 앞의 글, 207~217쪽.

224. Aneesh, Aneesh. "Global labor: Algocratic modes of organization", Sociological
theory 27.4, 2009, pp. 347~370.

225. 임운택, 앞의 글, 28~29쪽.

226. 이광석, 「코로나 19 국면 인공지능 자동화와 플랫폼 노동의 위상학」, 『한국언론정보학
보』 제109호, 2021, 90쪽.

227. 이광석, 앞의 글, 87쪽.

228. 이광석, 앞의 글, 89쪽.

229. 김영욱, 「디지털 프로모션에서 생산소비자와 감시의 작동 원리: 디지털 노동에 대한 감시
사회의 착취 구도 해석」, 『커뮤니케이션 이론』 제14권 제4호, 2018, 10쪽.

230. Huws, Ursula. "Logged labour: A new paradigm of work organisation?", Work
organisation, labour and globalisation 10.1, 2016, pp. 7~26.

231. Huws, Ursula. Ibid, pp. 189~195.

232. 이광석, 앞의 글.

233. Reich, R., "Covid-19 pandemic shines a light on a new kind of class divide
and its inequalities", The Guardian, 2020. 4. 26.(Retrieved from https://www.
theguardian.com/commentisfree/2020/apr/25/covid-19-pandemic-shines-
a-light-on-a-new-kind-of-class-divide-and-its-inequalities)

234. 카우시크 순데르 라잔, 안수진 옮김, 『생명 자본: 게놈 이후 생명의 구성』, 그린비, 2012.

235. 카우시크 순데르 라잔, 앞의 책, 312쪽.

236. 카우시크 순데르 라잔, 앞의 책, 274쪽.

237. 카우시크 순데르 라잔, 앞의 책, 295 ˜ 304쪽.

238. 제이슨 히켈, 김현우·민정희 옮김, 『적을수록 풍요롭다: 지구를 구하는 탈성장』, 창비,
2021, 45쪽.

239. 제이슨 히켈, 앞의 책, 70·75·79쪽.

240. 제이슨 히켈, 앞의 책, 87쪽.

241. 제이슨 히켈, 앞의 책, 91쪽.

242. Kim, Taehwan, and Sophia Seung-Yoon Lee, "Double Poverty: Class, Employment Type, Gender and Time Poor Precarious Workers in the South Korean Service Economy", Journal of Contemporary Asia, 2023, pp. 1~20.

243. Santarius, T., et al., "Digitalization and Sustainability: A Call for a Digital Green Deal", Environmental Science & Policy 147, 2023, pp. 11~14.

244. 김영희, 「밀양 탈송전탑/탈핵 운동 주체로서의 '여성'-'밀양 할매'와 '여성 연대(the female solidarity)'」, 『동방학지』 제182호, 2018, 123~164쪽.

245. 이광석, 앞의 글.

246. 제레미아스 아담스-프라슬, 이영주 옮김, 『플랫폼 노동은 상품이 아니다』, 숨쉬는 책공장, 2020, 149~166쪽.

247. 어슐러 휴즈, 신기섭 옮김, 『사이버타리아트』, 갈무리, 2004, 47쪽.

248. Ramesh, Babu P. "'Cyber Coolies' in BPO: Insecurities and Vulnerabilities of Non-Standard Work", Economic and Political Weekly, 2004, pp. 492~497.

249. 휴즈, 앞의 책, 21쪽.

250. 김관욱, 「필수노동자인가 사이버타리아(cybertariat)인가: 영국, 인도, 한국 콜센터 여성 상담사에 대한 비교를 중심으로」, 『비교문화연구』 제27권 제1호, 2021, 57~99쪽.

251. 이광석, 앞의 글, 75~77쪽.

252. 제레미아스 아담스-프라슬, 앞의 책, 16~18쪽.

253. 박미숙 외, 『마지막 일터, 쿠팡을 해지합니다』, 민중의 소리, 2022.

254. 박미숙 외, 앞의 책, 46쪽.

255. 박미숙 외, 앞의 책, 70쪽.

256. 박미숙 외, 앞의 책, 128˜129쪽.

257. 박미숙 외, 앞의 책, 73쪽

258. 박미숙 외, 앞의 책, 76쪽.

259. 박미숙 외, 『마지막 일터, 쿠팡을 해지합니다』, 민중의 소리, 2022, 138˜139쪽.

260. 김영선, 『존버 씨의 죽음』, 오월의 봄, 2022, 6쪽.

261. 앙리 르페브르, 정기헌 옮김, 『리듬 분석』, 갈무리, 2013; 박지영, 「디지털미디어 시대 리듬 분석의 한 사례: ICT 사용과 일상생활의 리듬을 중심으로」, 『언론과 사회』 제23권 제2호, 2015.

262. 박지영, 앞의 글, 8쪽; Wajcman, Judy. Pressed for time: The acceleration of life in digital capitalism, University of Chicago Press, 2020.

263. 한병철, 김태환 옮김, 『피로사회』, 문학과지성사, 2012, 66~71쪽.

264. 한병철, 김태환 옮김, 『심리정치』, 문학과지성사, 2015, 15쪽.

265. 한병철, 김태환 옮김, 『폭력의 위상학』, 김영사, 2020, 60~62쪽.

266. 프랑코 '비포' 베라르디, 정유리 옮김, 『프레카리아트를 위한 랩소디』, 난장, 2013, 12쪽.

267. 김영선, 앞의 책, 67쪽.

268. 장진희·윤진하·이상국·조현진, 「플랫폼 노동자 건강권 실태와 개선 방안: 플랫폼 이동노동자 노동환경 및 건강실태를 중심으로」, 한국노총중앙연구원, 2021.

269. 이유민·김형렬·민지희·박민영·이진우, 「웹툰 작가들의 노동환경과 신체 및 정신건강 실태조사」, 『대한직업환경의학회 학술대회 논문집』, 대한직업환경의학회, 2022, 47~48쪽.

270. Sharon, Tamar., "The Googlization of health research: from disruptive innovation to disruptive ethics", Personalized medicine 13.6, 2016, pp. 563~574.; Sharon, Tamar., "When digital health meets digital capitalism, how many common goods are at stake?", Big Data & Society 5.2, 2018, 2053951718819032.

271. 하성욱·김유영, 『디지털 치료제 혁명』, 클라우드나인, 2022.

272. 예를 들면, '세이프로Safe-Pro'의 산업 현장 근로자 안전 모니터링 시스템, '무사고 MUSAGO'의 AI를 이용한 건물 붕괴 예측 시스템, '지에스아이엘GSIL'의 'AI 스마트 안전 플랫폼'을 통한 사업장 관리 시스템 등이 있다.

273. 멜리사 그레그·그레고리 J. 시그워스 엮음, 앞의 책, 587쪽.

274. 브라이언 마수미, 조성훈 옮김, 『정동정치』, 갈무리, 2018, 135쪽.

275. 브라이언 마수미, 「정동적 사실의 미래적 탄생: 위협의 정치적 존재론」, 멜리사 그레그·그레고리 J. 시그워스 엮음, 앞의 책, 102쪽.

276. 브라이언 마수미, 앞의 책, 143쪽.

277. Anderson, Ben., "Becoming and being hopeful: towards a theory of affect", Environment and planning d: society and space 24.5, 2006, pp. 733~752.; Anderson, Ben., "Affect and critique: A politics of boredom", Environment and Planning D: Society and Space 39.2, 2021, pp. 197~217.

278. Berlant, Lauren., Cruel optimism, Duke University Press, 2020.

279. 김관욱, 앞의 글, 2020; 김관욱, 「"뭐라도 하려는" 그녀들: 팬데믹 시기 콜센터 여성 상담사의 노동쟁의 속 정동정치」, 『한국문화인류학』 제56권 제1호, 2023.

280. 김관욱, 앞의 글, 2020, 73쪽.

281. 애나 렘키, 김두완 옮김, 『도파민 네이션』, 흐름출판, 2022.

282. 프랑코 '비포' 베라르디, 앞의 책, 2013.

283. 프랑코 '비포' 베라르디, 앞의 책, 2013, 268쪽.

284. 프랑코 '비포' 베라르디, 송섬별 옮김, 『죽음의 스펙터클』, 반비, 2016.

285. 프랑코 '비포' 베라르디, 앞의 책, 2016, 240˜243쪽.

286. 김관욱, 앞의 글, 2020, 38~39쪽.

287. 김관욱, 앞의 글, 2023, 123~124쪽.

288. 오카다 다카시, 황선종 옮김, 『심리조작의 비밀』, 어크로스, 2016, 100˜101쪽.

289. 한병철, 앞의 책, 2012, 66쪽.

290. 전하연, '정신건강 '위기'의 한국…정신질환자 5년 사이 37% 증가', 『약업신문』 2023. 10. 5. http://m.yakup.com/news/index.html?mode=view&nid=286233

291. 국민건강보험공단, '키워드로 알아보는 정신질환: 마음의 병에는 어떤 것이 있나요?', 『건강보험』 300호, 2023. 10. https://www.nhis.or.kr/static/alim/paper/oldpaper/202310/sub/section1_2.html

292. 2019년 세계보건기구는 번아웃을 국제질병분류에 추가했다. 이것의 정의는 "성공적으로 관리되지 않은 만성적인 직무 스트레스로 인한 증후군"이다; 한국노동안전보건연구소, 『일하다 마음을 다치다』, 나름북스, 2022, 30쪽.

293. 전종보, '노인 자살률 OECD 압도적 1위…준비 안 된 초고령 사회', 『헬스조선』 2023. 1. 31. https://health.chosun.com/site/data/html_dir/2023/01/31/2023013101761.html

294. 박세홍·김창엽·신영전, 「고용상태 변화가 정신건강에 미치는 영향: 한국 복지패널을 이용한 우울감을 중심으로」, 『비판사회정책』 27호, 2009, 79~120쪽.

295. 신재현, "한 해 과로사 600명 중 산재 인정은 40% 불과…보장성 강화해야", 『뉴시스』 2022. 9. 22. https://mobile.newsis.com/view.html?ar_id=NISX20220921_0002021788

296. 장향미, '[동아시아 과로사통신] 코로나 시대, 한국의 과로사와 과로 자살', 『한국노동안전보건연구소』, 2020. 12. https://kilsh.or.kr/2857/

297. 신훈, "코로나 19 이후 택배 노동자 산재 4배 늘었다", 『매일노동뉴스』 2022. 9. 22. https://www.labortoday.co.kr/news/articleView.html?idxno=211077

298. 김현수·이현정·장숙랑 외 3인, 『가장 외로운 선택』, 북하우스, 2022, 82쪽.

299. 노동시간센터, 『우리는 왜 이런 시간을 견디고 있는가』, 코난북스, 2010, 16쪽.

300. 김현수·이현정·장숙랑 외 3인, 『가장 외로운 선택』, 북하우스, 2022, 93쪽.

301. 한국노동안전보건연구소, 『일하다 마음을 다치다』, 나름북스, 2022, 162쪽.

302. 박주영·윤재홍·김승섭, 「해고자와 복직자의 건강 비교」, 『보건과 사회과학』 41호, 2016년, 61~97쪽.

303. 한국노동안전보건연구소, 앞의 책, 164~165쪽.

304. 한국노동안전보건연구소, 앞의 책, 180~184쪽.

305. 한국노동안전보건연구소, 『사무금융노동자 업무상 정신질환 실태 및 대응 연구』, 전국사무금융서비스노동조합, 2021.

306. 중앙심리부검센터, 『2018 심리 부검 면담 결과 보고서』, 중앙심리부검센터, 2019.

307. 장정원, 『노동자 자살사망자의 특성에 관한 연구: 2010~2016년 산재신청자료를 이용하여』, 한양대학교 박사학위 논문, 2019.

308. 한국노동안전보건연구소, 앞의 책, 208~217쪽.

309. 한국노동안전보건연구소, 앞의 책, 220쪽.

310. 송해리·김명희, 「간호사 '태움' 자살에 대한 사회학적 연구」, 『한국사회학』 56호 4권, 2022, 103~144쪽.

311. 김현수·이현정·장숙랑 외 3인, 『가장 외로운 선택』, 북하우스, 2022, 96~97쪽.

312. 브라이언 마수미, 「정동적 사실의 미래적 탄생: 위협의 정치적 존재론」, 『정동이론』, 갈무리, 2015, 99쪽.

313. 권석만, 『우울증』, 학지사, 2000, 82쪽.

314. 권석만, 앞의 책, 73~81·106쪽.

315. 김현수·이현정·장숙랑 외 3인, 『가장 외로운 선택』, 북하우스, 2022, 80~123쪽.

316. 앞의 책, 131~132쪽.

317. 앞의 책, 136쪽; 앤 케이스·앵거스 디턴, 이진원 역, 『절망의 죽음과 자본주의의 미래』, 한국경제신문, 2021.

318. 진 맥켄지, "잇따른 교사 자살로 드러난 '학부모 갑질'", BBC News 코리아, 2023. 9. 4.

319. 송민섭, "학생, 학부모 최대 교권침해는 모욕, 명예훼손", 『세계일보』 2023. 7. 30.

320. 김관욱, 「"뭐라도 하려는" 그녀들: 팬데믹 시기 콜센터 여성 상담사의 노동쟁의 속 정동정치」, 『한국문화인류학회』 56호 1권, 2023, 87~138쪽.

321. 사라 아메드, 시우 역, 『감정의 문화정치』, 코난북스, 2023, 107쪽

322. 앞의 책, 453쪽.

323. Daena Aki Funahashi, Untimely Sacrifices: Work and death in Finland, New York: Cornell University, 2023.

324. 앞의 책, 64~96쪽.

325. 앞의 책, 184~185쪽.

326. 기타나카 준코, 제소희·이주현·문우종 옮김, 『우울증은 어떻게 병이 되었나?: 일본에서 우울증의 탄생』, 사월의 책, 2023, 289~319쪽.

327. 앞의 책, 25쪽.

328. 앞의 책, 179~216쪽.

329. 다리아·모르·박목우·이혜정, 조한진희 엮음, 『질병과 함께 춤을』, 푸른숲, 2021.

330. 김창엽 외 10인, 다른 몸들 기획, 『돌봄이 돌보는 세계』, 동아시아, 2022.

331. 이해수, 「아픈 몸들의 일상 문화정치: 유튜브 브이로그에서 나타난 질병인의 몸말 실천 연구」, 『문명과 경계』 6호, 2023, 181~222쪽.

332. 장윤원, 「20~30대 여성들의 온라인 우울증 말하기와 페미니스트 내러티브」, 『한국여성학』 37호 3권, 2021, 1~32쪽.

333. 데니스 뇌르마르크·아네르스 포그 옌센, 이수영 옮김, 『가짜 노동: 스스로 만드는 번아웃의 세계』, 자음과 모음, 2022, 82쪽.

334. 데이비드 그레이버, 김병화 옮김, 『불쉿 잡 – 왜 무의미한 일자리가 계속 유지되는가?』, 민음사, 2021.

335. 제이슨 히켈, 김현우·민정희 옮김, 『적을수록 풍요롭다: 지구를 구하는 탈성장』, 창비, 2021, 343쪽.

336. 히켈, 앞의 책, 61·62·102·108쪽.

337. 히켈, 앞의 책, 69쪽.

338. 히켈, 앞의 책, 59·99쪽.

339. Wilkinson, Iain, and Arthur Kleinman, A passion for society: How we think about human suffering Vol. 35. University of California Press, 2016, pp. 161~187.

340. 김정희원, 『공정 이후의 세계』, 서울:창비, 2022, 291·234·235쪽.

지불되지 않는 사회

© 김관욱, 2024

초판 1쇄 2024년 12월 9일 찍음
초판 1쇄 2024년 12월 20일 펴냄

지은이 | 김관욱
펴낸이 | 강준우
인쇄 · 제본 | (주)삼신문화

펴낸곳 | 인물과사상사
출판등록 | 제17-204호 1998년 3월 11일

주소 | (04037) 서울시 마포구 양화로7길 6-16 서교제일빌딩 3층
전화 | 02-471-4439
팩스 | 02-474-1413

ISBN 978-89-5906-784-8 03300
값 18,000원